JN411659

시련
侍輦

시련 侍輦

거룩한 불보살의 강림

혜일명조

민속원

머리말

불교 의식, "시련侍輦"에 대한 고민을 시작한 것은 2008년부터다. 당시엔 사회적으로 수륙재 복원에 큰 관심을 보이던 때다. 특히, 진관사와 삼화사, 백운사가 그랬고 몇몇 범패승들도 그랬다. 물론 나도 예외가 아니었다.

본격적으로 수륙재 관련 자료를 검토할 무렵, 처음 눈에 들어온 것이 있었다. 바로 『천지명양수륙재의범음산보집』에 실려 있던 시련의 모습을 담은 「위의지도威儀之圖」가 그것이다.

과거, 범패승으로 활동하던 시기에 동참했던 시련의 감동이었는지는 몰라도 그저 그 그림이 반가웠다. 그냥 자료를 접한 것만으로도 큰 위안을 얻었다.

그런데 "시련"에 대한 관심은 더 이상의 진전 없이 그렇게 끝나 버렸다. 그냥 "새롭다"가 감동의 전부였다. 처음 그림을 접하곤 "시련을 상단, 중단, 하단에서도 하네?"하고 대수롭지 않게 여겼다. 그래도 어디서 본 것은 있어서, 수업에 임할 때 마다 뭐 큰 거라도 알고 있듯이 "시련은 상단에서도 하고 중단에서도 하고 하단에서도 하는 거야" 하며 대책 없이 말했다. "너무 당연한 건데 넌 아직 몰랐니?"의 모습으로 말이다. 속된 말로 "재수 없는 놈"의 전형이 그때의 나였다.

그러다 정말 열심히 정진하던 학인스님이 질문을 해왔다. "스님, 스님은 상단시련이 있고 중단에서도 시련할 수 있고 하단에도 시련할 수 있다 했는데 그럼 그땐 어떻게 해요?"라고 말이다. 당연히 예상하고 있어야 할 질문이었지만 막상 듣는 순간, 머리가 멍해졌다. 딱히 설명할 뭔가가 없었다. 그 동안 줄기차게 상단과 중단, 하단에서 시련할 수 있다고 떠들고만 다녔지 어떻게 시련하는지, 정립해 놓은 건 아무것도 없었다. 말만 그럴 듯한 연구자란 소리가 절로 나올 판이었고 자질 없는 교수사, 딱 그 모습만

머리에 가득했다. 간신히 얼버무려 순간을 벗어났지만 수업이 진행되는 동안, 질문한 스님과 눈을 맞추지 않으려했던 기억이 지금도 생생하다.

돌아오는 길에 '다음 시간에 답을 해준다고 했으니 이제라도 준비해야지' 생각했다. 그리고 자료를 뒤적였다. 쉽게 찾을 것만 같았던 의식문이 눈에 띠지 않았다. 틀림없이 「시련절차」와 같은 의식문이 존재할 것으로 예상했는데 막상 찾아보니 「주시련작법」 정도가 전부였다. 질문한 스님을 만나, 후에라도 중단과 하단시련의 의식문을 꼭 찾아 알려주겠다고 약속했다. 그렇게 한주를 보냈고, 또 한 달, 또 일 년을 넘겼다. 답을 찾아주겠다던 약속은 4년이 지난 후에야 지킬 수 있었다.

사실, "시련"의 원고를 준비하면서 출간을 고려했던 건 아니다. 한없이 부족하고 또 부족하단 걸 너무 잘 알고 있었기 때문이다. 따지고 보면 지금도 점검할게 한두 개가 아니다. 그래도 욕심을 내었다. 이유는 딱 하나, 부족한 나를 믿고 따라주는 불찬범음의례교육원, 학인스님들이 있어서다. 다행히 그때 질문한 학인은 지금도 곁에 남아 수많은 질문을 던지고 있다. 이젠 누구보다 뛰어난 학자로 성장해서인지 갈수록 질문의 강도가 세 진다. 또 다른 학인스님들도 그 자리를 메워가며 열심히 정진하고 있다. 그저 그런 모습들이 한없이 고맙고 감사해, 그래서 출간을 결심했다.

불찬범음의례교육원을 설립할 수 있도록 해준 일각, 도경 그리고 금강스님에게 고마움을 전한다. 세 분의 격려가 큰 힘이 되었다. 홍종화 대표님을 비롯한 민속원 관계자, 특히 편집을 맡아주신 신나래 선생님에게도 깊은 감사를 전한다. 누구도 거들떠보지 않았던 글을 세상에 나올 수 있게 해 주셨다. 마지막으로, 등불이 되어주신 『천지명양수륙재의범음산보집』의 편자, 지환스님께 모든 공덕을 돌린다. 스님의 가르침이 아니었다면 감히 완성할 수 없었다. 시련이 무엇인지 조차 모르고 갈 뻔 했다.

언젠가 중유中有에 이르면 스님을 꼭 뵈었으면 하는 발원을 가져본다. 윤회를 거듭하는 중에라도 거룩한 스님과의 인연이 계속되길 꿈꿔본다. 오래도록 스님의 제자로 남아 더 많은 가르침을 받고 싶은 맘, 간절하다. 그나마 금생에 책으로라도 스님을 뵙게 된 것을 다행으로 여기며 구배九拜로서 예경 올린다.

병신년, 정월 기도를 회향하며

혜일명조

차례

1부

서론

서론

상세선망上世先亡 부모와 조상, 무주고혼無主孤魂을 추선追善·천도薦度하고 생자生者의 악업惡業을 소멸하여 소원을 성취하고자 행하는 불교佛敎의 재齋 의식儀式은 전통적인 어산魚山·범음梵音·범패梵唄 등의 소리와 바라무·나비무·법고무 등의 무용 그리고 다채로운 장엄구가 조화된, 한민족 고유의 정서와 예술혼이 빚어낸 문화의 보고寶庫다.

이미 학계에선 불교 의식·의례의 문화적 가치를 조명하는 다양한 성과물을 철학·사상·역사·문학·건축·음악·무용 등으로 세분화해 보급해왔고 각 시도 관청에선 검증된 자료를 바탕으로 이를 지원하여 국가의 보호 속에 전승할 수 있도록 했다. 특히 영산재靈山齋는 대한민국, 중요무형문화재와 유네스코UNESCO, 세계무형문화유산에 등재되어 한국불교 재 의식의 위상을 높이고 있으며 최근엔 삼화사(동해)·진관사(서울)의 국행수륙재國行水陸齋와 백운사(마산)의 아랫녘수륙재水陸齋가 새롭게 조명되어 조선시대부터 이어온 재 의식의 전형全形을 보다 쉽게 이해시키는 계기를 마련했다.

의식·의례의 올바른 설행과 자발적인 참여를 염원하는 연구자의 입장에서 불교의 문화적 가치와 위상을 높이는 무형의 유산이 국가의 무형문화재로 등재되는 것에 반대할 이유가 없다. 마땅히 장려하며 또 반겨한다. 개인이나 단체가 소유한 무형의 유산을 국가가 인정하는 문화재로 등재시키기 위해선 해당 종목에 관한 새로운 사실 근거를 마련해야 하고 각 분야 전문가를 동원해 목적에 부합하는 연구도 함께 진행해야 한다. 그리고 역사성·전통성·지역성·대중성의 가치를 고려한 학계의 검증도 받아야하며 이후 짧게는 1년, 길게는 수년에 걸쳐 해당 분야 전문위원들의 면밀한 심사를 통과해야 한다. 등재를 목표로 하는 개인과 단체의 입장에선 이와 같은 과정이 험난한 여정일 수 있지만 이때 축척한 모든 성과물은 해당 종목의 문화적 가치를 증명하는 자료로 활용되어 유익한 정보를 제공한다.

그러나 단 기간, 소수의 연구자에 의해 정립된, 문화재 등재만을 위해 마련한 학술자료는 모든 면에서 부족할 수 있다. 특히, 해당 종목에 관한 방대한 내용을 올바른 검증작업 없이 내놓은 결과물일수록 많은 허점에 노출될 수 있다. 당연히, 시간이 흐르면서 미처 확인하지 못한 사실을 새롭게 추가하거나 이를 수정해 보완할 수밖에 없는 처지에 놓이게 된다. 하지만 이미 등재된 무형문화재를 재고再考하여, 절차와 부속附屬을 수정해 나간다는 건 현실적으로 쉽지 않은 사안이다. 보다 발전적인 대중문화의 정착을 위해 꼭 필요한 것임에도 무언가를 지적하여 수정, 보완한다는 것은 결국, 기존의 것을 부정不正하는 것으로 간주될 수 있다. 설사, 분명한 오류가 들어났다고 해도 이미 자리한 고정관념을 허물고 새롭게 정립한 이론을 정례화 시킨다는 건 사실상 불가능에 가깝다. 그래서일까? 불교 의식·의례와 관련된 무형문화재의 크고 작은 오류는 아직도 수정될 기미도 보이지 않고 이를 애써 외면하거나 언급하길 꺼려한다.[1]

한 예로 현행하는 시련侍輦 의식이 그렇다.

현행 영산재와 수륙재 그리고 생전예수재의 시작을 알리는 시련은 마치 임금님의 행차를 연상케 하여 동참자 모두 고조된 분위기 속에서 환희로운 마음으로 참여한다. 재 의식에서의 시련이란 말 그대로 이동의 수단인 가마[輦]를 이용해 특정한 장소, 이곳에서 저곳으로 누군가를 모시[侍]는 것을 말한다.

그럼 누구를 모셔 이동시키는 것일까? 혹자는 재를 시작하기에 앞서, 대범천왕大梵天王·제석천왕帝釋天王 그리고 가람을 수호하는 팔부의 신중 등을 불법佛法을 호지護持하고 도량을 청정하게 하려는 목적으로 청해 모시는 것이라 하고 또 누군가는 천도의 대상인 영가靈駕를 모셔오기 위한 것이라고도 한다. 또 다른 이는 영접사迎接使로서 인로왕보살引路王菩薩을 청해 모셔오는 것이라 주장한다.

1_ 2014년, 삼화사의 주관으로 "국행수륙대재의 전승양상과 발전 방향"이란 학술대회가 열렸는데 필자는 「수륙재의 발전적 계승을 위한 제언」의 발표문을 통해 현행 영산재의 문제점을 지적하고 이를 바탕으로 수륙재가 지향해야할 방향을 제시했었다. 하지만 문제점을 지적했다고 해서 관심 있게 점검하고 수정하려는 노력을 보인 이는 없다. 사실, 반론을 제기하는 자도 없다. 무형문화재 등재를 위해 노력한 이들의 최종 목표는 말 그대로 "문화재로 지정 받는 것"에만 있는 듯하다.

보편적으로 알려진 시련의 정의와 목적을, 전하는 내용 그대로 아무런 의심 없이 받아들이고자 한다면 더 이상 할 말이 없다. 그 만큼 모두 맞는 말이고 또 그럴 듯하게 들린다. 상단, 부처님을 모시기 전에 도량을 정비하려 중단의 성현을 모신다는 것도, 천도와 추선의 대상이 되는 하단의 영가들을 마중 나가 모신다는 것도, 인로왕보살을 모신다는 것도 충분히 그럴 수 있을 것처럼 보인다. 그러나 냉정히 따져보면 청하고 모시는 대상이 누구인지 명확하지 않다. 대범천왕 · 제석천왕 · 팔부신장을 모신다는 것인지, 아니면 영가를 모신다는 것인지, 인로왕보살을 모신다는 것인지 말이다. 그리고 이들을 모셔온다면 왜 모셔오는 것인지, 모셔올 필요가 있다면 그 이유가 무엇인지도 속 시원히 해결할 수 없다.

동일한 시련의식을 받아들이는 사람마다 다르게 해석하고 이해한다는 것은 분명한 목적을 갖고 설행하는 여타의 다른 절차와 비교해 상대적으로 많은 괴리乖離를 느끼게 한다. 왜, 이처럼 시련의식을 이해하거나 받아들이는 의견이 분분할까? 재 의식에 포함된 대부분의 절차는 이견異見없이 명확한 목적성을 갖고 진행되는데 말이다.

현행 재 의식이 국가적으로 문화적 가치를 인정받아 온지 벌써 수십 년의 세월이 흘렀음에도 시련의식조차 제대로 정의, 설명할 수 없다면 중요무형문화재로서의 가치를 스스로 절하切下시킬 수도 있음을 상기해야 한다. 더욱 가관可觀인 것은 모셔올 땐 그토록 화려하고 장엄한 모습으로 시련해왔지만 봉송奉送하거나 배송拜送할 땐, 즉 맞이해 모셨던 대상을 다시 보내는 의식에선 누구도 연輦에 모셔 보낼 생각을 하지 않는 것에 있다.[2] 마치, 모셔 올 땐 뭔가 바라는 것이 있어 정중히 가마에 실어 모셔왔지만 보내 드릴 땐 소기所期의 목적을 이뤘으니 알아서 돌아가라는 식이다.

불교의식이 보다 발전하기 위해서는 먼저, 온전한 전통의 모습으로 복원하여 재현한 후 이를 시대에 맞게 수정, 보완하여 보급해야 한다. 당연히 전통의 모습을 복원하는 작업이 선행되어야겠지만 사실, 누구도 이를 점검하거나 이행하려 들지 않는다. 이유는 간단하다. "모든 범패승이 그렇게 하고 있으니 나도 그렇게 한다."라는 생각이 대부

2_ 필자는 지금껏, 단 한 번도 봉송의식을 행할 때 대상을 연에 모셔 보내드리는 예를 본적이 없다. 전국, 어디에서도 말이다. 또 봉송의식에서 연을 사용하는 것이 정석이라 말하는 이도 보지 못했다. 그러나 상식적으로 생각해보자. 시련으로 대상을 모셔왔다면 시련으로 보내드리는 것이 옳지 않을까?

분이고 "스승에게 그렇게 배웠으니 그렇게 따르는 것이 맞다."는 인식이 지배적이다. 당연히 현재의 우리는 각종 재 의식에서 설행하는 현재의 시련, 「시련절차」를 "그렇게 해 왔다."라는 명분을 앞세워 "전통"의 것으로 굳게 믿고 있는 분위기다. 언제부터 그렇게 해 왔는지에 관해선 관심 자체를 두지 않고 말이다.

그러나 지금의 「시련절차」는 전통의 시련의식으로 여기기엔 분명, 한계가 있고 현시대에 맞게 보완된 의식절차로 보기에도 무리가 있음을 자각해야 한다. 설행의 목적성도 불분명하고 현재와 같이 설행해 왔다는 역사적 근거도 부족하다. 더군다나 대범천왕·제석천왕 등의 일체의 성현이나 영가, 심지어 인로왕보살을 청해 모셔온다고 주장하기엔 의식의 구조가 허술하기 짝이 없다. 더욱이 전통 불교 의식의 원형적 모습을 제일의 가치로 표방하는 각종 재 의식에서 이처럼 성행하고 있는 「시련절차」가 과거의 문헌, 어디에도 현재와 같이 설행된 예가 없다는 점은 재 의식 전체의 전통성을 의심받을 수 있는 요인으로 작용될 수 있기에 반드시 원형의 모습을 찾아 재현할 필요가 있다. 이유가 어찌되었든 서울을 중심으로, 현행 영산재의 영향을 받아 진행하는 대부분의 재 의식은 모두 『석문의범釋門儀範』[3]의 「시련절차」를 저본삼아 누군가를 모셔 이동시키는 "시련"으로 시작한다.

본서는 현행 시련의식을 바로 보고 이를 온전한 모습으로 복원하는 것을 목표로 한다. 누구나, 아무 의심 없이 행하는 「시련절차」를 현재와 같이 설행하는 것이 과연 옳은 것인지 자문해 보고 그 물음을 해결하여 역사와 전통에 부합하는 온전한 시련을 재현하는데 목적을 둔다.[4] 이를 위해 현행 시련의식의 보편적인 구성과 내용, 정의를

3_ 경북 예천 보문사 출신인 안진호(1880~1965)스님이 편찬한 책으로 당시에 수집 가능한 불교의식 관련 저본과 설행에 필요한 다양한 의식문을 합본한 형식을 취하고 있다. 책은 20세기에 접어들면서 변화하는 불교 의식의 특징을 살필 수 있는 귀중한 사료(史料)로 평가받고 있으며 현재 활동하는 범패승의 필독서로도 인정받고 있다.

4_ 누군가는 이렇게 말한다. "연구자의 입장이라면 현재 설행하는 대부분의 재 의식이 시련으로 시작하고 있는 점을 있는 그대로 받아들일 필요가 있다."고 말이다. 하지만 필자는 불교 의식을 연구하는 학자이기 이전에 불교 의식을 직접 설행하고 집전하는 승려다. 그것도 최고의 범패승으로 추앙받고 있는 영산재 보유자 구해(九海)스님의 은·법 상좌(上佐)다. 당연히 필자에겐 승려의 본문이 있다. 시련으로 시작하는 재 의식의 절차가 옳은 것인지 따지는 것도 결국 믿음을 담보로 한 종교의식을 올바르게 실현하려는 수행자의 마음이 함께하고 있어서다. 그저 학자의 입장이라면 무엇을 위해 수정할 것이며 보완할 것인가? 그냥 지금의 "시련"만으로도 충분해 보일 수 있다.

알아보고 무엇을 근거로 이처럼 설행하게 되었는지부터 점검할 것이다. 그리고 과거 문헌을 통해 설행 목적과 형식엔 문제가 없는지 진단하여 보완할 점을 찾아 대안을 마련할 것이다.

이를 위해 『한국불교의례자료총서韓國佛敎儀禮資料叢書』[5]와 『지환집智還集』·『어산집魚山集』·『범음집梵音集』[6] 등의 관련 자료를 면밀히 검토할 것이다. 더불어 조선시대 각종 재 의식의 설행 과정을 보다 자세히 전하는 다양한 이본異本의 『천지명양수륙재의범음산보집天地冥陽水陸齋儀梵音刪補集』,[7] 특히 책을 찬술한 지환智還[8]스님의 견해를 적극 반영할 것이다.

전해지는 문헌자료 중, 시련에 관한 내용을 확인하기에 용이容易한 의식집儀式集은 단연, 『천지명양수륙재의범음산보집』을 꼽을 수 있다.

이본의 책엔 첫째, 시련을 가늠케 하는 각단의 위의지도威儀之圖를 전하고 있어 현장

5_ 朴世敏, 『韓國佛敎儀禮資料叢書』, 서울 : 保景文化社, 1993.

6_ 『천지명양수륙재의범음산보집』의 이본으로 알려진, 1782년(정조 6), 간사자미상(刊寫者未詳)의 2권 1책이다. 서지사항은 사주쌍변(四周雙邊), 반곽(半郭) 23.6×19.3cm, 유계(有界), 반엽(半葉) 10행18자, 주쌍행(註雙行), 내향(內向) 2 엽화문어미(葉花紋魚尾); 34.3 x 24.3 cm으로 되어 있다. 동국대학교 중앙도서관(고서 217.5 지96ㅊ2)에 소장되어 있으며 내용엔 시련에 관한 상·중·하, 삼단의 시련위의지도와 지환스님의 전하는 19항목에 관한 론(論), 특히 「주시련론」·「상단시련론」·「중단시련론」 등이 실려 있다.

7_ 18세기 이후, 1709·1721·1739년에 걸쳐 간행된 지환(智還)스님의 『천지명양수륙재의범음산보집』엔 수륙재와 관계된 다양한 의식의 절차를 세밀하게 정리하여 전한다. 특히, 재 의식을 설행하는 본 도량 밖에서 성현을 처음으로 맞이하는 법식을 적어 놓은 「영청단배치제(迎請壇排置制)」와 성현을 목욕시키는 법식을 적은 「관욕당배치제(灌浴堂排置制)」를 따로 분류하고 있는데 내용엔 영청(迎請)과 관욕(灌浴) 그리고 시련(侍輦)의 연관성을 상세히 살펴 진행할 것을 주문하고 있다.

8_ 17세기 후반부터 18세기 초에 활동한 조선후기의 스님으로 아직까지 생몰연대와 활약상이 확인되지 않은 인물이다. 다만, 『천지명양수륙재의범음산보집』, 석실명안(石室明眼)이 쓴 서문과 월주자수(月洲子秀)·계파성능(桂坡聖能) 등이 작성한 발문을 통해 스님이 불교의식에 관한 뛰어난 지식을 갖춰 명성이 자자했음을 알 수 있다. 김두재가 번역해 옮긴 월주자수의 발문(해동사문 지환, 김두재 옮김, 『천지명양수륙재의범음산보집』, 서울 : 동국대학교출판부, 2012, 607~608쪽)엔 「어떤 이가 "지환(智還)스님은 진실로 공문(空門)의 거벽(巨擘)이요 범음(梵音)으로써 세상에 명성이 자자한 분이다. 개연(慨然)히 분출(奮出)하여 전문가들이 고금(古今)에 남겨 준 책을 두루 모아 모든 범패 소리를 하는 가문의 고추(古錐)와 강원(講苑)의 기애(耆艾)에게 질정하여 남겨 두어야 할 것과 버릴 것, 옳은 것과 잘못된 것을 가려서 번거로운 것은 삭제하고 빠진 것은 보완하여 모아서 책 한 질(帙)을 만들어 세 축(軸)으로 나누어 놓았다. 그것은 단(壇)의 위의(威儀)를 크게 장식하고 절문(節文)을 화려하게 무늬를 놓고 사장(詞章)을 분회(粉繪)하여 곡진하게 드러내고 자세히 갖추었으되 각각 극진하게 절충하였으니, 정밀하고 화려한 쓰임이 만세의 보감(寶鑑)이 되기에 충분하다. 아마도 저 천로(泉老)가 세상에 길을 잃고 갈팡질팡하는 사람들을 불쌍하게 여겨 거듭 출현하여 돌아갈 곳을 가르쳐 준 것이 아닌가 생각된다. 그분이 세상에 끼친 공로가 어찌 크다고 하지 않을 수 있겠는가?"라고 하였다.」고 전하고 있어 당시, 스님의 명성을 짐작해 볼 수 있다.

의 모습을 보다 쉽게 이해할 수 있고 둘째, 「주시련작법書侍輦作法」·「주시련론書侍輦論」·「상단시련론上壇侍輦論」·「중단시련론中壇侍輦論」에선 시련에 관한 지환스님의 견해도 확인해 볼 수 있다. 셋째, 「영청단배치제迎請壇排置制」·「관욕당배치제灌浴堂排置制」·「하위영혼제下位迎魂制」·「하단관욕당제下壇灌浴堂制」 등에선 대상을 청해 관욕灌浴을 행하고 시련으로 이어가는 과정을 살필 수 있어 언제, 어디서, 어떻게 시련을 행하는 것이 올바른 것인지 가늠할 수 있다. 넷째, 재 의식을 위해 모셨던 성현을 다시 보내드리는 봉송·배송의식에 관한 상단봉송위의역회도上壇奉送威儀逆回圖·중하단봉송위의순회도中下壇奉送威儀順回圖와 「봉송의奉送儀」·「삼배송규三拜送規」·「중단배송中壇拜送」·「상단배송上壇拜送」 등에선 이미 사라져버린 봉송과정에서의 시련도 어렵지 않게 복원할 수 있도록 했다. 끝으로 각종 재 의식을 소개하는 본문 곳곳에 시련의 흔적을 확인할 수 있는 협주夾註도 마련되어 있어 『천지명양수륙재의범음산보집』, 지환스님의 가르침을 올바르게 이해하려 들면 전통의 시련을 복원하거나 재현하는데 부족함이 없을 것으로 본다.[9]

본서는 전통의 시련을 복원하고 이를 재현하기 위해 다음과 같은 차서次序를 마련했다. 먼저 제1장, "현행 시련, 「시련절차」의 구성"에서는 「시련절차」의 의식문과 내용을 정리해 보편적인 현행 시련의 모습을 확인해보고 제2장, "현행 시련의식의 정의"에서는 보편적으로 알려져 있는 시련에 관한 정의를 동방문화대학원대학교 심상현과 문화재관리국文化財管理局에서 펴낸 『불교의식佛教儀式』 그리고 동국대학교 보광스님 등의 의견을 통해 확인하겠다. 제3장, "현행 시련의식 바로보기"에서는 「시련절차」의 정립과 정착에 영향을 준 것으로 추정하는 각종 이운의식移運儀式에 대해 살펴보고 의식문에 포함된 옹호게擁護偈가 어떤 목적의 것인지 파악하여 전체적인 이운의식의 구조와 성격을 점검할 것이다. 이어, 「시주이운」과 「시련절차」의 내용을 비교하고 전승 현황을 점검, 「시련절차」가 언제부터 성행하여 현재에 이르게 되었는지 가늠할 것이다. 제4장, "현행 시련의식의 진단"에선 성현을 청하고 모시는 기본적인 불교 의식의 구조를

9_ 더군다나 모든 내용을 동국대학교 역경원, 역경위원으로 활동한 김두재(『천지명양수륙재의범음산보집』, 서울 : 동국대학교출판부, 2012)와 경성대학교에서 문학박사학위를 취득한 김순미(『국역 천지명양수륙재의범음산보집』, 서울 : 양사재, 2011)가 충실히 번역해 단행본으로 출간, 보급하고 있어 시련을 행하는 전후의 사정을 살펴보기에 충분하다.

점검한 뒤 「시련절차」가 특정한 대상을 청하고 모시기에 합당한 구조로 이뤄져 있는지 진단할 것이다. 특히, 「시련절차」와 연계해 「신중작법神衆作法」을 행하는 것이 설행 목적에 부합한 것인지 고민해 보고 「재대령齋對靈」의 의식 구조와 목적을 점검하여 현행 재 의식에서 재현 가능한 하단시련의 복원 가능성을 타진하겠다. 제5장, "지환智還스님을 통해 본 시련"에선 시련에 관한 지환스님의 견해를 살피고 올바른 시련의 정의와 목적 그리고 의식을 설행함에 있어 갖춰야 할 충분조건이 무엇인지 정리하겠다. 제6장, "『천지명양수륙재의범음산보집』을 통해 본 시련의 모습"에선 책에 전하는 다양한 자료를 근거로 조선, 전시대에 걸쳐 성행해 온 시련의 모습을 소개할 것이다. 특히, 상・중・하단으로 구분한 영청迎請과 봉송奉送하는 과정을 그림과 표로 정리해 설명하고 참여하는 구성원과 소임에 따른 역할을 구분해 전통의 시련, 설행 전반에 관한 이해를 돕겠다. 제7장, "『천지명양수륙재의범음산보집』을 통해 본 시련의 시점"에선 책, 상・중・하권에 전하는 모든 절차를 검토해 특정한 대상을 이동시킨 흔적을 찾아 이동 과정에서 설행한 게송偈頌과 인도하는 소리[引聲] 그리고 시점 등을 정리하겠다. 제8장, "시련의식 복원에 관한 제언"에선 현재 설행하고 있는 일반적인 대령과 하단의식 그리고 상단과 중단의식에서 언제, 어디서, 어떻게 시련하는 것이 바람직할지 고민하여 대안을 제시하겠다.

2부

본론

01

현행 시련, 「시련절차」의 구성

먼저, 현행 영산재와 수륙재, 생전예수재, 49일재 등의 보편적인 재 의식에서 설행하고 있는 시련의식의 내용을 『석문의범』의 「시련절차」[1]에서 발췌拔萃하고 심상현의 우리말[2]을 통해 정리하면 다음과 같다.

擁護偈옹호게

奉請十方諸賢聖봉청시방제현성	받들어 청하옵나니, 시방의 제현성님!
梵王帝釋四天王범왕제석사천왕	대범천왕 · 제석천왕 · 사천왕님!
伽藍八部神祇衆가람팔부신기중	가람을 수호하시는 팔부의 신장님!
不捨慈悲願降臨불사자비원강림	버림 없으신 자비로 강림하여 주옵소서.

1_ 安震湖, 『釋門儀範』 下, 京城 : 卍商會, 1935(昭和10), 54~55쪽.
2_ 심상현, 『불교의식각론』 Ⅱ, 서울 : 한국불교출판부, 2000, 13~14쪽.

獻座眞言헌좌진언

我今敬設寶嚴座아금경설보엄좌	제가 지금 보배롭고 장엄한 자리를 삼가 마련하옵고
奉獻一切聖賢前봉헌일체성현전	모든 성현님들께 받들어 올리오니
願滅塵勞妄想心원멸진로망상심	원하옵건대 진로 망상심을 멸하시어
速圓解脫菩提果속원해탈보리과	속히 해탈 보리과를 원만히 하소서.

唵 迦摩羅 僧賀 娑婆訶옴 가마라 승하 사바하

茶偈다게

今將甘露茶금장감로다	이제 감로다를
奉獻聖賢前봉헌성현전	성현님께 받들어 올리오니
鑑察虔懇心감찰건간심	정성스럽고 간절한 마음 살피사
願垂哀納受원수애납수	애틋이 여기시어 받아주옵소서.
願垂哀納受원수애납수	애틋이 여기시어 받아주옵소서.
願垂慈悲哀納受원수자비애납수	애틋이 여기시어 대 자비로 받아주옵소서.

行步偈행보게

移行千里滿虛空이행천리만허공	[극락으로] 가시는 길은 어디에든 있사오니
歸道情忘到淨邦귀도정망도정방	도道에 돌아가 망정만 잊으시면 정방에 이릅니다.
三業投誠三寶禮삼업투성삼보례	삼업으로 정성을 다해 삼보께 예禮 하시면
聖凡同會法王宮성범동회법왕궁	성현과 범부가 함께 법왕궁에 모이게 됩니다.

散花落산화락

南無大聖引路王菩薩나무대성인로왕보살

靈鷲偈영축게

靈鷲拈華示上機영취념화시상기	영취산에서 꽃을 드사 상근기들에게 보이시니

肯同浮木接盲龜긍동부목접맹귀	가히 부목이 맹구에 닿음일 새였나이다.
飮光不是微微笑음광불시미미소	가섭존자의 잔잔한 미소가 아니었던들
無限淸風付與誰무한청풍부여수	끝없는 맑은 가풍 누구에게 전하였으리요.

普禮三寶보례삼보

普禮十方常住佛보례시방상주불	널리 시방에 항상 계신 불보님께 예를 올리나이다.
普禮十方常住法보례시방상주법	널리 시방에 항상 계신 법보님께 예를 올리나이다.
普禮十方常住僧보례시방상주승	널리 시방에 항상 계신 승보님께 예를 올리나이다.

소개한 것은 현재 각종 재 의식에서 보편적으로 사용하는 시련의 내용과 전개과정을 정리한 것이다. 전체적인 구성을 살펴보면 특정한 목적, 무언인가를 위해 시방의 제현성과 대범·제석·사천왕 그리고 팔부신장들을 청하고 이어 성현이 편히 자리할 수 있도록 헌좌게獻座偈와 진언을 소리한다. 다음 차 공양을 올린 후 행보게를 통해 성현과 참여자에게 장소를 이동하도록 알리고 이때 꽃을 흩날려 장엄하며 인로왕보살님께 귀의한다는 소리를 이어간다. 장소를 이동해 도량에 이르러서는 부처님의 가르침을 찬연燦然하고 가르침이 전해진 배경을 전하는 영축게를 설한 뒤 삼보에 예를 올리며 끝마친다.

02

현행 시련의식의 정의

시련의 내용만 살펴보면 전혀 문제될 것이 없어 보인다. 과연, 현행 시련의식에 어떤 문제점이 있다는 걸까? 먼저, 시련의식에 관한 정의를 살펴보자. 현재 불교계에서 이해하고 받아들이는 시련에 관한 보편적인 시각은 영산재보존회 자문위원과 동방문화대학원대학교 교수로 활동하는 심상현의 의견이 주를 이루는 것으로 파악된다. 그는 『불교의식각론』 Ⅱ,[1] 31~68쪽에서 시련에 대해 자세한 내용을 전하고 있는데 이를 종합해보면 다음과 같다.

> 법회의 원만성취와 당일 영가의 왕생에 크게 도움이 되어 주실 **시방세계의 성현님과 대범 제석 사천왕 그리고 가람을 옹호하시는 팔부 신중님을** 인로왕보살님의 안내로 **재 도량으로 모셔 들이는 의식**

1_ 심상현, 『불교의식각론』 Ⅱ, 서울 : 한국불교출판부, 2000, 표지 앞날개.

또 다른 의견도 있다. 문화재연구소 문화재관리국에서 펴낸『불교의식』[2]에 소개하는 내용을 보면,

> **시련**侍輦**이란 영가**靈駕**를 모셔 들이는 의식**儀式**이다**. 사원寺院 입구入口에 장소場所를 마련하고 대중大衆 일동一同이 **영가**靈駕**를 환영**歡迎**하면 인로왕보살**引路王菩薩**이 영가**靈駕**를 접인**接引**하여** 부처님 계시는 청정도량淸淨道場으로 맞아들이는 의식이다.

영가를 모셔온다는 내용과 연계하여 인로왕보살의 중요성을 강조한 것도 있는데 동국대학교 보광스님은 한국정토학회『정토학연구』,「생전예수재 신앙 연구」[3]에서 다음과 같이 설명한 바 있다.

> 첫 번째는 안내자의 위치에서 내영접인보살來迎接引菩薩로서의 역할이다. 정토교에서는 내영접인을 아미타불이 직접 하거나 관음보살과 대세지보살이 할 수 있다. 그러나 지장신앙에서는 그 역할이 나누어져서 안내의 보살과 구원의 보살이 분리되어 있다. **천도의례의 처음은 시련**侍輦**으로 막을 연다. 즉 이는 귀빈으로 태우고 오는 전용기나 의전차량과도 같다. 영가를 불보살의 의식도량으로 인도하는 마중의식이다.**[4] **가마에 영가의 위패를 모시는데 이때 '나무대성인로왕보살마하살'이라고 수를 놓던지 아니면 붓글씨로 쓴 번을 맨 앞에 세우고 "나무대성인로왕보살"을 창하면서 진행된다**.

또한, 다음과 같은 의견도 공공연히 제시되고 있다.[5]

> 어산재가 아니면 요령 목탁으로는 집전이 어렵다. 연輦을 모시고 사찰경내 입구까지 나가서 **금일 재나 불사를 호위하고 증명할 성현**(연은 영가가 타는 장엄구가 아니다)**들을 모셔오는 의식이다**. 천도재일 경우에는 영가의 위패나 사진도 함께 나가 동참한다.

2_ 문화재연구소,『불교의식』, 서울 : 계문사, 1989, 230쪽.
3_ 한태식(보광),「생전예수재 신앙 연구」,『淨土學硏究』 제22집, 서울 : 한국정토학회, 2014, 29쪽.
4_ 영접사로서의 인로왕보살을 표한한 예는 이미 심상현의『불교의식각론』Ⅱ을 통해서도 알려진바 있다.
5_ 대한불교조계종 포교원,『통일법요집』, 서울 : 조계종출판사, 1998, 263쪽.

지금까지 살펴본 시련에 관한 정의는 심상현의 의견처럼 도량을 정화할 목적으로 일체성현을 모셔오는 것과 천도의 대상인 영가를 맞이하여 모셔오는 것, 그리고 재 의식에 영가를 인도해 온다고 믿는 성현, 예를 들어 인로왕보살 등을 모셔오는 의식으로 알려져 있다. 일부에선 아예 이 모두를 함께 모셔오는 의식으로 받아들이고 또 그렇게 설명하고 있다.

03

현행 시련의식 바로보기

도량을 정화하기 위해 성현을 모신다거나 영가를 청할 목적으로, 그리고 인로왕보살을 모시기 위해 행한다는 시련, 「시련절차」는 언제부터 이처럼 인식하며 현행 재 의식에서 설행해 왔을까?

시련의식에 관한 구체적인 의식문이 등장하는 문헌자료는 1935년 안진호스님에 의해 편찬된 『석문의범釋門儀範』이 유일한 것으로 확인된다.[1] 그럼 이전 시대에 간행된 자료엔 현행하는 시련의식과 의식문이 존재하고 있을까? 아직까지 확인된 바 없다. 물론 『석문의범』 이후, 현재까지 간행된 수많은 재 의식 관련 의식집엔 분명, 『석문의범』의 「시련절차」를 시련의식으로 받아들려 예외 없이 절차 맨 처음 등장시키고 있다.

각종 재 의식의 절차에서 시련의식이 맨 처음 등장하게 된 배경은 무엇일까? 이를 가늠해 보기 위해서는 먼저, 불교의 이운의식移運儀式부터 이해하고 넘어가야 한다. 왜

1_ 물론, 이전 1931년 안진호스님이 편찬에 참여한 『불자필람』에도 「시련절차」가 기술되어 있다. 그러므로 현재의 시련의식이 정착, 보급된 시점을 『불자필람』과 『석문의범』이 편찬되던 시기로 보고 20세기에 들어오면서 성행했을 것으로 추정한다.

냐하면 시련과 이운은 무언가를 이동시킨다는 점에서 깊은 연관성이 있기 때문이다. 특히, 이동의 수단인 가마, 연輦을 사용하고 있다면 그 관련성을 배倍가 될 수 있다.

1. 이운의식의 정의

이移(옮기다 · 다른 곳으로 가다 · 변화시키다 · 나아가다 · 떠나다 · 움직이다) 운運(돌아가다 · 회전하다)은 말 그대로 무엇인가를 이곳에서 저곳으로 옮긴다는 의미를 지니고 있다. 특히, 불교의식에서의 이운이란 특정한 대상, 예를 들어 눈으로 확인할 수 있는 불상佛像 · 가사袈裟 · 괘불掛佛 · 탱화 · 사리舍利 · 법사法師 · 지전紙錢 등을 필요에 따라 특정 장소로 옮길 수 있도록 하는 의식을 말한다. 사실, 이운의식을 행하는 이유는 무척 다양해 보이지만 실상은 단 한 가지, 의식을 원만하게 진행하기 위한 중생의 필요에 의해 무언가를 옮겨오고자 하는 이유에서 시작되었다.

가령, 야외에 임의로 단을 설치하고 의식을 진행할 수밖에 없는 상황이라면 의식을 설행하기 위해 필요한 무언가를 어디선가 구해오거나 옮겨올 수밖에 없다. 그러나 이미 각 전각에 자리한, 점안點眼의식을 통해 봉안되어 있는 불상과 탱화를 포함한 모든 법구法具는 종교적인 신념에 의해 함부로 장소를 이동시키거나 위치를 변경시킬 수 없도록 되어있다. 더군다나 불 · 보살과 직접적으로 관계한 불상과 탱화를 비롯한 가사와 사리, 부처님의 말씀을 전하는 법사스님 등에게 정중한 예를 갖추지 않고서 소기의 목적을 위해 함부로 장소를 이동시키는 것은 종교적 훼손 행위로 간주하여 엄하게 제한하는 실정이다.[2] 바로 종교적 믿음과 성현에 대한 예를 표방하는 것이 의식의 근본이기 때문이다.

그럼에도 야외에서 의식을 행하기 위해서는 다양한 법구가 필요했을 것이고 상황에 따라 의식에 필요한 많은 불구佛具가 특정한 장소로 옮겨졌을 것으로 예상되는데 이는

2_ 그러나 법사스님의 경우 법사이운의식을 통해 장소를 이동시키지 않고 있는 실정이다. 하지만, 법사스님은 부처님을 대신해 사부대중에게 법문을 설하기 때문에 당연히 부처님을 대신한다는 이유만으로도 이운의식을 통해 법상에 오르게 하는 것이 마땅하다.

전해지는 문헌자료를 통해서도 얼마든지 확인해 볼 수 있다.

승려들이 도성 안에까지 들어와 당번幢幡을 세우고 징과 북을 치면서 음식상을 차려놓고 죽은 사람의 이름을 부르는 것을 백종시식百種施食이라 한다.[3]

효령대군 보가 한강에서 7일 동안 수륙재水陸齋를 크게 열었다. **세 개의 단을 쌓았으며** 승려 일천명에게 음식을 대접하고 그들 모두에게 보시 하였으며, 심지어는 길가는 행인들에게까지 음식을 대접하였다. 날마다 쌀 몇 섬씩을 강물에 던져 물고기에게 마저 먹을 것을 베풀었다. **나부끼는 깃발과 일산이 강을 뒤덮었으며 종소리와 북소리가 하늘을 뒤흔들었으니**, 서울 안의 남자와 부녀들이 구름처럼 모였다. 양반집 부녀자들도 더러는 맛있는 음식을 장만해 가지고 그들을 대접하였는데, 승려들과 속인이 한데 어울려 구분이 없었다.[4]

한 예로 현행 재 의식에서 어렵지 않게 접할 수 있는 괘불掛佛은 야외에서 행하는 의식을 위해 특수하게 제작된 탱화로서 마치 법당 내에 모셔진 불상과 동일한 용도로 인식하여 예배의 대상으로 간주되고 있다. 전 세계 불교국가 중 현재 괘불을 사용하고 있는 곳은 우리나라와 티벳, 몽고로 한정되어 있는데 티벳에서는 음력 4월 15일과 석가탄신일, 성도일, 열반일에 맞춰 큰 축제를 열고 대형 "탕카"를 내어 모시고 있다.[5] 그리고 이 과정에서 무용과 함께 풍악을 울리고 있어 그들 나름대로의 이운의식을 행하는 것으로 볼 수 있겠다.

2. 이운의식의 종류와 목적

현재 전승되고 있는 다양한 재 의식에는 설행의 목적을 원만하게 이루기 위해 이에

3_ 『세종실록(世宗實錄)』, 世宗27年, 7月 14日.
4_ 『세종실록(世宗實錄)』, 世宗14年 2月 14日.
5_ 윤열수, 『괘불』, 서울 : 대원사, 1990, 13~14쪽.

부합하는 이운의식을 절차 속에 포함하고 있다. 또한 조선시대에 간행된 재 의식 관련 문헌자료에도 의식을 시작하기에 앞서 각종 이운의식을 행한 것으로 들어나 의식을 진행함에 있어 나름, 필요한 이운의식을 병행했을 가능성이 크다. 한 예로 중요무형문화재 제50호 영산재의 경우, 영산작법을 설행하기 위해 괘불이운을 필수적으로 행하고 있으며 생전예수재의 경우에도 지전紙錢과 경전經典을 중심으로 한 금은전과 경함이운 의식 등을 설행하고 있는 것으로 확인된다.

1) 금은전이운金銀錢移運

흔히, 불교 의식에서의 지전(금은전)은 생자生者가 명부세계에 전생 빚을 갚거나 영가靈駕에게 복전福田을 전하기 위한 목적으로 만들어진다. 이때 사용하는 지전은 명부세계에서 통용될 수 있도록 조전의식造錢儀式 통해 완성하는데 지전을 만드는 의식이 마무리되면 지전이 자리할 장소로 이동시킨다. 주로 괘불이 모셔진 장소 좌・우와 명부시왕冥府十王 단壇, 혹은 고사단庫司壇 앞으로 옮기는 것이 일반적인데 이미 설명했듯이 지전은 명부세계에서만 통용되어지는 신비성을 갖고 있어 단순한 종이돈의 차원을 넘어서고 있다. 당연히 장소를 이동할 경우엔 이운의식을 통해 진행한다.[6]

2) 경함이운經函移運

경함經函이란 말 그대로 경전을 담아 보관하는 상자를 말한다. 경전은 부처님과 선・조사 스님의 말씀을 전하고 있어 경전을 보관하고 있는 상자, 경함은 부처님의 가르침을 상징하는 법구로 인식된다. 특히, 과거 영산작법을 행할 땐, 법화경을 독송하거나 사경한 흔적이 전하고 현행 생전예수재의 경우도 전생 빚을 갚는 행위로서 경전을 염송하거나 사경하는 수행을 겸하고 있어 경전, 경함을 옮길 경우엔 당연히 이에 걸맞은

6_ 다만, 현행 천도재와 각배재 그리고 영산재의 경우, 금은전을 사용하고 있음에도 실제 의식에선 금은전이운을 행하지 않고 있어 지전을 단순히 장엄용으로 활용하고 있는 듯하다. 더군다나 범패승조차 금은전이운은 생전예수재에만 행하는 것으로 인식하고 있어 고정관념을 수정할 필요가 있다.

이운의식을 행하는 것이 옳다.

3) 괘불이운掛佛移運

현행 재 의식에서 빠지지 않고 등장하는 이운의식은 단연 괘불이운이다. 특히, 야외에 설단을 마련한 경우라면 대부분 야외에 괘불을 모실 수밖에 없어 규모가 큰 재 의식에서의 괘불이운은 필수적이다. 현행 영산재에서도 괘불이운 의식의 중요성을 인식하여 수년 전부터 괘불이운을 절차에 포함하고 아랫녘수륙재에서도 삼신이운三身移運을 통해 괘불을 모시고 있다.

4) 시주이운施主移運

현재는 설행하는 예가 없어 실체를 확인하는데 어려움이 있지만 시주자施主者를 성중의 보호아래 사찰로 이동시킬 때 행하는 의식으로 알려져 있다. 자료에 따르면 신분을 확인할 수 있는 갓冠과 허리 대帶를 가마에 실어 옮긴 것으로 확인되고 있어 당시 재 의식의 설판자인 시주자의 신분이 상당히 높았을 것으로 짐작한다. 다만, 조선후기에 접어들면서 신분사회가 붕괴됨에 따라 시주이운 의식이 자취를 감춘 것으로 보이지만 『석문의범』에도 내용이 실려 있는 것으로 봐서 근대까지 설행되었을 가능성도 없지 않다.

5) 법사이운法師移運

법사法師는 부처님의 말씀을 전하는 승가의 어른을 뜻한다. 그러므로 부처님의 가르침을 전하는 법사는 부처님과 동일한 경배의 대상이 된다.

종교에서의 경배의 대상은 곧 신앙심을 기초로 한다. 다양한 이운 의식이 존재한다는 것은 삼보에 대해 경배의 예를 표현한 것으로 볼 수 있다. 불보佛寶에 관한 것은 괘불・사리・법사 이운 등에서 법보法寶에 관한 것은 법사와 경함이운에서 그리고 승보僧寶에 관한 것은 법사와 가사이운 등에서 공경의 행위를 짐작해 볼 수 있다. 특히,

법사의 이운의식은 삼보를 모두 아우르고 있어 다른 어떤 이운의식보다도 보편적이었을 것으로 예상하지만 아쉽게도 현행 의식에서 접해보기란 쉽지 않다.

이외에도 가사袈裟·불사리佛舍利·고승사리高僧舍利 등의 이운의식이 『석문의범』을 비롯한 많은 문헌자료에 전하고 있어 특정한 목적을 위해 대상을 이동시킬 경우 언제 어디서든 보편적으로 이운의식이 설행되었을 가능성이 크다.

3. 옹호게를 통해 본 이운 의식의 구조

전해지는 이운의식 중 불보佛寶와 직접적으로 관계한, 예를 들어 불·보살을 상징하는 불사리·탱화·가사 등과 재 의식을 설판하는 시주자를 모셔 장소를 이동할 경우엔 옮기려는 대상을 보호할 목적으로 먼저, 호법성중을 청하는 "옹호게擁護偈"를 소리하며 시작한다. 이는 불·보살과 관계한 특정한 경배의 대상을 옮기는 것이 단순한 노동이 아닌 종교적 행위임을 보여주는 것으로 불법을 옹호하는 일체의 호법성중을 청함으로서 이동시키고자 하는 대상을 보호하고 아울러 장소를 이동함에 있어 장애가 생기지 않도록 발원하려는 중생의 마음을 담은 것으로 볼 수 있겠다.

다만, 법보와 승보에 관한 경배 대상일 경우엔 동불게動佛偈, 이운게移運偈, 행보게行步偈를 설함으로서 옮기는 대상과 옮기려는 자에게 장소의 이동을 알린다.

그럼, 괘불이운과 가사이운의 옹호게를 살펴보자.

擁護偈옹호게

八部金剛護道場팔부금강호도량　空神速赴報天王공신속부보천왕

三界諸天咸來集삼계제천함래집　如今佛刹補禎祥여금불찰보정상

천룡팔부 금강신중 이도량을 살피시고 허공신은 달려나가 천왕에게 아뢰나니

삼계내의 모든하늘 다들함께 모여와서 이와같이 부처나라 상서롭게 도우시네

다음, 시주이운[7]과 불사리이운의식의 옹호게다.

擁護偈옹호게

奉請十方諸賢聖봉청시방제현성 梵王帝釋及諸天범왕제석급제천

伽藍八部神祇等가람팔부신기등 不捨慈悲臨法莛불사자비임법정

시방에 머무시는 일체현성과 하늘세계에 머무시는 범왕제석과

가람을 수호하는 팔부의 모든 성현이시어 자비를 베풀어 법정에 강림하소서

이운의식, 맨 처음 등장하는 "옹호게"는 '안다·끌어안다·감싸다'라는 의미의 옹擁과 '보호하다·비호하다·지키다'라는 의미의 호護와 결합하여 삼보와 관계된 특정한 무언가를 지키거나 두둔하여 편드는 것을 말한다. 이미 부처님의 탄생과 성도成道의 과정에서 부처님을 찬탄하고 호위하며 이를 보호하는 성현은 수없이 등장 했었다. 예를 들어 제석·범왕·사천왕·천상의 용·신 등이 이에 해당하며 성도를 이룬 후 설법했다는 『화엄경華嚴經』, 「세주묘엄품世主妙嚴品」에 등장하는 화엄신중華嚴神衆[8]-도 이에 해당한다. 이들의 활약상은 경전과 설화를 통해 다양하게 묘사되어 전하며 대승불교가 발전하면서는 부처님과 관계된, 불교와 관계된 모든 불사佛事를 옹호하는 성현으로 인식하는 신앙적 발전을 이루었다.

그러므로 이운의식 차체를 불사를 위한 행위로 받아들여보면 결국, 이운의식에서 "옹호게"를 행한다는 건, 신중의 가피로서 악의 기운과 마장魔障을 물리치고 이운의 대상을 보호하고자하는 간절한 소망을 담고자 한 것이 분명하다. 즉, 성현의 가피로 특정한 경배의 대상을 아무런 사고와 장애 없이 옮기려는 중생의 의지로 볼 수 있다. 흔히 불교의식에서 불전에 올리는 마지摩旨(부처님께 올리는 밥)를 태양을 상징하는 빨강색으로 보자기로 감싸 이동시키는 것도 일체의 마장과 장애를 벗어나 악귀의 침범을 막으려는 목적이기에 이와 같은 행위가 곧, 성중의 보호 속에서 이운의식을 원만하게 진행하려

7_ 소개하는 괘불·가사·시주이운의 옹호게는 『천지명양수륙재의범음산보집』의 것을 옮긴 것이다.

8_ 『화엄경』을 호지(護持)하고 받드는 보살대중. 신중은 부처님의 설법을 듣고 따르는 무리로서, 불교를 지키고 배우는 자들에 대한 통칭이다. 대개 불경의 첫머리에 나오는 설법장의 청중들인데, 『화엄경』에는 7,000여명의 보살이 그 소임을 맡고 있다. 그들은 지상(地上)과 천상(天上)을 오가며 『화엄경』의 이상을 펼치는데, 이것은 대승불교의 문학적 상징성을 대변하고 있다. 『한국민족문화대백과사전』 25, 서울 : 웅진출판주식회사, 1997, 311쪽.

는 것임을 알게 한다.[9] 재 의식을 시작하기에 앞서 모든 마장을 없애, 도량을 청정하게 할 목적으로 일체 성현을 청한다는 확대 해석은 그렇게 믿고 싶은 자의 일방적인 해석일 수 있다는 설명이다.

4. 시주이운을 통해 본 현행 시련의식

여기에서 한 가지, 현행 「시련절차」가 자리한 배경을 추정할 수 있는 「시주이운」 의식에 관해 주목할 필요가 있다.[10]

앞서, 「시주이운」은 재 의식의 설판재자 곧, 시주자를 성현의 보호 속에 이동시키는 의식으로 소개했다. 「시주이운」에 관한 의식문은 『석문의범』 이운편, 하권 122쪽에 실려 있고 지환스님이 1721년 경기도 양주 삼각산 중흥사重興寺에서 개판한 『천지명양수륙재의범음산보집』에도 실려 있으며 이외 조선시대에 간행된 몇몇 의식집에도 소개되어 있다.[11] 특히, 이전인 1661년 호국사護國寺에서 간행된 『오종범음집五種梵音集』엔 명칭이 다른 「시주봉영지례施主逢迎之禮」가 실려 있고 1694년 금산사金山寺에서 간행된 『제반문諸般文』에는 「시주봉영작법施主逢迎作法」이란 명칭으로 다뤄지고 있었기에 각종 재 의식이 성행했던 조선 중기에 집중적으로 설행되었을 가능성이 크다. 특히, 사회적 지위가 높은 자가 시주자일 경우엔 필수적으로 설행했을 것으로 본다.

사실, 『석문의범』은 근대에 편찬되었음에도 「시주이운」 만큼은 특별한 설명 없이, 전반적인 내용만을 소개하고 있어 설행에 관한 전 과정과 현장의 상황을 가늠하기 어렵다. 물론, 의식문의 구성과 전체적인 내용만 놓고 보면 현재의 「시련절차」와 매우

9_ 밤이 가장 길다는 24절기의 동짓날 붉은 색 팥죽을 쑤어 먹는 이유도 이와 무관하지 않다.

10_ "「시주이운」이 먼저냐, 「시련절차」가 먼저냐"에 대한 이견이 있을 수 있다. 필자는 『석문의범』을 제외한 조선 전 시대에 간행된 문헌자료에 「시주이운」만 등장하고 동일한 문헌에 「시련절차」가 기술되어 있지 않은 점으로 미뤄 「시주이운」이 먼저 정착해 성행했을 가능성에 무게를 둔다. 결국 「시주이운」이 먼저이고 다음 「시련절차」가 정립되었을 것으로 본다. 그리고 그 시점은 『석문의범』의 간행 즈음으로 판단한다.

11_ 편자와 연대가 확인되지 않은 『요집(要集)』과 연대가 확인되지 않은 『청문요집(請文要集)』 등에도 「시주이운」이 실려 있다. 하지만 이를 제외한 조선시대에 간행된 의식집에서 「시주이운」을 찾아보기란 쉽지 않다. 가령, 1827년 백파스님이 편찬한 『작법귀감』에도 「시주이운」은 실려 있지 않다. 하지만 의식문을 다루지 않았다고 해서 「시주이운」이 성행하지 않았을 것이라 단언할 수는 없다.

흡사한 것이 사실이지만 아무리 동일한 내용이라 해도 시련의식에 빗대어 '이렇게 행했을 것'으로 짐작하기엔 무리가 따른다. 더군다나 현재에 이르러 「시주이운」을 설행하는 예를 확인할 수 없다는 점도 현행 시련의식과 직접적인 비교가 불가능하기에 쉽게 논할 수 있는 문제가 아니다.

그러나 다행스럽게도 『천지명양수륙재의범음산보집』, 「시주이운」엔 의식의 전 과정을 가늠할 수 있는 협주가 마련되어 있어 『석문의범』의 것보다 진행의 전 과정을 짐작하기가 용이하다. 당연히 협주의 내용을 살피는 것만으로도 시방의 일체 성현과 대범천왕, 제석천왕 그리고 팔부의 신중들을 무슨 이유로 청했는지 가늠해 볼 수 있다.

김두재가 번역한 협주의 내용[12]과 함께 1721년 간행된 「시주이운」의 원문[13]을 옮겨보자.

이운의식을 시작하기에 앞서,

> 사미대沙彌臺가 결단結壇되었으면 꽃병과 등촉燈燭 등 일체 위의威儀를 가지런히 정리한 뒤에 **시주를 한 집에서 떡과 국수 등 제물을 가지고 오면**, 현성賢聖 대중을 청하는 의식을 한다.[14]

奉請十方諸賢聖봉청시방제현성 梵王帝釋及諸天범왕제석급제천

伽藍八部神祇等가람팔부신기등 不捨慈悲臨法筵불사자비임법정

獻座헌좌

我今敬設寶嚴座아금경설보엄좌 奉獻一切諸賢聖봉헌일체제현성

願滅塵勞妄想心원멸진로망상심 速圓解脫菩提果속원해탈보리과

唵. 迦摩羅. 星賀. 莎訶.

12_ 해동사문 지환, 김두재 옮김, 『천지명양수륙재의범음산보집』, 70~72쪽.

13_ 『천지명양수륙재의범음산보집』은 크게 1721년과 1739년 등의 두 종으로 나뉜다. 그리고 판본에 따라 「시주이운」의 행보게(行步偈)와 염화게(拈花偈) 가사가 다르게 전한다. 여기에선 1721년 본의 가사를 옮긴다.

14_ 「沙彌臺結壇 則花甁燈燭 一切威儀 齊整然後 施主家 具餠麪持來 則請賢聖衆也」.

茶偈다게

今將甘露茶금장감로다　　奉獻賢聖前봉헌현성전

鑑此虔懇心감차건간심　　願垂哀納受원수애납수

이처럼 시주자의 집에서 마련한 떡과 국수 등의 제물이 준비되면 현성을 맞이하는 "옹호게"를 시작하고 헌좌와 다게까지 진행한다. 이후엔,

> **공양을 올리는 주**呪**와 회향하는 주를 한 뒤**에 대중들과 시주施主는 차를 올린다. 그런 뒤에 위의를 갖추어 나열해 선다. **시주는 모자**[冠]**를 벗고 허리띠**[帶]**를 끄르고 가마**[輦]**에 실은 후**에 발걸음을 내딛는 게송(行步偈)을 한다.[15]

行步偈행보게

移行千里滿虛空이행천리만허공　　歸道情忘到淨方귀도정망도정방

三業投誠三寶禮삼업투성삼보례　　聖凡同會法王宮성범동회법왕궁

여기에서 한 가지, 의식문에 직접적으로 실려 있지 않지만 협주엔 분명 차 공양, 다게를 올리기 전에 공양주와 회향주를 행하도록 했다. 더군다나 이와 같은 내용은 앞서 소개한 『오종범음집』이나 『제반문』 등에 보다 구체적인 의식문으로 기술되어 있다. 『제반문』엔 헌좌를 모신 후 진공진언進供眞言을 하고 운심게運心偈와 탄백嘆白, 퇴공진언退供眞言을 행하고 있어[16] 다게를 올리는 시점을 전후해 정성스럽게 마련해온 떡과 면(국수)을 일체 성현에게 공양 올린 것으로 들어난다. 이처럼 성현에게 공양 올리는 이유는 곧 어딘가로 향해 이동하려는 시주자를 성현의 가피 속에 보호하기 위한 것[17]이 분명하다. 바로 가마에 시주자의 모자와 허리띠를 실어 모신다는 것과 행보게行步偈가 이를

15_ 「供養呪及回向呪後 大衆及施主點茶 後威儀列立 施主 脫冠衣帶 載輦之後 行步偈 云」.

16_ 朴世敏, 『韓國佛教儀禮資料叢書』 2권, 543쪽.

17_ 시주자가 성현의 보호를 필요로 할 만큼 중요한 인물이라면 누가 있을까? 더군다나 양반과 평민, 천민으로 구분되던 조선시대에 말이다. 아무래도 왕족(王族)과 같이 사회적 신분이 높은 자가 아니었을까?

반영한다.

행보게는 "천리 길 옮겨 다니며 허공에 가득하나 도에 귀의하여 정을 잊으면 깨끗한 곳에 이릅니다. 삼업을 던지는 정성으로 삼보께 예를 하여 성현과 범부가 함께 법왕궁에 모입니다."[18]라고 해석되고 있어 장소를 이동할 시주자에게 전하는 게송[19]으로 볼 수 있다.[20]

현행 「시련절차」와 『석문의범』의 「시주이운」엔 행보게 이후 "산화락"과 "나무대성인로왕보살"이 등장하는데 『천지명양수륙재의범음산보집』의 「시주이운」엔 이 내용이 등장하지 않고 다음과 같이 진행한 것으로 들어난다.

> **난경**亂經 **요잡의식**을 하고 정중庭中에 이르면 음악을 그친다. 다음에는 널리 예 올리는 게송(普禮偈)을 한다.[21]
>
> 普禮十方常住佛보례시방상주불. 法법. 僧승

내용 중 난경亂經과 요잡繞匝에 주목할 필요가 있다. 내용을 번역해 옮긴 김두재는 난경을 "기경起經의식과 같은 경우인 듯하다"고 설명하여 현행 「시련절차」, 영축게 이후에 행하는 기경작법(나비무)과 연관할 수도 있음을 내비치고 있다. 하지만 현재 행하는 기경작법은 이동 중에 행하는 것이라기 보단 법당 앞뜰에 도착한 후 진행하는 것으로 알려져 있어 난경을 기경으로 받아들이기엔 무리가 있다.[22] 필자는 난경의 난亂이 '다

18_ 智還, 金純美 譯, 『국역 천지명양수륙재의범음산보집』, 서울 : 양사재, 2011, 42쪽.

19_ 참고로, 『천지명양수륙재의범음산보집』엔 전패(殿牌)와 금은전을 이운하는 의식에도 내용이 다른 행보게가 실려 있다. 하지만 비록, 내용이 다른 행보게라도 이동을 목적으로 한 것은 분명하다.

20_ 물론, 영가에게 이와 같은 행보게를 할 수 없는 건 아니다. 『천지명양수륙재의범음산보집』, 「명일별대령시식규(明日別對靈施食規)」에서 영가를 이동시킬 때 행보게를 하도록 했다. 다만 우리가 알고 있는 「이행천리만허공 운운」의 행보게 인지 아니면 염화게로 알려진 「법신변만백억게 운운」인지, 또 다른 「고혼내입법왕성 운운」인지는 불분명하다.

21_ 「亂經繞匝 至庭中 止樂 次普禮偈云」.

22_ 사실, 김두재가 말하는 "기경의식"이 정확히 무엇을 가리키는 것인지 알 수 없다. 필자가 알고 있는 나비무용이 아닌, "경을 일으키다." 혹은, "경전을 염송하며 수행하거나 이동해 간다."는 의미로 받아들인 것이라면 김두재의 의견에 동의한다.

스리다' 혹은 '가득차다 · 널리 퍼지다'라는 의미로 보고 다양한 "경문을 염송하는 것"으로 받아들인다. 물론, 요잡은 '두르다 · 둘러싸다'의 요繞와 '널리 돈다.'는 의미의 잡匝이 어우러져 "도량을 돌거나 이동하는 것"으로 이해한다.

그러므로 과거 『천지명양수륙재의범음산보집』이 완성되던 시기인 18세기엔 현재와 같이 이동 중에 "나무대성인로왕보살" 이 아닌 『법성게』나 『반야심경』과 같은 경문을 염송하며 이운을 행했을 가능성이 있으며 이때, 다양한 음악이 함께했을 가능성도 클 것으로 짐작한다. 이와 같은 모습으로 뜰 중앙에 이르면 현재의 시련과 같이 영축게를 행하지 않고 바로 보례게로 이어가도록 했다. 보례를 마친 다음엔 국왕과 왕비와 세자를 위한 축원과 시주자를 위한 축원으로 이어간다.

> 다음에는 삼전三殿[23]의 축원을 하고, 그 다음에는 시주를 위해 축원한다.[24]

1721년, 『천지명양수륙재의범음산보집』의 「시주이운」은 의식 중간 다게茶偈를 전후해 공양주와 회향주를 진행한 점, 이동 중에 "나무대성인로왕보살"이 아닌 경문을 염송하는 점, 그리고 도착 이후에 진행하는 영축게가 빠져 있는 점[25] 외엔 현행하는 「시련절차」와 크게 다를 바 없다.

그럼, 1935년 간행된 『석문의범』에 실려 있는 「시주이운」은 어떨까? 1600년대, 1700년대의 「시주이운」과 어떤 차이점이 있을까?

필자는 『석문의범』의 「시주이운」을 과거, 저본에서의 「시주이운」 절차와 비교하기보단 오히려 현재의 「시련절차」와 비교하는 것이 빠를 듯하다. 나름 분명한 차이가 있으니 말이다. 첫째, 헌좌진언의 두 번째 게송 "봉헌일체성현전"이 "봉헌제대성현전

23_ 글을 옮긴 김두재는 삼전(三殿)이 곧 국왕과 왕비와 세자를 말하는 것으로 설명한다.

24_ 「次三殿祝願 次施主祝願云云」.

25_ 1739년 본엔 알려져 있지 않은 다른 가사의 행보게와 염화게가 실려 있다. 먼저, 행보게는 「파간초자포금년 궐후승승작복전 금일단나심정중 망행지욕예금선(破慳初自布金年 厥後繩繩作福田 今日檀那心鄭重 忙行只欲禮金仙)」으로 되어있고 염화게의 경우엔 「이파연화비실상 심심묘의거령산 여금갱시제단월 향차명심각파안(已把蓮花譬實相 深深妙意擧靈山 如今更示諸檀越 向此明心各破顔)」으로 되어 있다. 비록 가사의 내용을 다르지만 동일한 목적으로 각 게송을 설했던 것은 분명하다. 참고로 현재 알려져 있는 "영축염화시상기 운운"의 영축게는 과거 문헌에서 "염화게"로 통했다.

奉獻諸大聖賢前"으로 되어있고 둘째, 다게의 두 번째 게송 "봉헌성현전"이 "봉헌제성전奉獻諸聖前"으로 되어있다. 마지막으로 「시련절차」엔 의식이 끝난 후 축원祝願을 행하지 않지만 「시주이운」은 의식의 마무리에 축원을 행하도록 했다. 그리고 이외엔 전혀 차이가 없다.

만약, 현재 활동하는 범패승에게 의식의 명칭을 알려주지 않고 내용만 보여주면 무엇이 현행 시련이고 시주이운 의식인지 분간하기 어려울 정도다. 특히 『천지명양수륙재의범음산보집』엔 실려 있지 않은, "나무대성인로왕보살"까지 똑같이 기술되어 있으니 제1장에서 소개한 「시련절차」의 내용과 거의 같다는 표현이 더 정확할 듯하다.

밝혔듯이 『석문의범』엔 「시주이운」과 「시련절차」가 모두 전한다. 동일한 형태의 의식을 하나는 이운편移運篇에 또 하나는 시식편施食篇에 실어 다른 명칭과 목적으로 다뤄지고 있었다는 사실은 의식집이 편찬되던 20세기 초까지 두 의식이 각기 다른 목적으로 공존하고 있었음을 말한다. 하지만 현재 이르러 시주이운은 사라지고 시련의식만이 남았다. 그리고 구체적으로 언제부터 그렇게 사라지게 되었는지는 알 길이 없다.

다만, 20세기를 전후한 시기엔 현재와 같이 장소를 이동하는 대중적인 수단이 자동차가 아닌 가마였음을 상기할 때, 「시주이운」과 「시련절차」에 공통적으로 연輦이 등장한다는 것만으로도 시련과 이운을 동일하게 인식하는 나름의 관념이 생길 수 있었을 것으로 예상한다. 더군다나 전해지는 이운의식 중 유일하게 가마를 이용하는 의식이 「시주이운」이었다면 더욱 말이다.[26]

26_ 유일하게 대상을 이동시킬 때 가마를 이용하는 이운의식은 바로 「시주이운」이다. 만약 당시의 누군가가 가마를 이용해 이운하는 「시주이운」을 보고 망자(亡者)에게도 동일하게 적용할 수 있을 것으로 판단, 그래서 가마를 이용하는 이운의식을 예로, 망자를 이동시키려 했다면 당연히 당시에 전해지는 「시주이운」의 의식문을 활용했을 가능성이 크다. 그렇게 시련의식이 정착되어 성행했다면 1930년대, 안진호스님이 『석문의범』에 「시련절차」를 실어 놓은 건 당연할 수 있다. 물론, 아무도 확인할 수 없는 필자만의 상상이다.

04

현행 시련의식의 진단

다시 앞으로 돌아가 보자.

지금까지 살펴본 이운의식 특히, 「시주이운」만 놓고 보면 현재 보편적으로 알려져 있는 시련의식에 관한 정의를 재검토 할 수 있을 것으로 본다. 혹자의 말대로 재 의식을 시작하기에 앞서 대범천왕 · 제석천왕 그리고 가람을 수호하는 팔부의 신중 등을 청해 불법을 호지護持하고 도량을 청정하게 하려는 목적인 것인지 성현이 강림하기 전에 재 의식에서 천도의 대상인 영가를 먼저 모셔오기 위한 것인지 과연, 이와 같은 주장이 이치에 맞는 것인지 점검해보자.

1. 의식 구조의 이해

불교 의식은 다양하게 나뉜다. 삼보를 찬탄하고 공양 올리는 일상적인 예경禮敬의식에서부터 특정한 목적, 소원을 성취하기 위해 설행하는 재 의식에 이르기까지 다양하다. 예경의식은 말 그대로 삼보를 찬탄하고 공경하는 일상의례를 말한다. 하지만 불공

佛供은 나름에 목적성을 갖고 행하는 의식이다. 그러므로 재 의식을 이해하기 위해서는 먼저, 불공을 이해할 필요가 있다. 왜냐하면 재 의식도 나름의 목적으로 행하고 있기에, 소원을 성취할 목적으로 부처님과 성현에게 공양 올리는 보편적인 불공의 의식 구조는 재 의식을 이해하는데 있어 무척 중요할 수 있다.

불공에 관한 의식문은 수많은 성현만큼이나 다양하게 전해지지만 형식을 들여다보면 늘 공통된 구성으로 이뤄져 있음을 알 수 있다. 형태만 보더라도 대상이 누구냐에 따라 의식문의 내용에 차이가 날 뿐 구성과 형식면에선 큰 차이점을 발견하기 어렵다. 그럼 불공은 어떤 구성으로 진행할까? 기본적인 틀을 살펴보자.

준비과정 ⇨ 거불擧佛 · 거목擧目 ⇨ 보소청진언普召請眞言 ⇨ **유치**由致 ⇨ **청사**請詞 ⇨ **가영**歌詠 ⇨ **헌좌진언**獻座眞言 ⇨ 정법계진언淨法界眞言 ⇨ **공양게**供養偈 · **다게**茶偈 ⇨ **진언권공**眞言勸供(사다라니) ⇨ 운심게運心偈(운심공양진언) ⇨ 보공양진언普供養眞言 ⇨ 보회향진언普回向眞言 ⇨ 원성취진언願成就眞言 ⇨ 보궐진언補闕眞言 ⇨ 탄백嘆白 ⇨ 축원祝願

물론, 단순하게 불공의 순서를 확인하는 것만으로 불교의식, 특히 각종 재 의식의 전부를 가늠하기엔 무리가 있다. 그러나 역으로 불공의 순서만 올바르게 알고 있어도 재 의식의 전부를 보다 쉽게 이해할 수 있다.

불공의 순서를 보면 준비과정부터 시작한다. 여기에서 말하는 준비과정이란 도량을 결계結界[1]-하고 정화淨化하며 스스로의 잘못을 참회懺悔하는 모든 것을 말한다. 흔히, 불공을 올리기에 앞서 『천수경千手經』을 염송하는 것이 이에 해당한다.

〈거불〉은 공양 올리는 대상의 명호를 염송念誦함으로서 거룩한 성현을 찬탄하고 무한한 귀의歸依[2]-를 밝힘으로 종교적 신앙심을 견고히 하는 것이고 〈보소청진언〉은 널리

1_ 일정한 지역(界區)을 선택해 구획을 나누는 것. 밀교에서는 수법(修法)을 행하는 장소에 마장(魔障)이 들어오지 않도록 하기 위해 일정 지역을 제안해 결계함. 선종에서는 일정한 땅을 구획하여 그 안을 수행의 도량으로 하는 것을 말한다. 이는 악연을 방지하기 위해 가람(伽藍)의 경내(境內)에 경계표시를 세워두는 것을 말한다. 『佛教大辭典』 上, 서울 : 弘法院, 2003, 82쪽.

2_ 귀명(歸命)이라고도 함. 뛰어난 사람에게 귀순(歸順)하여 의지하는 것. 귀(歸 : 돌아가다)는 귀투(歸投), 의(依 : 의지하다)는 의복(倚伏), 즉 귀의란 절대 귀순(歸順)을 의미함. 훌륭한 것에 귀투하는 것. 의지하는 곳. 믿고 의지하는 것. 진심을 바치다. 절대적인 신앙심. 절대 믿음을 받들어 의지할 존재로 삼는 것.

일체의 성현을 불러 청하고자 하는 것이다. 이어 〈유치〉를 통해 의식을 거행하게 된 배경이나 연유 그리고 의식을 설판한 재자가 누구인지 밝히는데 작은 불공에서부터 규모가 큰 재 의식에 이르기까지, 의식을 행한다 함은 나름 분명한 목적성을 갖고 설행되기에 청하고자 하는 대상에게 그 연유를 상세히 밝히는 것이 중요하다.

〈청사〉는 청하고자 하는 대상을 자세히 소개하며 찬탄하는 내용을 담고 있는데 이는 의식에 참여하는 사부대중 모두가 청하고자 하는 대상에게 절대 귀의함을 표현하는 것으로 세 번의 간청을 통해 이뤄진다. 더불어 대상이 강림하여 정성껏 마련한 공양물을 섭수함으로서 유치에서 밝힌 소원을 성취하려는 목적도 담고 있다.

〈가영〉은 노래로서 대상을 맞이하는 것으로 상・중단일 경우 향화청香花請, 하단에는 향연청香煙請을 세 번 반복한 후 찬연의 게송을 소리하여, 노래로서 대상을 맞이하도록 한다. 가영을 통해 청하는 대상이 도량에 도착했다면 이제 정성스럽게 마련한 자리로 모셔야 한다. 〈헌좌진언〉은 이와 같이 상단 혹은 중단에 마련한 법상으로 대상을 모실 때 염송하는 게송과 진언이다. 다만 헌좌진언은 대상에 따라 상단과 중단을 명확히 구분하여 게송의 내용과 진언을 달리한다. 가령 상단일 경우엔 "묘보리좌승장엄 운운"으로, 중단일 경우 "아금경설보엄좌 운운"로 구분한다. 결국, 게송과 진언에 따라 모셔지는 대상이 상단의 불・보살인지 중단의 성현인지 알 수 있다. 참고로 현행 「시련절차」의 헌좌진언은 중단의 성현을 상징하는 "아금경설보엄좌 운운"으로 되어 있다. 헌좌진언이 끝나면 법계를 깨끗이 하는 〈정법계진언〉을 염송하고 바로 차茶 공양을 올린다.

〈향수나열〉을 시작으로 진언권공을 시작하는데 흔히 사다라니, 즉 네 가지 진언을 염송[3]함으로서 모든 공양물이 부족함 없도록 한다. 다음 마음을 움직여 공양하게 하는 〈운심공양진언〉과 예배하며 참회하는 〈예참〉 그리고 널리 공양하는 〈보공양진언〉, 〈보회향진언〉, 크고 작은 소원을 성취하는 〈대원성취진언〉, 빠진 것을 보충하는 〈보궐진언〉 등을 염송하고 불・보살의 덕상을 찬탄하는 〈탄백〉을 행한다. 마지막에 이르러 소원을 비는 〈축원〉을 모시면 기본적인 불공이 마무리된다.

『佛敎大辭典』 上, 260쪽.

3_ 지환스님은 『천지명양수륙재의범음산보집』, 「사다라니론」에서 성현에게 올리는 진언의 횟수를 강조하고 있는데 상단일 경우엔 21번, 중단일 경우엔 14번, 하단일 경우엔 7번을 반드시 해야 한다고 강조한다. 하지만 현재엔 3번 행하는 것이 일반적이고 이때 행하는 바라무도 세 번, 반복하는데 그친다.

그럼 왜 현행 시련의식을 재점검하는데 있어 의식절차의 구조부터 설명하려는 것일까? 그 이유는 다름이 아닌 〈**유치** ⇨ **청사** ⇨ **가영** ⇨ **헌좌진언** ⇨ **다게** ⇨ **진언권공**〉 등의 순으로 이어지는 기본 골격骨格을 알고 넘어가는 것이 현행 시련의식의 문제점을 보다 쉽게 이해할 수 있기 때문이다. 즉, 특정한 목적을 이루기 위해 눈에 보이지 않는 성현을 강림시키려면 나름 합당한 이유가 있어야 하고 그 연유를 상세히 밝혀야 한다는 것이다. 결국, 아무런 이유와 목적을 밝히지 않으면 성현이 중생계에 방문할 이유도 명분도 사라지게 된다.

불교의식에서 청하는 뚜렷한 이유를 밝히지도 않았는데 마치 성현이 온 것처럼 맞이하러 나간다는 건 이치에 맞지 않는다. 만약, 불공의 의식구조가 〈가영 ⇨ 헌좌진언 ⇨ 다게 ⇨ 유치 ⇨ 청사 ⇨ 진언권공〉의 순으로 진행한다면 그리고 이와 같은 구조가 "옳다"라고 누군가가 주장한다면 과연 따를 수 있을까?

현행하는 모든 재 의식은 「시련절차」로 시작한다. 모셔오는 대상이 누구이던, 단 한 번도 이 도량에 강림해 달라고 간청한 바 없는데 무작정 누군가를 모시러 나간다. 상식적으로 납득이 가지 않는 구조다. 만약, 조선 전시대에 걸쳐 간행된 의식집에 현행하는 「시련절차」로 시작하는 재 의식의 절차가 전해지고 있다면 왜 이런 의혹을 제기할까? 현재와 같이 재 의식을 시작하기에 앞서 시련의식을 행하라는 조사스님의 말씀이 단 한 줄이라도 있었다면 필자가 감히 현재의 시련의식을 이렇게까지 부인할 이유가 없다.

2. 신중작법神衆作法

밝혔듯이 심상현은 『불교의식각론』 Ⅱ를 통해 현행 시련의식에 관해 "법회의 원만성취와 당일 영가의 왕생에 크게 도움이 되어 주실 시방세계의 성현님과 대범・제석・사천왕 그리고 가람을 옹호하시는 팔부 신중님을 인로왕보살님의 안내로 재 도량으로 모셔 들이는 의식"이라 정의하였다.[4] 그럼 의견대로 법회의 원만성취를 위해 시방의 일체 성현을 재 도량으로 맞이하여 모셨으니 재 도량 어딘가에는 일체 성현이 자리해 있다고 보는 것이 맞다. 그럼에도 현행 재 의식, 영산재의 경우 이후에 「신중작법」을 또 설행한다. 이유가 뭘까? 재 의식을 진행하는 대부분의 사람들은 「시련절차」와 이어지는 「신중작법」이 깊은 연관성을 갖고 있다고 여겨 두 의식을 분리해 생각하지 않는 것이 보편적이다.

심상현은 『불교의식각론』 Ⅲ : 일용의범日用儀範 상上에서 일상적인 의식의 절차 중 「시련절차」와 「신중작법」의 관계를 다음과 같이 설명한다. "또, 설혹 「시련」 절차를 거행하지 않은 상황에서 (신중작법을) 거행할지라도 「시련」 절차를 거행한 것으로 간주하고 봉행한다."[5]고 말이다. 이는 곧, 현행의 「시련절차」를 일체 성현을 맞이하러 다녀오는 정도로, 본격적으로 성현을 자리하여 모시는 건 「신중작법」으로 받아들이게 한다.

청하지도 않았는데 맞이하러 간다는 것도 이해 할 수 없지만 성현을 맞이하여 도량으로 모셔오기까지 했는데 또 다시 성현을 청해, 자리에 안치시키려 「신중작법」을 행한다는 건 지극히 개인적인 견해가 아닐까 싶다. 더군다나 시련의식을 행하지 않고서도 "「시련」 절차를 거행한 것으로 간주하고" 「신중작법」을 봉행 할 수도 있다는 건 마치 「신중작법」을 위해 "여건이 되면 시련을 행하고 여건이 안 되면 생략해도 된다."는 식으로 주장하는 것 같아 아쉽기만 하다.

물론, 『불교의식각론』 Ⅲ엔 특정한 재 의식에서 「시련절차」와 「신중작법」을 연계한다고 밝힌 바 없다. 하지만 「시련절차」와 「신중작법」을 직접적으로 연관시켜 시련의식을 신중작법을 위한 선행先行으로 각인시킨 건 사실이다.

그런 이유가 있어서일까? 현행하는 크고 작은 재 의식에선 심심치 않게 「시련절차」와 「신중작법」을 동일한 공간에서 시간의 간격을 두고 설행하는 예가 많고[6] 현행 영산재에서도 빈번하게 진행되고 있었음을 확인할 수 있다.[7] 이미 오래 전부터, 행하는

4_ 의식문의 내용, 그대로를 받아들여 설명하면 충분히 이처럼 정의할 수도 있을 것으로 본다.

5_ 심상현, 『불교의식각론』 Ⅲ, 서울 : 한국불교출판부, 2001, 203쪽.

6_ 2011년, 채혜련이 저술한 『영산재와 범패』엔 당시 성행하는 각 지방 영산재의 절차를 소개하고 있는데, 경제 범패로 불리는 봉원사영산재와 중제(충청도)인 내포영산재는 〈시련－대령－관욕－조점점안－신중작법－괘불이운－상단권공〉의 순으로 진행함을 밝히고 있다. 채혜련, 『영산재와 범패』, 서울 : 국학자료원, 2011, 56쪽.

7_ 법현, 『영산재연구』(서울 : 운주사, 1997)엔 1997년을 전후에 설행하는 영산재 절차를 확인할 수 있는데 절차를 소개하면 **시련** ⇨ 재대령 ⇨ 관욕 ⇨ 조전점안 ⇨ **신중작법** ⇨ 괘불이운 ⇨ 상단권공(영산작법) ⇨ 식당작법 순으로 되어있다.

사람이나 참여하는 사람 모두 「신중작법」을 재 의식 설행을 위한 중요 절차로 여기는 분위기다. 「시련절차」와 더불어 말이다.

물론, 「시련절차」와 「신중작법」을 연계하여 이를 정법으로 받아들이고자 한다면 어쩔 수 없지만 필자는 불교, 부처님 그리고 재 의식을 포함한 모든 불사와 관계해 원만회향을 염원할 목적으로, 불사를 행하기에 앞서 화엄성중의 위목이나 탱화를 설치하고 그들의 명호를 불러 공양 올리는 것이 곧 신중단의 작법, 「신중작법」으로 받아들인다. 그러므로 재 의식에서 설행하는 「시련절차」와는 전혀 무관無關하고 관련지어 생각할 필요도 없다고 본다. 더군다나 현재의 「시련절차」가 과거의 「시주이운」에서 출발하고 있다는 사실을 밝힌 이상, 더 이상 「시련절차」와 「신중작법」을 연계해 받아들인다는 건 무리가 있다.

그럼 현행 재 의식에서 「신중작법」을 행하는 것을 어떻게 받아들여야 하나? 정말, 성현의 가피로서 재 도량을 보호하겠다면, 그래서 「신중작법」을 행할 수밖에 없다면 그렇게 행하는 것이 옳은 것인지 따져볼 필요가 있다.

오래전부터 선조사스님들은 크고 작은 모든 불사의 원만회향을 위해 신중의 가피를 필요로 했다. 각종 재 의식도 예외는 아니어서 전前 시대에 간행된 수많은 문헌자료엔 신중神衆과 관계한 다양한 내용을 함께 실어 특정한 신神을 청해 공양 올린 사례가 많이 들어난다. 하지만 이전 시대에 간행된 의식집에선 현행 재 의식 절차와 같이 「신중작법」의 명칭으로 실린 예가 없다. 대부분 풍백우사風伯雨師・당산용왕當山龍王・당산천왕當山天王・예적穢跡・범왕梵王・제석帝釋・사천왕四天王・성황城隍 등의 성현에게 재 의식의 원만한 회향과 도량 옹호를 목적으로 청한다는 연유를 밝히고 이들을 모셔 공양 올리는 독립된 형식을 취하고 있다.

『석문의범』, 「신중작법」의 예는 1827년, 백파긍선白坡亘璇이 편찬한 『작법귀감作法龜鑑』, 「신중대례神衆大禮」와 「신중약례神衆略禮」 즉, 신중을 청하는 연유를 밝히고 공양 올리는 의식에서 찾아 볼 수 있다. 하지만 「신중대례」와 「신중약례」는 앞서 열거한 성현들을 함께 청한다는 측면에서 비슷하게 보일지라도 내용엔 분명, 청하는 연유를 밝히는 유치를 포함하고 있다. 그러므로 청하는 연유를 밝히지 않고 "옹호게"로 시작하는 현재의 「신중작법」과는 구성면에서 많은 차이가 난다.

현행 재 의식의 「신중작법」은 크게 19・39・104분의 성현을 상・중・하단으로 구분하여 청하는데 『석문의범』에서 소개하고 있는 「신중작법」, 일백사위一百四位의 진행 형식[8]을 정리하면 다음과 같다.

옹호게 ⇨ (거목擧目 일一), 상단(23위) ⇨ 가영 ⇨ 이二, 중단(38위) ⇨ 가영 ⇨ 삼三, 하단(44위)[9] ⇨ 가영 ⇨ 탄백 ⇨ 다게

확인할 수 있듯이, 현행 재 의식에서 행하는 「신중작법」은 청하는 이유를 밝히지 않고 바로 "옹호게"로 시작한다. 만약, 신중을 청하는 의식을 "옹호게"로 시작하고 이것이 올바른 진행 방법이라 주장한다면, "누군가를 특정한 목적으로 청해 모시기 위해서는 반드시 이유가 있어야 한다."는 필자의 주장에 모순이 생기게 된다.

그럼, 현행 「신중작법」은 어디에 근거하고 있을까? 바로 『작법귀감』의 「신중조모작법神衆朝暮作法」과 「신중위목神衆位目」에서 해답을 얻을 수 있다. 「신중조모작법」은 아침과 저녁, 일상적으로 행하는 신중, 예경의식을 말한다. 말 그대로 도량에 상주하는 신중을 모신 단에 아침과 저녁, 일상적으로 행하는 의식이기에 특별히 예경하는 이유를 밝힐 필요가 없다. 이미 법당 안에 신중이 봉안되어 모셔져 있으니 예경하고 발원하면 된다. 「유원자비옹호도량唯願慈悲擁護道場」, "자비로운 마음으로 이 도량을 보호하여 주옵소서."가 발원의 주된 내용이다. 이와 관련해 또 한 가지, 그럼 『석문의범』엔 어디쯤에 「신중작법」이 실려 있을까? 안진호스님이 「신중작법」을 책에 실은 이유도 짚어 볼 필요가 있다.

『석문의범』의 「신중작법」은 일상적으로 행하는 다양한 예경문禮敬文을 소개하는 상권, 예경편禮敬篇에 실려 있다. 『석문의범』, 예경편을 살펴보면 대웅전에서 행하는 향수해례香水海禮 · 소예참례小禮懺禮 · 오분향례五分香禮[10] · 칠처구회례七處九會禮[11] · 사성례四

8_ 安震湖, 『釋門儀範』 上, 59~69쪽.

9_ 헤아릴 수 없는 "일체호법선신영기등중"을 따로 모시기에 『석문의범』의 신중작법 104위엔 105분의 성현으로 확대해서 청한다.

10_ 저녁에 주로 행하는 예경의식으로 "오분향례"라 함은 오분법신(五分法身), 즉 부처님께 향을 공양하고 예를 올리는 것을 말한다.

11_ 60권 본, 『화엄경』에서 34품을 7처8회에서 말하였다고 하고 80권 본에서는 1부(部) 39품(品)을 7처9회에서 말하였다고 하는 것에서 비롯된 의식으로 부처님께서 『화엄경』을 7곳에서 9번, 설한 것을 생각하며

聖禮・강원상강례講院上講禮[12]・대예참례大禮懺禮・관음예문예觀音禮文禮[13] 등을 사찰의 가풍에 따라 선택하여 설행할 수 있도록 하고, 이어 극락전極樂殿 등 각 전각에서 행할 수 있는 예경문를 실어 이어간다. 그리고 제십第十에서 신중단의 예경문을 소개하고 있는데 이는 상단의 예경의식이 끝나면 중단 예경의식으로 이어갈 수 있도록 배려한 것으로 볼 수 있다.[14] 「신중작법」은 신중단의 예경의식에서 부附가적으로 사용할 수 있도록 "104위"를, 급及할 경우엔 "39위"를 행하도록 했다.[15]

설명했듯이 예경의식은 불자佛子라면 누구나 행하는 찬탄과 공경의 의식이다. 특별한 목적이 있어 행하는 것이 아니라 아침과 저녁이면 당연히 행하는 일상의례다. 그러므로 「신중작법」은 상단예경 후에 행하는 중단의 일상적인 예경의식으로 받아들여야 한다.

그럼 「신중작법」의 진행형식, 가령 "봉청여래화현원만신통대예적금강성자奉請如來化現圓滿神通大穢跡金剛聖者"로 시작하는, "봉청~"은 어디에 근거를 두고 있을까?

『작법귀감』엔 신중의 무리를 일일이 열거하여 위목으로 조성해 모실 수 있도록 신중의 명호를 따로 분류해 정례, 104분과 약례, 30분으로 나눠 열거했으며 이를 「신중위목」편篇에 실어 소개했다. 한 예로, 위목을 "봉청소멸중생숙재구앙청제재금강奉請消滅衆生宿災舊殃靑除災金剛"[16]이라 쓰고 이를 조성할 때는 어떻게 자리 시켜야 할지 협주를 통해 밝히고 있다.[17]

예경하는 의식이다.

12_ 강원에서 강의를 듣기 전에 불경을 통하여 가피를 입도록 해준 것에 대해 감사하고 앞으로 보다 좋은 강론이 있게 되기를 발원하면서 행하는 예경의식이다.

13_ 관세음보살의 모습을 하나하나 생각하며 귀의하는 예를 갖추고 관세음보살, 참회진언을 외우면서 예경하여 참회의 뜻이 굳건히 함으로써 지극한 발원을 이어가는 예경의식이다.

14_ 『석문의범』에서의 「신중작법」은 독립된 의식이라기 보단 상단에 예경한 후 진행하는 것이기에 먼저, 상단에 예경해야 한다는 전제조건이 따른다. 결국, 상단 예경을 하지 않으면 안 된다는 말이다.

15_ 『석문의범』 상권, 56쪽 신중단엔 (부(附), 일백사위. 급(及), 삼십구위)라 설명하고 있는데 이는 사찰에 조성된 신중탱화의 규모와도 관련 있을 것으로 본다. 가령, 신중탱화에 104분을 모셨으면 104위를 하고 39분을 모셨으면 39위, 규모를 작게 해 19분을 모셨으면 19분의 명호를 선택할 수 있도록 말이다.

16_ "중생들의 묵은 재해와 오랜 재앙을 없애 주시는 청제재금강을 받들어 청하나이다."로 해석할 수 있다. 백파긍선, 김두재 옮김, 『작법귀감』, 서울 : 동국대학교출판부, 2010, 106쪽.

17_ 『작법귀감』엔 신중의 위목을 모시는 방법을 소개하고 있다. 「104분의 자리를 왼쪽과 오른쪽으로 나누어서 앉히는데 청제재금강(靑除災金剛)으로부터 그 이하는 왼쪽에 나열해서 배치하고, 대범천왕(大梵天王) 이하는 오른쪽에 나열해서 배치하되 바꾸어서 배치하는 일이 있어서는 안 된다.」고 강조한다. 백파긍선,

언제부턴가, 현행 재 의식에서 「신중작법」을 불·보살을 청하는 것으로 인식해 "창불唱佛"[18]이라 부르고 있다. 그리고 설행의 과정에서 북, 태징과 같은 악기 반주에 맞춰 노래하고 많은 이들이 흥겹게 동참한다. 법당 내 신중단이 아닌 야외에서, 아침 저녁예불이 아닌 한 낮, 재 설행과정에서 위목이나 탱화도 갖추지 않고 말이다.

하지만, 「시련의식」과 「신중작법」을 연계하여 생각하는 고정관념을 수정하기 위해서는 『석문의범』의 「신중작법」은 중단의 예경의식으로 『작법귀감』의 「신중위목」은 신중의 명호를 위목으로 제작해 모실 수 있도록 한 편자編者의 의도를 있는 그대로 받아들일 필요가 있다. 『석문의범』에서 이를 거목擧目이라 한 점도 결국 신중의 위목을 말하는 것이며 성현의 이름을 염송念誦했던 이유도 법당에 모셔진 신중의 명호를 일일이 불러 찬탄하고 궁극적으로 불사를 행하는 도량이 신중의 가피로 보호받을 수 있도록 하기 위한 것임을 상기할 필요가 있다.

만약, 현재와 같이 특별한 목적으로 설행하는 재 의식에서 신중의 보호 속에 도량을 옹호하고자 성현을 청하려 한다면 『작법귀감』이나 『요집要集』[19]의 예처럼, 「신중대례」·「신중약례」, 아니면 현재 알려져 있는 신중청神衆請을 행하는 것이 맞고[20] 목적을 이룬 후엔 정중히 「신중배송神衆拜送」을 통해 보내드리는 것이 옳다. 단순히, 「시련절차」를 통해 성현을 모셔온다거나 「신중작법」으로 도량에 안치시켜드린다는 건 근거를 찾기 힘든, 그저 흥겨운 노래(창불)로서 참석대중에게 무언가를 보이고픈 마음이 앞선 것일 수 있다.

부처님께서 법문하실 땐 늘 호법성중들이 함께 했었다. 더군다나 수많은 경전엔 사람과 사람 아닌 것, 생명을 갖은 자와 갖지 않은 자, 형태가 있고 형태가 없는, 생각이 있고 또 생각이 없는 등의 아홉 부류의 중생들이 모두 설법 도량에 함께 했었다고 전한

김두재 옮김, 『작법귀감』, 106쪽.

18_ 왜 신중의 명호를 부르는 것을 "창불(唱佛)"이라 하는지는 모른다. 명확한 근거가 없으니 이를 올바르게 설명하는 이도 없다. 그저 누구나 "창불"이라 명칭 할 뿐이다.

19_ 편자와 연대가 확인되지 않은 필사본인 『요집』엔 「신중대례작법」·「신중약례작법」·「조모신중작법」·「신중배송절차」가 차례로 기술되어 전한다. 朴世敏, 『韓國佛敎儀禮資料叢書』 권4, 서울 : 保景文化社, 1993, 593~44쪽.

20_ 현재 백운산 수륙재를 주관하는 석봉스님의 경우 각종 재 의식을 행할 때, 「신중작법」을 「신중대례」로 진행한다. 좋은 예다.

다. 그렇기에 현재의 우리는 이 모든 중생을 법 도량으로 인도하고자, 때론 신중의 무리를 모셔오고자 「시련절차」를 행하고 또 「신중작법」을 행한다고 한다. 그 마음 충분히 공감한다. 하지만, 일찍이 선조사스님들도 모든 부류의 중생들이 법 도량에 모여들 것을 알고 있었을 텐데 왜, 현재의 「시련절차」와 「신중작법」 같은 의식으로 그들을 맞이하거나 모시지 않았을까?[21]

분명, 선조사스님과 현재의 우리들 중 누군가는 의식을 잘못 받아들여 진행하고 있다.

3. 대령對靈

문화재연구소에서 정리하여 발간한 『불교의식』엔 시련의식을 영가, 망자를 모셔오는 의식으로 정의한 바 있다. 마치, 시주이운을 예로 들어 "살아있는 사람도 모시러 나가는데 영가라고 못 모실 이유가 없다"는 식으로 말이다. 필자는 앞서 의식의 구조를 설명하면서 언급했듯이 영가 또한 우리가 청해야 비로소 강림할 수 있다고 본다. 영가를 청하지도 않았는데 영가를 모시러 나간다는 것 자체를 이해할 수 없다는 말이다.

『석문의범』의 「시련절차」 앞엔 「사명일대령四明日對靈」이 기술되어 있다. 즉, 『석문의범』엔 두 종류[22]의 대령對靈 의식을 소개하고 이를 (가)·(나)로 구분한다.

먼저, (가)에 해당하는 「사명일대령」은 불가佛家의 명절인 부처님의 탄생·출가·성도·열반일[23]을 기념하거나 우란분절·백중[24]과 같이 특별한 날, 대규모 천도재를 행할 때 행하는 것으로 알려져 있는데 청하는 대상엔 목련존자와 정장·정안, 양대왕자 그리고 선조사스님의 영가를 대거 포함하고 있다. (나)에 해당하는 「재대령齋對靈」은 보

21_ 어쩌면 현행 재 의식에서의 「시련절차」와 「신중작법」은 믿음과 소망을 앞세운 우리가 뭣 모르고 갖다 붙인 의식일 수 있다.

22_ 엄밀히 말하면, 세 종류의 대령이 소개되어 있다. 첫째, 「사명일대령」 둘째, 「재대령」 그리고 셋째, 「대령」이 그것이다. 「대령」은 「재대령」과 연계해서 소개되어 있는데 거불과 고혼소 이후의 절차를 말한다.

23_ 음력, 4월 8일(탄생)·2월 8일(출가)·12월 8일(성도)·2월 15일(열반).

24_ 음력, 7월 15일.

편적인 재 의식에서 영가를 청해 모시는 의식으로 알려져 있다.[25] 우리가 흔히 "대령"이라 부르는 의식은 이중 (나)의 해당하는 「재대령」을 말한다. 그리고 (가)의 「사명일대령」과 (나)의 「재대령」 사이에 현재의 시련의식에 해당하는 「시련절차」가 부附가적으로 기술되어 있다. 그리고 여기에서 말하는 부附란 "붙다 · 기대다 · 의지하다 · 따르다 · 관련되다" 등의 의미를 지고 있어 현행 시련의식을 「사명일대령」, 「재대령」과 연계해 영가를 모셔오는 의식으로 받아들이게 한다. 틀림없이 『석문의범』, 하권 54쪽엔 〈부附, 시련절차侍輦節次〉라 쓰여 있다.

그럼 대령이란 무엇인가? 말 그대로 영靈을 청해 대한다[對]는 의미다. 그리고 여기에서 말하는 영靈이란 틀림없이 망자亡者를 가리킨다. 하지만 대령에서 청하는 망자의 대상이 누군지에 관해선 고민할 필요가 있다.

필자는 대령에서 망자를 청하는 이유가 재 의식의 성격에 따라 바뀔 수 있을 것으로 본다. 가령, 특정한 누군가를 위한 천도재와 49재 등에선 천도薦度와 추선追善의 대상을 직접 청하기 위한 목적으로 행해지고 그 외 예수재와 수륙재 등의 경우엔 재를 설판하는 생자生者와 직 · 간접적으로 인연 있는 망자, 또는 재 의식을 망자의 이름으로 설판할 경우 그 주인공을 재 의식에 동참시킬 목적으로 설행할 수 있다고 본다.

"대령"과 관련한 다양한 저본을 검토하다보면 일정한 기준이 성립되어 있다. 가령, 『천지명양수륙재의범음산보집』의 경우엔 거불에서 〈아미타불 · 관세음보살 · 대세지보살〉을 염송하여 특정한 선령仙靈을 초청해 모시는 데 주안점을 두지만 『작법귀감』의 경우엔 〈대성인로왕보살〉만을 염송하고 인로왕보살을 증명보살로 모셔 불특정다수의 영가를 청하는 것으로 들어난다. 이는 특정한 영가를 재 의식에 동참시키려는 목적과 불특정다수를 청해 천도시키려는 목적으로 나눠 대령의식을 진행한 경우로 구분 지을 수 있다. 즉, 대령의식에서 인로왕보살을 청해 모시느냐의 여부에 따라 청하는 영가의 대상에 차이가 있을 수 있고 목적도 달라질 수 있다는 설명이다. 이와 같은 견해는 이후 다시 논하도록 하고 먼저, 「사명일대령」의 절차를 살펴보기 전에 준비과정부터 확

25_ 재 의식의 설행을 위해 불특정다수의 영가를 모실 경우엔 고혼소를 포함한 「재대령」을, 특정한 영가를 모실 경우엔 고혼소를 포함하지 않은 「대령」을 설행할 수 있도록 배려한 것으로 본다. 본서에서는 「대령」을 따로 구분하지 않고 「재대령」에 포함시켜 설명한다.

인해보자.[26]

> 유나가 종두에게 주지 앞에 나아가 종 치는 규범에 대해 묻게 하면 주지는 낱낱이 가르쳐 주되 먼저 향로전에 쇠북 한 번 치게 하고 새벽북을 세 번 치게 하며 운판과 목어도 세 번씩 치게 하고 큰 종은 서른여섯 번 치게 합니다. 또 법당 선당 승당 종각의 종도 또한 세 번씩 치게 하고 그런 뒤 다시 종을 일곱 번 치게 하고 법라를 세 번 불고 법발을 한 번 울립니다. 한편으로 권공하고 **다른 한편으로 종두가 정문 밖에서 영혼단을 설치하고 상 차리고 인로왕번을 걸고 거기에 다시 왼쪽에는 국혼번을 걸며 오른쪽에는 종사번을 겁니다**. 그런 뒤 권공을 마치고 **종두가 큰 종을 세 번 치면 주지와 대중들은 각기 체전을 지니고 혼백을 맞이하는 장소에 나아가** 종을 치고 법발을 울립니다.[27]

언급했지만 모든 불교 의식을 시작하기 위해서는 나름의 준비과정을 필요로 한다. 여기에서 주목할 것이 바로 야외 정문 밖, 어딘가에 영혼단을 설치한다는 점이다. 그리고 양쪽에 인로왕번과 국혼번 그리고 종사번을 건다. 다음 종두가 종을 세 번 치면 주지와 대중들이 체전體錢 즉, 몸의 형상으로 만든 종이 모양을 지니고 혼백을 맞이하는 장소로 나가도록 했다.

그럼 영가를 맞이하는 장소에서 어떤 의식을 진행할까? 다음은 「사명일대령」의 전체적인 의식의 절차를 정리한 것이다.[28]

> 거불(지장보살) ⇨ 고혼소(대령소) ⇨ 지옥게 ⇨ 파지옥지언 ⇨ 소아귀진언 ⇨ 멸악취진언 ⇨ 착어 ⇨ 진령게 ⇨ 화엄게 ⇨ 천수일편운운 ⇨ 해원결진언 ⇨ 보소청진언 ⇨ 유치 ⇨ **증명청** ⇨ 향화청(가영) ⇨ 헌좌진언 ⇨ 다게 ⇨ 목련청 · 왕자청 · 국혼청 ⇨ 고혼청 ⇨ 향연청 ⇨ 지단진

26_ 동봉정휴, 『일원곡』 4, 광주 : 대한불교조계종 우리절, 2003, 50쪽.

27_ 「維那使鍾頭 進 住持前 問擊金之規 住持一一教授先擊香爐殿金一宗 晨鼓三宗 木魚雲板各三宗 大鍾三十六搥次 擊法 堂禪堂僧堂鍾閣金 各三搥 轉鍾七搥 鳴螺三旨 鳴鈸一宗 一邊勸供 一邊鍾頭 於正門之外 設靈魂壇安床掛 引路王幡 左邊掛 國魂幡 右邊掛 宗師幡然後勸供畢鍾頭擊大鍾三搥 住持與大衆 各持體錢 就於迎魂所轉鍾及鳴鈸」 安震湖. 『釋門儀範』 下, 49쪽.

28_ 安震湖. 『釋門儀範』 下, 49~54쪽.

언 ⇨ **산화락 나무대성인로왕보살** ⇨ 개문게 ⇨ 정중게 ⇨ 보례게 ⇨ 법성게 ⇨ 괘전게 ⇨ 수위안좌 ⇨ 다게

영가를 맞이하는 정문 밖, 영혼단에서 시작하는 「사명일대령」은 지장보살에게 귀의하는 거불을 시작으로 흔히 대령소로 알려진 고혼소를 염송하며 금일 도량에서 영가를 천도하기 위한 방편으로 재 의식을 설판한다고 고告한 뒤 금일 주인공인 고혼이 도량에 원만하게 도착할 수 있도록 도량을 결계한다. 이어 금일 재를 증명할 인로왕보살을 청해 모신 후 차공양을 올린 뒤 어머니를 구원한 목련존자와 부처님의 가르침대로 전생의 인연을 깨달은 후 아버지의 마음을 돌이켜 불법에 귀의시킨 정장・정안 양대왕자, 부처님의 마음과 가르침을 깨달아 진리를 유통시킨 선망조상영가와 속된 세계를 뒤로하고 출가하여 참선하고 도를 닦은 여러 스님영가를 청하고 있다. 이어 금일 주인공인 고혼孤魂도 더불어 청한 뒤 법당으로 향해 이동하도록 했다. 법당 앞뜰에 이르러선 삼보 전에 예를 갖춰 인사하고 다시 『법성게』를 염송하며 영가가 자리할 장소까지 이동해 안치하는 것으로 들어난다.

전체적인 의식의 정황을 살펴보면 필자가 이해하는 의식의 구조를 완벽하게 갖추고 있다. 더군다나 야외에서 영가를 청하는 의식문, 고혼청을 한 뒤 영가를 모셔 이동시키는 점은 이유를 밝히고 청해 맞이한다는 점에서 무척 바람직한 의식구조다.

또 다른 대령, 「재대령」의 절차를 확인해보자.[29]

거불(아미타불・양대보살・인로왕보살) ⇨ 고혼소(대령소) ⇨ 대령(착어) ⇨ 진령게 ⇨ 고혼청 ⇨ 향연청 ⇨ 가영 ⇨ 지단진언 ⇨ **산화락 나무대성인로왕보살** ⇨ 정중게 ⇨ 개문게 ⇨ 가지예성편 ⇨ 보례삼보 ⇨ 수위안좌편 ⇨ 다게

『석문의범』에 「사명일대령」을 행하기에 앞서 준비과정을 소개한 점으로 미뤄 이와 같은 준비과정은 「재대령」에도 적용될 수 있을 것으로 본다. 그러므로 야외에서 「재대

29_ 참고로 『석문의범』엔 「재대령」에 이어 부가적으로 「관욕」을 행하도록 하고 있다. 이에 『천지명양수륙재의범음산보집』을 참조해 「대령」만을 임으로 편집한다.

령」을 행한다고 가정한 후 「사명일대령」의 의식 구조와 절차를 비교해보면 증명하는 보살과 청하려는 대상에 차이가 있을 뿐 형식면에서 큰 차이점을 발견할 수 없다.

필자는 「사명일대령」 혹은 「재대령」 자체를 정문 밖, 야외 어딘가에 영가를 맞이하는 영혼단을 차려놓고 의식문 그대로를 지극한 마음으로 염송하며 설행한다면, 그리고 강림한 영가를 체전에 모신 후 재 의식이 설판되는 도량으로 "나무대성인로왕보살"을 염송하며 인도하고 부처님께 인사드린 후 자리에 안치시킨다면, 이 모습 자체가 흠잡을 때 없는 완벽한 대령의식이요, 이 과정에서 증명하려 강림한 불・보살의 불패를 가마에 모셔 이동한다면 완벽한 시련의식이라 여긴다. 하지만 아쉽게도 문화재연구소에서 발간한 『불교의식』은 「사명일대령」, 「재대령」도 아닌 「시련절차」를 영가를 맞이해 이동시키는 의식으로 간주한다.

『석문의범』의 편자, 안진호스님이 부가적으로 사용하도록 한 「시련절차」가 어느덧 재의 시작을 알리는, 절대 빠질 수 없는 시련의식으로 자리한지 수십 년이 되었다. 그리고 설행의 목적도 한쪽에선 일체성현을 또 한쪽에선 영가를 맞이하는 의식으로 받아들인다. 그리고 현재까지 변함없이 그렇게 설행되고 있다. 1931년, 『불자필람佛子必覽』[30]에선 〈신중작법 ⇨ 시련절차 ⇨ 재대령〉으로 1935년, 『석문의범』에선 〈사명일대령 ⇨ 시련절차 ⇨ 재대령〉으로 소개된 절차가 현재에 이르러는 〈시련절차 ⇨ 재대령〉으로 고정된 이유가 무엇일까?

필자도 꽤 오랫동안 재 의식에 동참하는, 눈에 보이지 않는 다른 부류의 중생, 특히 무주고혼無主孤魂을 동참시키기 위해 이들을 맞이하기 위한 목적으로 시련의식을 행하는 것으로 믿고 있었다. 시련의식 다음에 대령을 행하는 보편적인 재 의식의 절차를 당연하듯이 받아들였다. 하지만 현행하는 재 의식 관련 저본의 대령과 직접적으로 관련 있는, 과거 문헌에 소개된 「대령의對靈儀」・「영혼식迎魂式」・「대령정의對靈正儀」와 같은 의식문을 확인하면서 '왜, 「시련절차」가 앞에 없지?'라는 의문을 지울 수 없었다. 전해지는 각종 의식집엔 분명 현재의 「대령」과 같은 목적의 의식문이 존재하는데

30_ 안진호 스님은 『석문의범』을 편찬하기 이전인 1931년(昭和 6), 『불자필람(佛子必覽)』의 편찬에 참여했었는데 책 하권, 80~89쪽엔 신중단작법 이후 시련절차와 대령의식(재대령)을 연이어 실고 있어 신중작법 후 시련을 행한다면 충분히 시련의식을 일체 성현을 청해 모시는 의식으로 여길 만하다.

그 앞에 「시련절차」와 같은 의식문은 전하지 않는다. 이제 와서 생각해 보니 당연히 「시련절차」가 필요하지 않았다. "대령" 자체가 눈에 보이지 않는 수많은 중생을 법도량으로 모셔오는 의식이 아니던가?

필자는 현재와 같은 명분 없는 「시련절차」를 시련의식으로 받아 들여 설행하는 모습을 통해 정작 중요한 진정한 시련, 초대받은 영가를 이끌고 재 의식을 증명하기 위해 강림하는 불・보살과 중생의 서원을 성취시키려 강림하는 일체성현을 모셔오는 진정한 시련의 모습이 현행 재 의식에서 사라진 것을 개탄慨歎[31]-하고 있다.

31_ 현행하는 모습을 보자. 만약 당일 시련의식을 행하기 전부터 비가 오고 있다면 그 비를 맞으며 야외에서 시련의식을 행하는가? 심상현이나 『불교의식』의 의견처럼 성현을 맞이하러 영가를 맞이하러 가야한다면, 재 의식 설행을 위해 중요한 분들인데 우산을 쓰고라도 맞이하러 나가야 하지 않을까? 날씨 상황을 핑계로 행하지 않는다는 건 말이 안 된다. 또한 가마가 없는 규모가 작은 사찰이나 현재의 포교원처럼 시련장소를 마련하지 못할 상황이라면 시련의식 자체를 설행할 수 없을 텐데 그럼 재 의식 자체를 잘못 시작하고 있는 것 아닌가? 하지만 상황이 여의치 않아 시련의식으로 재 의식을 시작하지 않았다고 해서 잘못되었다고 말하는 이를 보지 못했다. 당연히 현재의 시련의식은 이미 오래전부터 필수가 아닌 선택의 조건으로 치부되었다. 그렇다면 현행 시련의식은 그 자체가 재 의식을 과장하기위한 것 아닌가? 과시용으로 말이다.

05

지환智還스님을 통해 본 시련

그럼, 진정한 시련이란 무엇일까? 그리고 어떻게 설행해야 할까? 근거 없는 현행 시련의식을 넘어서 절차와 부합하는 시련의 재현은 불가능할까? 아니다. 분명 재현할 수 있다. 현행 재 의식을 변화시켜 새로운 시련을 창출하는 것이 아닌 원래의 모습을 세밀히 살펴 재현한다면 얼마든지 복원 가능하다. 그리고 그 해결책은 『천지명양수륙재의범음산보집』을 찬술한 지환스님의 말씀을 얼마나 온전히 받아들이고 따르느냐에 달려있다.

수륙재水陸齋를 예로 들어보자. 이미, 『천지명양수륙재의범음산보집』을 통해 수륙재엔 분명, 상단과 중단 그리고 하단시련이 존재하고 있음이 밝혀졌다. 하지만 각단의 시련의식을 어떻게 설행할 지에 관한 의견은 분분하다. 이미 보편적인 「시련절차」에 익숙해져버린 우리는 각단을 위한 시련의식이 존재하고 있다는 것만 어렴풋이 알고 있을 뿐 무엇이 상단시련이고 또 중단시련이며 하단시련의식인지 명확하게 구분하지 못하는 분위기다. 그래서인지 석봉스님의 아랫녘수륙재를 제외한[1]- 삼화사 · 진관사 국행수륙재는 여전히 재 의식을 시작을 〈시련절차 ⇨ 재대령〉으로 한다. 물론, 세 곳의 수륙재 모두 명확한 상 · 중 · 하, 각단 시련의 모습은 찾아 볼 수 없다.

그럼 온전한 시련의식을 복원하기 위해 무엇을 마련해야 할까? 바로, 불・보살과 일체 성현 그리고 영가를 맞이하는 장소, 영청소迎請所에 영청단迎請壇을 마련해야 한다. 누군가를 청해 맞이하여 이동시키려면 당연히 장소가 구분되어야 한다. 동일한 하나의 공간에서 누군가를 청하고 맞이한다면 이동할 이유가 없어진다. 말 그대로 시련을 행할 명분, 자체가 사라지게 된다.

1. 영청단과 관욕당의 설치

영청단迎請壇은 말 그대로 성현을 청해[請] 맞이하는[迎] 공간[壇]을 말한다. 『천지명양수륙재의범음산보집』엔 영청단을 설치하는 규식을 따로 마련해 전한다. 내용을 보자.[2]

청해 맞이하는 단을 배치하는 제도[迎請壇排置制]

혹 청해 맞이하는 단이 없으면 한 곳에 자리를 만들고 큰 병풍으로 둘러친다. 병풍안 정중앙 북쪽 가까이에 연화좌蓮花座를 설치하고 모편毛鞭으로 만든 불자拂子를 세워두고 좌우左右에는 붉은 비단으로 만든 휘장으로 자리 앞에 드리운다. 남쪽 가까이에 큰 촛불 한 쌍을 설치하고 휘장 안과 또 휘장 밖에 향로, 향합, 꽃병 각 한 쌍을 두고 산화개散花盖 한 쌍을 **사미**沙彌**로 하여금** 받들어 가지고 **단**壇 **앞에 꿇어앉게 하고** 보경개寶鏡盖 한 쌍은 **또 다른 사미를 시켜** 받들어 가지고 **단 앞에 꿇어앉게 한다**.[3]

이와 더불어 영청단과 함께 관욕당灌浴堂도 설치할 것을 주문하고 이에 관한 규식도 함께 전한다.[4]

1_ 석봉스님의 아랫녘수륙재는 「외대령」부터 시작한다.
2_ 해동사문 지환, 김두재 옮김, 『천지명양수륙재의범음산보집』, 243~44쪽.
3_ 「倘無迎請壇 則以一座 大屏風 圍之 屛內正中近北 置蓮花座 毛鞭拂子 置左右紅紗帳 垂於座前 近南大燭一雙 然於帳內又帳外 置香爐香盒及花甁一雙 散花盖一雙 使沙彌奉持 跪於壇前 寶鏡盖一雙 亦使沙彌奉持 跪於壇前」.
4_ 해동사문 지환, 김두재 옮김, 『천지명양수륙재의범음산보집』, 244쪽.

관욕당 배치하는 제도[灌浴堂排置制]

이 관욕할 방은 청해 맞이하는 단 왼쪽에 시설하고 그 정중앙 북쪽 근처에 상床과 탁상卓床을 시설하고 탁자 앞에 목욕할 그릇과 도구를 놓아둔다. 그리고 목욕시킬 수저와 거울과 경대鏡臺를 한 개의 탁상 위에 놓아두고, 또 양치질할 물과 얼굴을 닦을 수건과 그리고 몸 닦을 수건을 다른 탁상 위에 놓아둔다. 이런 것들은 모두 목욕할 그릇 옆에 놓아두고 상탁床卓 북쪽에는 큰 촛불을 밝혀놓고 욕실 밖은 휘장으로 두른다. **휘장 안에서 시봉할 유나維那는** 위판位板을 받쳐 들고 목욕할 방으로 들어가 **시주施主**가 가지고 있던 향과 꽃, 등촉燈燭을 하나의 상 위에 놓아두고 휘장 밖에는 목욕할 물을 미리 준비해서 향을 탕수湯水에 섞어 놓고 **청사請詞를 마치고 나면 목욕할 그릇에 물을 부어 목욕을 하게 한다.** 방에 들어가 목욕을 시킬 때에 **유나는 향을 받들고 세 번 절하고 물러나 공손하게 꿇어앉아** 헛된 생각을 하지 말고 관상觀想해야 한다.[5]

내용은 도량 내에 성현을 맞이하는 장소가 없을 경우 야외에 방편적으로 병풍을 치고 재 의식을 위해 강림할 성현을 맞이하는 단을 설치하도록 했다. 여기에서 청하고 맞이하는 성현은 각종 재 의식을 증명하기 위해 강림할 불·보살은 물론 명부시왕과 일체 권속 심지어 화엄성중 등이 해당되는 것으로 볼 수 있다. 「영청단배치제」의 내용엔 분명 사미를 시켜 산화개와 보경개를 들고 단 앞에 꿇어앉도록 했으며 「관욕당배치제」엔 불·보살과 일체 성현이 목욕하는데 걸림이 없도록 소임자인 유나스님을 시켜 삼배三拜로 예 갖추고 시봉하도록 했다. 분명, 성현을 위한 영청단이며 관욕당으로 볼 수 있다. 더욱 관심을 끄는 대목은 "청사請詞를 마치고 나면 목욕할 그릇에 물을 부어 목욕을 하게 한다."는 것이다. 이는 곧 영청단에서 성현을 맞이하는 청사를 염송함과 동시에 관욕당 안에서는 성현의 목욕물을 준비했던 것으로 보이게 한다.

성현을 청하겠다는 청사를 행한다는 건 의식의 구조상 청사 앞에 유치를 설했음을 의미한다. 무슨 목적으로 모시고자 하는지 그 이유를 밝혀야 비로소 성현을 청하는 의

5_ 「此堂 設迎請壇之左 而正中近北 設床卓床 卓前置浴器 以灌匙卯鏡及卯鏡臺 安於一床 又以漱水面巾及身巾安於一床 皆置浴器之邊 床卓之北 明大燭 堂外圍幃 帳侍維那 奉位板 入浴堂 以施主所執香花燈燭 安於一床置於帳外 預備灌沐之水 而以香和湯之請詞將畢 灌於浴器 入室 灌沐時維那 奉香三拜退而敬跪 不昧觀想也」.

식문인 청사를 할 수 있기 때문이다. 영청단과 관욕당 앞에선 분명, 유치와 청사를 행했었다.

영청단과 관욕당의 설치는 상단과 중단에 모실 불·보살과 일체 성현만 해당을 하는 것이 아니다. 영가 또한 이와 같은 형식으로 맞이하는 것으로 들어난다. 내용을 보자.[6]

하위 영혼을 맞이하는 제도[下位迎魂制]

단壇의 높이는 한 자를 넘지 않아야 하고 휘장으로 둘러친다. 단 위 정중앙에 상 하나를 놓아두고 그 위에 신번神幡을 놓아둔다. 또 꽃병 한 쌍을 놓아두고 다시 당 위 좌우에는 향로를 놓아두고 향로에 자단향紫檀香을 피운다. 다른 향은 쓰지 말아야 하며, 등광燈光은 반드시 미미한 밝기로 하는 것이 가하다.[7]

하위 영혼이란 천도와 추선의 대상이 되는 영가를 가리킨다. 영가를 맞이하는 단을 따로 설치하도록 한 점은 불·보살과 일체 성현을 맞이하는 것처럼 영가도 나름의 목적이 있기에 청하는 것이고 또, 청했기에 비로소 맞이할 수 있음을 의미한다.

지환스님은 하단 영가를 위한 관욕당의 설치와 운영방법도 설명하고 있다.[8]

하단 관욕당 제도[下壇灌浴堂制]

목욕할 방 세 개를 만드는데 그 높이는 2, 3자, 너비는 4자, 길이는 자尺 수를 따貴賤지지 않으며, 북쪽 벽은 완전히 막아야 한다. 중간에 두 장소를 설치하되 한 곳은 하늘 대중이 목욕할 장소이고, 또 한 곳은 제왕의 구역이다. 동쪽 한 간에도 두 곳을 설치해야 하는데, 하나는 장상將相의 구역이고 다른 하나는 남자 신장들의 구역이다. 서쪽 한 간에도 두 곳을 설치하는데, 한 곳은 후비后妣들의 구역이고 다른 한 곳은 여자 신들의 구역이다. 도합 세 칸에 여섯 곳을 설치한다. 문 밖에는 각각 그 누구의 구역인지를 써서 붙여서 귀하건 천하건 남자건 여자건 그 혼령들로 하여금 각각 제 장소를 알 수 있게 한다. **만약 귀천을 구분해**

6_ 해동사문 지환, 김두재 옮김, 『천지명양수륙재의범음산보집』, 245쪽.

7_ 「壇高不過一尺 以帳圍之 壇上正中一床上 置神幡又花瓶一雙 置壇上左右爐中 只爇紫丹 勿用他香 燈光須使微明爲可」.

8_ 해동사문 지환, 김두재 옮김, 『천지명양수륙재의범음산보집』, 245쪽.

놓지 않으면 하천下賤한 고혼孤魂은 목욕을 참여할 수 없기 때문이며, 비록 목욕에 참여하더라도 화장품이나 빗 따위를 다 같이 쓸 수 없기 때문이다. 그렇게 되면 **법사가 "널리 예 올립니다普禮…."하는 의식을 창唱하면 어느 겨를에 삼보 앞에 나아가 예를 올리겠는가?**[9]

하단 영가를 위한 관욕당은 북・동・서, 세 방향에 각각 두 곳으로 나눠 모두 6곳을 설치하도록 했다. 특히 모든 장소 밖에 누가 목욕하는 곳인지 혼령들이 알 수 있도록 방을 써 놓을 것을 주문하고 있는데 이는 외로운 혼령들도 차별 없이 목욕에 참여할 수 있도록 하기 위함이다. 특히 목욕을 마친 대상이 이후 삼보에 예를 올리도록 하는 점은 당시 하단 관욕당을 설치한 장소에서 어떤 내용의 의식을 설행했는지를 가늠케 하는 대목이다.

또한, 욕실 안에서 진행하는 방법과 필요한 용품을 설명한 내용도 있다.[10]

목욕할 때 쓰는 도구[浴具]

욕실浴室 안에 각각 상床 하나씩 놓아두고 그 상 위에는 각각 위패를 가져다 놓아둔다. 위패 뒤에는 각각 촛불을 밝게 켜 놓고 위패의 그림자가 목욕 그릇에 거꾸로 드리워지게 한다. 또 양치질을 할 깨끗한 물 여섯 그릇과 버들가지로 만든 양치질할 도구를 각각 목욕할 그릇 옆에 놓아둔다. 또 얼굴을 닦을 수건을 시렁 위에다 걸어놓고, 지의紙衣는 접어서 지의봉투에 넣어 각각의 영가 이름을 적고 상자에 담아서 각각 그 평상 뒤에 놓아둔다. 그리고 휘장을 쳐서 가리고 그 휘장 밖에는 다시 상 위에 향로를 놓고, 기사記事는 향을 받쳐 들고 공손히 꿇어앉아 헛된 생각을 하지 말고 관상觀想한다. "가지조욕加持澡浴…."을 하고 목욕시키는 게송[沐浴偈]과 주문을 독송한다. 그때 법회의 대중들은 십분 전일한 마음으로 합창하고 읊는 것이 좋다. **인배引拜 두세 사람이 단 앞에 나아가 향을 사르고 합장한 채 몸을 흔드는데 마쳤다가 다시 시작하곤 하면서 주呪를 다 읽어 마칠 때까지 하고** 끝내는 것이 좋다.[11]

9_ 「作室三間 其高不過二三尺 廣四尺 長則不論尺數 北壁全蔽 中間設二所 一區天類區 一所帝王區 東一間設二所 一所將相區 一所男神區 西一間設二所 一所后妣區 一所女神區 合六所三間 門外各書表名 使貴賤男女之魂各知其所 若不卞貴賤 則下賤孤魂 末得叅浴 雖得叅浴 粧梳未盡 法師 唱普禮云云 則何暇進禮三寶也」.

10_ 해동사문 지환, 김두재 옮김, 『천지명양수륙재의범음산보집』, 246쪽.

11_ 「浴室內 各安一床 床上各安位牌 牌後各燃明燭 使牌影倒水器 漱口淨水六器 楊枝木 各安器邊 又以淨巾 各掛

내용엔 하단, 영가가 목욕할 때 필요한 다양한 용품을 설명하고 관욕실 내외에서 목욕의식을 진행하는 방법을 자세히 소개하고 있다.

그럼 왜 시련의식의 복원을 논하면서 엉뚱하게도 불·보살과 일체 성현 그리고 하단 영가를 맞이하고 목욕시키는 영청단과 관욕당을 방대하게 소개하고 있을까? 바로 올바른 시련의식을 복원하기 위해서는 영청단과 관욕당의 설치는 물론 설행의 방법을 자세히 살펴야 하며 지환스님도 이를 재차 강조했기 때문이다.

2. 시련의식 바로보기

1) 「주시련작법晝侍輦作法」

시련의식을 설행해 온 것은 어쩌면 불교가 이 땅에 전래되면서부터 시작되었을 수도 있다. 특히, 각종 재 의식이 성행했던 조선시대엔 크고 작은 행사에서 당연히 시련의식을 행했을 것으로 확신한다. 그런 연유로 시련에 관한 의식문이 다양하게 존재했을 것으로 추측하지만 조선시대에 간행된 수많은 의식집 어디에도 「시련의식」 또는 「시련절차」로 명시된 독립된 의식문을 찾아 볼 수 없다. 하지만 시련과 관련해, 명칭을 달리하는 의식문이 존재하고 있어 소개하고자 한다.

1782년 간행된 『천지명양수륙재의범음산보집』엔 시련에 관한 독립된 의식문이 전한다. 그리고 의식문의 명칭을 「주시련작법」이라 한 점으로 미뤄 '낮에 시련의식을 행할 때 사용하는 것'으로 본다. 물론, 우리가 알고 있는, 앞서 소개한 「시련절차」와는 내용과 구성면에서 많은 차이가 있다. 우선, 내용과 구성부터 살펴보자.[12]

천수주를 하고 다음에 사방찬四方讚을 한다.[13]

架上 紙衣被封 各書名目 以盛箱子 各安其床後垂帳 帳外安爐 記事 奉香敬跪 不昧觀想 加持澡浴云云 沐浴偈呪時 法衆十分 專心唱和 爲可 引拜數三輩 進壇前 焚香合掌搖身 終而復始 待呪畢亦可」.

12_ 해동사문 지환, 김두재 옮김, 『천지명양수륙재의범음산보집』, 377~80쪽.

13_ 「千手 次四方讚」.

一灑東方潔道場일쇄동방결도량　　二灑南方得清凉이쇄남방득청량

三灑西方俱淨土삼쇄서방구정토　　四灑北方永安康사쇄북방영안강

삼보단三寶壇을 향하면 그때 도량을 정결하게 장엄하는 게송嚴淨偈을 하고 돌아선다.[14]

道場清淨無瑕穢도량청정무하예　　三寶天龍降此地삼보천룡강차지

我今持誦妙眞言아금지송묘진언　　願賜慈悲密加護원사자비밀가호

다음에 바라를 울리고 대회소大會疏를 읽고 다시 바라를 울리고는 의식은 보통 때와 같이 한다. 다음에는 거불의식을 거행한다.[15]

南無靈山敎主釋迦牟尼佛나무영산교주석가모니불

미묘한 법을 증청하신…귀명합니다. 극락도사…귀명합니다. 문수・보현…귀명합니다. 관음・세지…귀명합니다. 다음에 바라를 울리고 삼보소를 읽고 다음에는 세 번 바라를 울린다. 그런 뒤에 대청불大請佛을 하고 그 다음 영산靈山과 지심至心을 거행한다.[16]

至心歸命禮지심귀명례 靈山會上拈花示衆是我本師釋迦牟尼佛영산회상염화시중시아본사석가모니불

다음에 "이 도량에 강림하시어 이 공양을 받으시기 바랍니다."라 하고, 그 다음에 "꽃을 흩뿌립니다散花落."를 세 번 하고 바라를 울린다. 그 다음에는 향화청香華請과 가영을 한다.[17]

四顧無人法不傳사고무인법부전　　鹿園鶴樹兩茫然녹원학수양망연

14_ 「向三寶壇時 嚴淨偈擊之廻立」.
15_ 「次鳴鈸 讀大會疏 次動鈸如常 次擧佛云」.
16_ 「南無(證聽妙法云 極樂導師云)南無(文殊普賢云 觀音勢至云) 次鳴鈸 讀三寶疏 次三動鈸後 大請佛 次靈山至心」.
17_ 「次願降道場 受此供養 次散花落三 動鈸 次香花請歌詠」.

朝朝大士生淨世조조대사생정세　　　處處明星現碧天처처명성현벽천

고아게故我偈를 하고 다음에 삼례청三禮請을 한다.[18]

一心禮請일심례청 南無盡虛空遍法界十方常住一切佛陀耶衆나무진허공변법계시방상주일체불타야중 達摩耶衆달마야중 僧伽耶衆승가야중

(衆和)惟願慈悲光臨法會유원자비광림법회(法衆三拜)

一心禮請일심례청 三界四府삼계사부 主執陰陽주집음양 權衡造花권형조화 已發菩提心이발보리심 一切聖衆일체성중

(衆和)惟願慈悲光臨法會유원자비광림법회

拈花偈염화게

靈鷲拈花示上機영축염화시상기　　　肯同浮木接盲龜긍동부목접맹귀

飮光不是微微笑음광불시미미소　　　無限淸風付與誰무한청풍부여수

"꽃을 흩뿌립니다散花落."를 세 번 하고 바라를 울린 뒤에 거령산과 요잡의식을 거행하여 법당에 이르면 음악을 그친다. 다음에 부처님이 앉으시는 게송坐佛偈을 한다.[19]

世尊坐道場세존좌도량　　　淸淨大光明청정대광명

比如千日出비여천일출　　　照曜大千界조요대천계

다음에 법회 대중들은 법회 도량에 내려와 각각 제자리로 돌아가면 어산魚山이 자리를 드리는 의식을 한다.[20]

18_ 「故我偈 次三禮請云」.
19_ 「散花落三 動鈸後 擧靈山 繞匝 至法堂 止樂 次坐佛偈云」.
20_ 「次法衆下來法場 各就其位 魚山獻座云」.

「주시련작법」은 내용과 형식으로 볼 때 영산작법靈山作法 · 별삼보단작법別三寶壇作法과 깊은 관련성이 있을 것으로 본다. 석가모니불을 중심으로 부처님과 가르침 그리고 승가에 예를 올리는 부분과 상단 특히, 석가모니부처님을 모셔, 이동해오는데 주안점을 두기 때문이다. 의식은 먼저, 천수다라니와 사방찬으로 시작하며 엄정게로 이어간다. 이는 부처님이 강림하실 도량을 청정하게 결계하는 의식으로 보이고 대회소를 읽음으로 청하고자 하는 이유를 밝히고 있다. 다음 석가모니부처님을 위시한 재 의식을 증명하는 아미타불과 문수 · 보현 · 관음 · 대세지보살님께 귀의하는 거불을 행한 후 석가모니부처님이 이 도량에 강림하시길 예를 갖춰 청하고 있다. 비로소 중생의 서원에 따라 석가모니부처님이 도량으로 강림하시는데 바로 가영이 이를 상징적으로 대변하고 있으며 성현이 강림하였기에 참석대중 모두 부처님과 가르침과 승가에 예를 올리고 염화게를 염송한 후 "거령산"을 소리하며 법당을 향해 이동해 간다. 당연히, 이때 부처님의 불패를 가마에 모셨을 것으로 추정하며 장소에 도착한 후엔 부처님께 자리에 앉으라는 게송을 행하고 어산스님이 헌좌를 염송하도록 했다.

낮에 시련하는 「주시련작법」은 영청단에서 법당으로 석가모니부처님을 이동시키는 것으로 볼 수 있다. 영청단에서 성현을 청하는 이유를 대회소를 통해 밝히고 있다는 점만으로도 연유를 밝히고 청한다는 의식의 구조상 큰 무리가 없어 보이지만 아쉽게도 현행 영산재에선 이와 같은 시련을 찾아볼 수 없다.

2) 「주시련론晝侍輦論」

필자는 소개한 「주시련작법」의 구성이 나름 온전하다고 판단한다. 그럼 「주시련작법」을 소개한 『천지명양수륙재의범음산보집』의 편자 지환스님은 어떤 의중으로 이와 같은 의식문을 다루게 됐을까? 다행스럽게도 그가 갖고 있는 속내를 1782년(정조 6)에 간행된 또 다른 이본, 『범음집』으로 알려진 『천지명양수륙재의범음산보집』의 「주시련론」을 통해 확인할 수 있다. 김순미가 역譯한 「주시련론」의 내용[21]을 옮겨보면,

21_ 智還, 金純美 譯, 『국역 천지명양수륙재의범음산보집』, 서울 : 양사재, 2011, 14쪽.

> 대개 수륙재를 베푸는 가운데 영산靈山은 별도의 작법作法이다. **그 가운데 별도의 예로 낮에 시련侍輦하는 것은 왜냐? 이 규범은 불가不可하다. 그러나 당일에 집사자執事者가 재의 의식을 과장하고자 억지로 낮에 시련하는 계획을 세워서**, 먼저 해탈문 밖에 삼보단三寶壇을 설치하고 천수를 하고 종을 치고, 삼보단에 가서 사방찬四方讚과 엄정게嚴淨偈 끝에 바라를 울리고 대회소大會疏를 읽는다. 혹은 대루大樓에서 하게 되면 엄정게를 하면서 종을 치고 삼보단을 향해 돌아서서 바라를 울리고 대회소를 읽고, 다음 영산과 대세지大勢至를 거불擧佛하고, 끝에 바라를 울리고 삼보소를 읽는다. 다음 부처와 영산을 청하고, 지심志心과 가영歌詠을 하고 다음 삼례청三禮請을 하고, 삼계三界 사부四部 등 대중을 아울러 **영청迎請하고 시련侍輦하는 것이 옳다**. 그런데 혹 다른 작법집에 본다면 다만 **상주영산常住靈山에 영청**, **목욕**, **시련하는 규범만 있으니 의심이 없지 않다**. **그러나 낮에 시련하는 규범은 비록 볼만 하지만 그날 형편이 늦어지면, 반드시 사시巳時에 여러 부처님께 헌공하는 의식을 잃어버리게 될 것이니 어찌 개탄스럽지 않은가? 바라건데 모름지기 유식한 집사는 목욕과 시련하는 규범을 깊이 상세히 관찰해서 써야 한다**.[22]

내용엔 먼저, 영산은 수륙재와 별개로 별도의 작법이긴 하지만 낮에 시련하는 것은 마땅치 않다는 견해를 밝히고 있다. 왜냐하면 낮에 시련하는 이유가 의식을 행하는 집사자의 개인적인 생각, 즉 재 의식을 자랑하려는 욕심에 재 의식, 자체를 과장해 보이려고 억지로 시도한 것이기 때문이란다. 당시엔 대부분 모든 재 의식을 밤에 설행했기 때문에 지환스님은 밤에 행하는 시련의식이 더욱 익숙했을 것이고 당연한 것으로 받아들였을 것이다. 그런 연유로 「주시련작법」을 집사자가 예전엔 없는 의식을 새로 만들어 활용하는, 임으로 개작한 의식정도로 치부하여 불가하다고 평가한 점은 시련을 대하는 스님을 의중을 바로 볼 수 있는 대목이어서 시사時事하는 바가 크다. 더군다나 시

22_ 「盖水陸設辦之中 靈山乃是別作法也 其中別例 晝侍輦何也 此規不可 然當日執事者 欲誇齋儀 强爲晝侍輦之計 先設三寶壇於解脫門外 而千手擊之 下去三寶壇 四方讚 嚴淨偈末 鳴鈸讀大會疏 或設大樓 則嚴淨偈擊之回立向三寶壇 鳴鈸讀大會疏 次靈山擧佛勢至 末鳴鈸讀三寶疏 次大請佛及靈山志心歌咏 次三禮請與三界四部等衆 並爲迎請侍輦可也 而或見他集 則但以常住 靈山 迎請 沐浴 侍輦之規 不無疑焉 然晝侍輦之規 雖爲可觀 日勢遲緩 則必失史時獻供諸佛之儀軌 豈不慨然也 望須有識執事 沐浴侍輦之規 深可詳察用之」. 智還, 金純美 譯, 『국역 천지명양수륙재의범음산보집』, 13~14쪽.

련을 행할 땐 반드시 대상을 청하고 목욕한 이후에 행하는 것이 옳고 혹, 과장된 시련의식을 잘못 행하려들면 사시에 부처님께 공양 올리는 헌공[23]을 제대로 이행하지 못할 것 같다는 우려의 목소리도 전한다.

마지막에선 앞서 살펴본 영청단·관욕당의 설치 목적 그리고 성현을 맞이한 후 법도량까지 이동하는 전 과정을 자세히 살펴 행할 것을 재차 강조하고 있으며 이를 위해 목욕과 시련하는 규범을 상세히 살펴 의식을 행할 것을 당부하고 있다.

맞다. 지환스님이 전하는 말 중 잊지 말아야 할 것은 바로 "영청하고 시련하라"라는 대목이다. 시련을 행하기 위해서는 반드시 연유와 청문을 담은 의식문을 설행해야 한다.

3) 「상단시련론上壇侍輦論」

시련의식에 관한 지환스님의 견해는 비단, 「주시련론」에 그치지 않는다. 그는 같은 책, 「상단시련론」을 통해서도 나름의 의견을 밝히고 있다. 옮겨보면,[24]

> 가만히 살펴보건대 제방의 밤에 시련侍輦하는 작법의 규범은, 가령 오단권공五壇勸供을 황혼에 마친다면 **상단上壇 시련은 초경初更 중에 마치는 것이 마땅하고, 중단中壇 시련은 이경二更 중에 마치는 것이 마땅하고, 하단下壇 시련은 삼경三更 중에 마땅히 마쳐서, 차례차례 권공勸供하고 시식施食하는 것이 옛 법이다**. 오늘날은 그렇지 않아서 시각을 구분하지 않고 너무 천천히 작법하여서 날 밝은 뒤에 시식하는 것이 자못 많으니 심히 개탄스럽다. 당일 작법하는 어산魚山과 범음梵音은 형편을 보고 작법하는 것이 옳다.[25]

23_ 부처님께서는 평소 하루에 딱 한번 오전에만 식사를 하셨기 때문에 오후불식(午後不食)이라 하였고 훗날 제자들도 그 뜻을 받들어 오전 중 사시(巳時, 오전 9시~11시)를 택하여 공양을 올리게 되었다. 사시에 부처님께 올리는 공양을 "마지 올린다."고 하는데 이 말은 산스크리트어로 한국불교에서만 쓰이는 말이다. 한자를 풀이하면 마지(摩指·摩旨·磨旨)라 하여 '손으로 만들어 올린다.' 혹은 '정성스럽게 만든 공양을 올리오니 제 뜻을 감읍하여 주시옵소서.'라는 뜻을 담고 있다. 출처 : 인터넷 다음, 검색어 : 사시마지.

24_ 智還, 金純美 譯, 『국역 천지명양수륙재의범음산보집』, 16쪽.

25_ 「竊觀諸方 夜侍輦作法之規 則使五壇勸供畢於黃昏 而上壇侍輦 當畢於初更之中 中壇侍輦 當畢於二更之中 下壇侍輦 當畢於三更之中 而鱗次勸供 及施食乃是古法也 今則不然 不分時更 作法太緩 天明之後 施食頗多

내용은 먼저, 시련의식을 행하는 시간대에 초점을 둔다. 내용을 이해하기에 앞서 책이 편찬되던 시기에 사용되던 시간대를 짚고 갈 필요가 있는데 당시엔 하루를 12간지로 나눠 사용했다. 12간지는 〈자子・축丑・인寅・묘卯・진辰・사巳・오午・미未・신申・유酉・술戌・해亥〉이며 자시子時는 0시(밤12시)를 정시로 하여 이전 한 시간부터 이후 한 시간, 곧 현재의 밤11시부터 새벽1시까지를 말한다. 자시를 기준으로 〈술・해・자・축・인〉시는 밤이고, 오시를 기준으로 〈진・사・오・미・신〉시는 낮이다. 그리고 묘시는 아침, 유시는 저녁으로 분류할 수 있다. 또 밤의 다섯 시진, 〈술・해・자・축・인〉시의 시간을 "오경"이라는데 이를 각각 초경・이경・삼경・사경・오경이라 했다. 그러므로 상단시련을 행하는 시점은 곧 술시戌時에 해당하는 19~21시 그리고 중단시련은 21~23시 마지막 하단시련은 23~01에 설행했던 것으로 들어나며 이를 강조하고 있다.

「상단시련론」의 내용은 접하는 이에 따라 현행, 『지반문』로 행하는 수륙재와 『예수시왕생칠재의찬요』로 행하는 생전예수재에서 상단을 상・중・하로 나눠 구분하고 있는 점을 들어 시간을 달리하는 상・중・하단의 상상단시련, 상중단시련 그리고 상하단시련으로 여길 수도 있다. 내용의 명칭도 "상단시련에 관해 논論한다"는 의미의 「상단시련론」이란 점도 이와 같은 추론을 가능하게 한다. 그런 이유로 필자는 한 때 여기에서의 상・중・하단을 상단의 상・중・하단으로 보고 예문에 "차례차례 권공勸供하고 시식施食하는 것이 옛 법이다."라고 한 것을 "상단의 상・중・하단의 시련을 행한 다음 중단과 하단에 차례로 권공하고 시식하는 것"으로 받아드렸었다.

그러나 현재에 와선 이와 같은 생각에 오류가 있었다고 자책한다. 만약 여기에서 말하는 상・중・하단이 상단의 상・중・하단의 시련을 의미하는 것이라면, 전해지는 다양한 저본, 예를 들어 앞서 언급한 수륙재의 『지반문』과 생전예수재의 『예수시왕생칠재의찬요』 등의 상단 의식문이 상・중・하로 구분되어 모두 6시간 동안 설행할 수 있도록 되어 있어야 한다. 하지만 전해지는 각종 재 의식 관련 문헌자료, 상단의 의식문을 살펴보면 비록 상단을 상・중・하로 구분지어 놓았다고 해도 청하고 모시는 것은

甚可慨也 當日作法 魚梵見機而作是也」.

동시에 이뤄지고 있으며 또 한 번에 걸쳐 시련하도록 되어 있다.[26]

필자는 「상단시련론」에서 말하는 상・중・하단을 불・보살을 위한 상단, 일체성현을 위한 중단, 그리고 천도의 대상이 되는 망자를 위한 하단으로 보고 술시에 행하는 상단시련은 상단, 불・보살을 모시기 위한 시련[三身輦]으로, 해시에 행하는 중단시련은 중단에 증명으로 모시는 불・보살[三藏輦], 자시에 행하는 하단시련은 하단에 증명으로 모시는 불・보살[引路輦] 등을 모셔오는 것으로 받아들인다. 물론, 이와 같은 전제조건은 독연獨輦, 가마 하나로 시련을 행할 경우에 해당한다.[27] 물론, 독연이 아닌 삼연三輦으로 시련할 경우엔 가마의 명칭이 달라질 수 있다.

4) 「중단시련론中壇侍輦論」

지환스님은 자상하게도 중단시련에 관한 의견도 같은 책에 상세히 전하고 있다. 수륙재를 행함에 있어 중단의 모든 성현과 이를 모셔오는 소임자가 부처님께 예를 올리는 법도를 강조하고 있어 눈길을 끈다. 내용을 보자.[28]

> 대개 삼장三藏 시련을 할 때 연輦이 법당 계단에 이르러 연을 내리면 찰중察衆과 상기사上記事와 부기사副記事 등이 각각 **삼장패三藏牌를 받들고 천천히 계단을 올라 두루 부처님 앞에 예를 한 뒤에**, **찰중 등은 삼장패를 받들고 가운데 탁자 위에 안치하는 것이 옛날부터 변함없는 규범이다**. 혹 다른 책에 보면 따로 사부등중四部等衆의 깃발을 만드는데, 천장보살天藏菩薩 연 후미에 천선이부등중天仙二部等衆의 기를 써서 봉행하고, 지지보살地持菩薩 연 후미에 신부등중神部等衆 깃발을 써서 봉행하고, 지장보살地藏菩薩 연 후미에는 명부등중冥部等衆 기를 써서 봉행한다. 연이 법당 아래에 이르면 **찰중 등은 각각 삼장패를 들고 있기에 보례普禮를 하지 못하**

26_ 상단, 성현을 모시는 영청의식을 현재의 6시간 동안 진행하는 것이 상식적으로 납득하기 어렵고 현실적으로도 불가능할 것으로 보인다. 특히, 보편적으로 각종 재 의식의 중단 의식문은 상단에 비해 두 배정도 많은 분량인데 그럼 중단 성현을 모시는 영청의식에 12시간 정도가 필요한 것 아닌가? 틀림없이 2시간의 간격을 두고 상단과 중단 그리고 하단의 성현을 시련해 온 것이 분명하다.

27_ 『천지명양수륙재의범음산보집』의 경우, 이본에 따라 독연(獨輦)과 삼련(三輦)으로 시련을 행할 수 있도록 소개하고 있다. 그러므로 가마의 개수에 따라 연의 명칭도 달라질 수 있다.

28_ 智還, 金純美 譯, 『국역 천지명양수륙재의범음산보집』, 17쪽.

고, **바로 가운데 탁자에 가서 안좌安坐하는 규범이 있는데 어떤 전례에서 나온 것인가**? 대개 사부등중이 부처님 앞에 보례하는 규범은 참성편參聖篇과 예성편禮聖篇에 실려 있고 중례편中禮篇의 글에는 삼장이 없다. 그러나 **삼장이 사부등중을 거느리고 부처님 앞에 보례하는데 무슨 흠이 있겠는가**? 만약 삼장패를 쓰지 않고 **사부등중패를 써서 시련하는 것**도 좋겠다.[29]-

내용엔 중단에 삼장패를 모셔온 소임자가 패를 모시고 있다는 이유로 부처님께 예를 올리지 않음이 잘못되었다 지적하고 있는데 삼장三藏 즉, 천장・지지・지장보살이 일체권속인 사부등중을 거느리고 도량에 강림했다면 당연히 부처님께 예를 올려야 함에도 삼장패를 들고 있다는 이유로 찰중 등 소임자가 부처님께 예를 올리지 않는다는 건 잘못된 것임을 강조한다. 어쩌면 예를 올리지 않고 바로 중단의 성현을 탁자에 모셨다는 건 당시 의식을 진행하는 범패승이 이 부분을 생략해 견기이작見機而作 한 것으로 추정할 수 있어 당시 수륙재 설행모습이 현장 상황에 따라 달라질 수도 있음을 가늠케 한다.

사실, 현재의 우리는 때론 시간이 없다는 이유로 날씨가 좋지 않다는 이유로 그리고 지치고 힘들다는 이유 등으로 중요 의식을 축소하거나 생략하는 경우가 종종 있다. 중단의 성현을 모셔오는 과정에서 부처님께 예를 올리지 않은 점을 들어 잘못되었다고 지적하는 지환스님이 무분별하게 견기이작하는 현재의 우리를 보면 어떤 질타를 하실까?

29_ 「盖三藏侍輦時 輦至法堂階下 下輦則察衆 與上記事 副記事等 各奉三藏牌 趍登階上 普禮佛前后 察衆等 因奉三藏牌 安坐中卓子 自古之恒規也 或見他本 則別作四部等衆幡 天藏菩薩輦後尾 書天仙二部等衆幡奉行 地持菩薩輦後尾 書神部等衆幡奉行 地藏菩薩輦後尾 書冥部等衆幡奉行 輦至法堂階下 則察衆等 各奉三藏牌 不能普禮 直至于中卓子 安坐之規 出自何典? 盖以四部等中 普禮佛前之規 載於參聖篇 及禮聖篇 而中禮篇文 雖無三藏 然三藏 領四部等衆 普禮佛前 有何欠也? 若不書三藏牌 或書四部等衆牌 侍輦亦可也」.

06

『천지명양수륙재의범음산보집』을 통해 본 시련의 모습

그럼 시련에 관한 지환스님의 생각이 직접적으로 반영되어 편찬된 『천지명양수륙재의범음산보집』엔 어떤 자료가 전해지고 있을까? 먼저, 서두에서 언급했듯이 다양한 이본이 존재하는 이 책엔 시련의 현장을 가늠케 하는 각단의 「위의지도」와 봉송의식을 가늠하게 하는 「봉송위의지도」가 전한다. 그리고 내용은 크게 가마, 하나로 설행하는 독연獨輦의 형태와 가마, 세 대臺로 행하는 삼연三輦의 형태, 두 가지 경우로 나눠 전한다.

먼저, 1721년(경종 1) 삼각산 중흥사重興寺에 간행된 책에선 독연을 위한 「상중하삼단시련위의지도」와 「상단봉송위의역회도上壇奉送威儀逆回圖」·「중하단봉송위의순회도中下壇威儀順回圖」 및 봉송 내용 등이 전하고 다음, 1782년(정조 6) 본에서는 삼연을 위한 「상단시련위의지도」·「중단시련위의지도」·「하단시련위의지도」와 「봉송위의지도」 그리고 내용에 차이가 있는 「봉송의奉送儀」가 상·중·하단으로 세분화해 전한다. 그럼 1721년 본, 독연을 위한 「상중하삼단시련위의지도」를 살펴보자.

1. 영청迎請하는 시련의 모습

1) 1721년 본, 「상중하삼단시련위의지도」

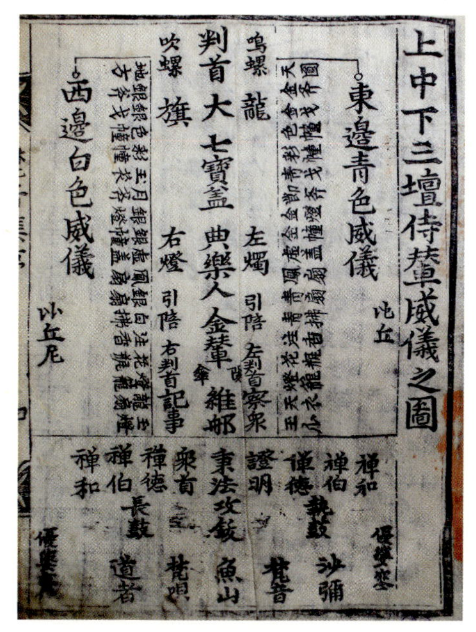

〈그림 1〉 1721년 『천지명양수륙재의범음산보집』, 「상중하삼단시련위의지도」[1]

1721년 본에 전하는 「상중하삼단시련위의지도」는 말 그대로 하나의 가마, 독연으로 상・중・하단에서 행하는 시련의 모습을 담고 있다. 재 의식을 설행하는 사찰의 사정에 따라 하나의 연으로 시련을 진행할 경우에 해당하는 것으로 누군가를 모시러 나가는 것이 아닌, 모셔오는 과정의 모습을 설명하고 있다.

이유는 그림, 오른쪽에 "동변청색위의"를 그리고 왼쪽에 "서변백색위의"의 장엄구를 나열하여 동쪽과 서쪽의 방향을 알리고 있음인데, 그럼 당연히 위쪽은 북쪽, 아래쪽은 남쪽이 될 수 있다. 대부분의 사찰이 남쪽을 향해 정문을 두고 있음을 감안하면 이 그림은 남쪽에서 성현을 맞이해 북쪽으로 이동하는 그림으로 볼 수 있어, 영청단에서 성현을 맞이해 관욕을 행한 후 본 도량까지 이동해가는 모습을 표현한 것으로 볼 수 있다. 초대한 성현을 모셔오는 그림이 분명한 또 다른 정황은 북쪽, 즉 재 의식을 설판하는 방향에서 바라 본 좌・우의 배치다. 예를 들어 동쪽을 좌左로 서쪽을 우右로 표시하여 좌판수左判首・우판수右判首・좌촉左燭・우등右燈 등을 배치한 것은 북쪽이 성현을 초대한 쪽이고 남쪽이 초대받은 쪽으로 여기기에 충분하다. 만약, 연에 모셔진 성현을 중심으로 방향을 정했다면 가마를 중심으로 왼쪽에 좌판수를 그리고 오른쪽에 우판수를 뒀어야 맞다. 그러므로 본 그림은 북쪽, 재 의식의 설판자가 초대한 성현을 남쪽으

1_ 출처 : 동국대학교 중앙도서관 소장본(고서 217. 5 지 96ㅊ v.1).

로부터 모셔오는 것으로 볼 수 있겠다.

그럼 구체적으로 상·중·하단의 누구를 모셔오는 그림일까? 해답은 바로 "금련金輦"에 있다. 일단, 금련을 논하기에 앞서 분석부터 해보자.

그림엔 선두에서 판수判首가 명라鳴螺와 취라吹螺, 소라와 나발 등을 부는 연주자와 함께 이동을 주도하고 있는데 이때의 판수는 이동 전반을 통제하는 역할을 담당했던 소임자로 보여 진다. 조선시대엔 미래를 예지해 점을 치는 인물을 "판수"라 했다. 불교, 재의식의 설행에서도 다가올 재해를 예방하거나 미리 대비하기 위해 판수 소임을 뒀을 것으로 예상하는데 그림에서 판수가 선두에 서서 대중을 인도해 가는 것도 이동 중에 발생할 수 있는 사고를 미리 예방하고자 하는 목적과 무관하지 않았을 것으로 판단한다.

〈그림 2〉 명라·취라·판수의 이동[2]

2_ 시련에 관한 모습을 재현, 표현한 삽화(揷畵)는 충북대학교, 노성희(정환)·홍보화의 작품이다.

현행 재 의식에서의 판수는 원만한 의식진행을 위해 대중을 규합시키거나 관리하는 자를 말한다. 영산재, 식당작법에서의 좌·우판수는 장군죽비將軍竹卑로써 대열을 정비하는데, 이와 같은 모습은 판수가 소지하는 장군죽비의 용도와 무관하지 않다. 현행 영산재에서 사용하는 장군죽비엔 "수구섭의신막범守口攝意身莫犯 여시행자능득도如是行者能得道"라 쓰여 있다. 이는 수행자가 입과 뜻과 몸을 다스려 본분을 망각하지 말고 수행에 전념하도록 인도하는 것으로 수행의 과정에서 발생할 수 있는 이탈을 방지하려는 목적이 있다. 물론, 이와 같은 장군죽비는 각 종 재 의식에서 오래전부터 괘패掛牌[3]란 명칭으로 사용되어 왔기에 시련의식에서의 판수도 "괘패"를 들고 이동했을 가능성이 크다.[4]

〈그림 3〉 괘패(掛牌 : 장군죽비, 도량옹호패)[5]

이어 청룡과 현무 등의 대大 깃발이 명라와 취라의 연주자를 따라 이동하고 있다. 그리고 깃발과 깃발 사이에 칠보개七寶蓋가 자리하는데 여기에서의 칠보七寶란 일곱 가지 보배를 뜻하는 것으로 『무량수경無量壽經』에는 금·은·유리·파리玻璃·마노瑪瑙·차거硨磲·산호를, 『법화경法華經』엔 금·은·유리·마노·차거·진주·매괴玫瑰 등을 가리키고 때론, 전륜성왕轉輪聖王이 가지고 있다는 윤보輪寶·상보象寶·마보馬寶·

3_ "괘패"는 주련과 유사한 형태로 경구나 선문답 등의 문구를 적은 패이며, 장군죽비나 도량옹호패(道場擁護牌)로 불린다. 상시에는 대웅전 등의 주전각 내부 기둥에 걸어두고 스님들이 수행하는 용도로 사용되며 수륙재 등의 야외 의식 법회에서는 스님들이 손에 들고 사부대중이 깨달음을 얻기를 기원하고자 사용되는 법구이다. "괘패"는 불전을 장엄하는 대표적인 패이면서도, 중요한 의식에서 사용되는 의식법구로 자리잡아 수륙재 장면이 그려진 감로도에 다수 표현된다. 2015년 불교중앙박물관 특별전, 괘패(掛牌) 안내문.

4_ 다만, 〈그림 2〉의 판수는 현재와 같이 목탁을 들고 이동하는 것으로 표현했다. 현재엔 목탁을 연주하며 대열을 인도해 가는 것이 보편적이다.

5_ 2015년 불교중앙박물관 특별전 "불전장엄(佛殿莊嚴), 붉고 푸른 장엄의 세계" 조선후기 괘패(좌로부터 경주 기림사, 양산 통도사, 청도 대비사, 양산 통도사 소장). 촬영 : 필자.

〈그림 4〉 통도사성보박물관소장 현무기(좌)와 청룡기(우)[6]

여의주보如意珠寶·여보女寶·장보將寶·주장신보主藏臣寶 등의 일곱 보배를 말하기도 한다. 보개寶蓋란 탑에서 보륜寶輪 위에 덮개 모양을 하고 있는 부분을 말하는 것으로 보주寶珠 등으로 장식된 천개天蓋를 의미한다. 그러므로 칠보개란 일곱 가지 보배로 장식한 천개를 상징하는 것으로 볼 수 있겠다.

하지만 현재의 시련의식에선 칠보개를 찾아 볼 수 없다. 다만, 괘불단 옆에 장엄되어진 보산개寶傘蓋로 그 실체를 확인할 뿐이며 칠보개를 대신했을 것으로 추정하는 인로왕보살을 상징하는 번幡만을 확인할 수 있다.

과연, 칠보개가 사라지고 인로왕보살 번만 남게 된 이유가 무엇일까?

6_ 통도사성보박물관, 『名品』(양산 : 통도사성보박물관, 2014), 212~13쪽.

〈그림 5〉 깃발과 칠보개의 이동

〈그림 6〉 괘불 양옆 보산개(좌)와 선암사 보산개(우)[7]

7_ 현행 영산재에서의 보산개(2007 촬영)와 조선후기에 제작된 것으로 알려진 선암사 소장 보산개. 촬영 : 필자. 참고로 선암사 보산개의 경우 2015년 불교중앙박물관 특별전 "불전장엄(佛殿莊嚴), 붉고 푸른 장엄의 세계"에 소개된 것을 촬영한 것이다.

〈그림 7〉 통도사성보박물관 소장, 감로탱화의 시련모습[8]

〈그림 7〉은 통도사성보박물관에 소장되어 있는 감로탱화의 일부로 그림엔 부처님의 형상을 가마, 연에 모셔 이동하는 모습과 양산陽傘을 들고 연을 따르는 시중의 모습이 그려져 있다. 더욱 관심을 끄는 것은 그림, 오른쪽 성현이 커다란 천개 모양의 무언가를 들고 길을 안내하는 모습이 보이는데 필자는 이 성현을 인로왕보살로, 성현이 들고

8_ 통도사성보박물관에 소장되어 있는 감로탱화(대한제국 1900년, 경상남도 유형문화재 제376호)엔 연(輦) 안에는 부처님의 형상을 모시고 이동하는 모습이 담겨있다. 특히, 인로왕보살이 칠보개(七寶蓋)를 들어 연(輦)을 인도하고 연 뒤엔 양산(陽傘)이 따르고 있는 모습을 갖추고 있어 조선시대 시련의 모습을 충실히 보여 준다. 특히, 연을 어깨에 이고 이동하는 모습이 인상 깊다. 통도사성보박물관, 『名品』, 82쪽. 사진편집 : 필자.

있는 것을 칠보개로 본다.

더군다나 이와 같은 모습은 모든 불특정 다수의 망자에게 공양을 베풀기 위한 「관음시식觀音施食」, 증명청證明請에 "손으로는 천층보개를 들고 백가지 복덕을 갖춘 화만을 몸에 두룬 모습으로 나타나 푸른 연꽃 대반에 오르시어 망령을 인도해 극락세계, 청정한 혼백으로 이끌어 가는 보살"[9]이 바로 인로왕보살임을 밝히고 있어, 인로왕보살은 특정한 대상[10]을 이동시킬 때 천개를 들고 인도했을 것으로 추정한다. 그리고 만약, 인로왕보살이 들고 있는 것이 칠보개라 가정하면 "왜 「상중하삼단시련위의지도」에서의 칠보개가 사라지고 인로왕보살을 상징하는 번幡만 남게 된 것일까"에 관한 의문은 어느 정도 해소할 수 있다.

칠보개를 인로왕보살이 들고 있다는 이유만으로도 칠보개는 인로왕보살을 상징하는 법구가 될 수도 있고 칠보개를 대신해 인로왕보살을 상징하는 번이 활용될 수도 있었을 것으로 예상한다. 그리고 번, 자체를 칠보개와 인로왕보살 모두를 상징할 수 있도록 제작해 사용했다면 다음의 〈그림 8〉과 같은 모습이지 않을까? 칠보개를 상징하는 문양과 장신구 그리고 인로왕보살의 명호가 적혀 있는 번으로 말이다.

통도사성보박물관에 소장되어 있는 인로왕보살 번은 현재 사용하는 것과 별반 차이가 없다. 번 위쪽엔 보개를 상징하듯 삼각형 모양과 문양이 붙어 있고 좌우 양쪽에 보배를 상징하는 네벌감개 매듭과 술이 아름답게 자리하고 있다.[11] 물론, 번 중심엔 "나무대성인로왕보살"을 넣어 번, 자체가 인로왕보살을 상징하고 있다.[12]

9_ 「南無一心奉請 手擎千層之寶盖 身掛 百福之華鬘 導淸魂於極樂界中 引亡靈 向碧蓮臺畔 大聖引路王菩薩摩訶薩」. 安震湖. 『釋門儀範』 下, 72쪽.

10_ 물론, 관음시식의 내용만을 보면 인로왕보살은 마치 망자를 극락으로 인도해가는 보살로 보일 수 있다. 하지만 〈그림 7〉의 인로왕보살은 불・보살을 인도해 오는 보살로 보이기에 충분하다. 이후에 전개되는 상・중・하 각단, 「시련위의지도」에서도 인로왕보살은 상단에서는 일체 불・보살을 인도하는 보살로, 하단에서는 삼대가친 영가를 인도하는 보살로 묘사되어 있기에 인로왕보살이 누구를 인도하는 보살인지에 관한 구체적인 내용을 확인할 필요가 있다.

11_ 물론 번에 있는 네벌감개 매듭이 보배, 즉 칠보를 상징한다고 장담할 순 없다. 단순히 번을 제작하는데 있어 장식이 필요했기에 매듭을 매어 걸었을 수도 있기 때문이다. 그러나 인로왕보살이 백가지 복덕을 갖춘 화만을 장식했다는 관음시식의 내용을 토대로 접근해보면 화만을 표현하기 위해 화려한 매듭으로 장식했을 수도 있다.

12_ 어쩌면, 「상중하삼단위의지도」에서 말하는 칠보개가 시대 변화에 따라 인로왕보살 번으로 대처된 것일 수도 있다.

〈그림 8〉 통도사성보박물관 소장 인로왕보살 번(幡)[13]

커다란 용과 현무 등의 깃발 그리고 칠보개에 이어 좌우측에 촛불과 등불이 따른다. 그리고 그 뒤를 인배引陪가 전악인典樂人을 중심으로 양쪽에서 인도하고 있다. 조선시대엔 장소를 이동할 때 인배가 동원된 것으로 전해진다. 과거의 인배란 정삼품 이상의 벼슬아치의 앞을 인도하던 관노의 하나로 알려져 있는데 시련에서의 인배도 이처럼 연輦이 원만하게 이동해 갈 수 있도록 길을 안내하는 역할이었을 것으로 본다.

여기서 한 가지, 칠보개의 뒤를 따르며 이동하는 전악인이 누구인지도 짚고 갈 필요가 있다. 조선시대의 전악典樂이란 당시 장악원掌樂院에서 음악에 관한 업무를 맡았던 잡직雜職의 하나로서 체아직遞兒職, 녹관祿官 중 우두머리를 가리킨다.[14] 시련에 전악인이 등장한

13_ 조선후기에 제작된 인로왕보살 번(좌 : 198.2×64, 우 : 196×62). 통도사성보박물관, 『名品』, 210쪽. 사진 편집 : 필자.

14_ 임시로 봉급을 주기 위해서 두었던 체아직(遞兒職) 녹관(祿官)이었기에 장악원으로부터 1년에 네 차례 추천서를 이조에 보고하여 사령서를 받았던 것으로 전한다. 1409년(태종9) 전악(典樂)이라는 체아직 녹관

〈그림 9〉 인배와 전악인의 이동

다는 것은 당시 음악을 총괄하며 보급했던 전악서典樂署에서 관장하던 궁중음악을 이동 중에 연주했었을 수도 있음을 말한다. 즉, 당시 사회적으로 신분이 높은 왕족王族과 관료들이 행차할 때와 같이 성대한 음악을 함께 연주하며 이동했을 가능성이 크다는 설명이다.[15]

특히, 인배와 전악인은 당시 사회에서 통용되던 소임의 명칭이었기에 시련의 과정에

이 처음으로 생겼는데, 그 당시 종5품의 사성랑(司成郎) 전악 1인씩을 전악서(典樂署)와 아악서(雅樂署)에 두었다. 성종 때에는 정6품의 전악 1인을 장악원에 두었고, 1505년(연산군 11)에는 이를 협궁(協宮)이라 고쳐 부르고 정5품으로 품계를 한 등급 올렸다. 영조 때에는 전악 1인을 추가하였는데, 전악은 체아직 녹관 중에서 우두머리였던 것으로 기록되어 있다. 『한국민족문화대백과사전』 제19권, 서울 : 웅진출판주식회사, 1997, 539쪽.

15_ 현행 시련에서도 이동 중에 과거 임금 행차 때 연주했다고 전해지는 "대취타"를 연주한다.

〈그림 10〉 시련에 사용된 각종 깃대와 기[16]

이들이 함께했다고 함은 겉으로 들어나는 규모가 마치 임금의 행차를 연상시키는 규식을 갖춰 설행했을 것으로 예상해 본다. 이는 「상중하삼단시련위의지도」, "동변청색위의"와 "서변백색위의"에 나열된 금부金斧・은부銀斧・채당彩幢・허개虛蓋・봉선鳳扇 등의 수많은 장엄구, 노부鹵簿[17]의 규모만 봐도 쉽게 짐작해 볼 수 있다.

양쪽에서 인배가 길을 인도하고 전악인이 성대한 음악을 연주하며 이동하는 이때 비로소 전악인의 뒤에 금련金輦이 등장한다. 양쪽에 좌판수左判首・우판수右判首의 호위를 받으며 말이다.[18] 이미 좌우판수의 역할은 설명했으니 생략하고 앞서 잠시 언급했던 "금련"에 대해 논해보자.

"금련"이란 무엇을 말하는가? 말 그대로 옮겨보면 금金으로 만든 가마輦를 말한다.

16_ 2015년 불교중앙박물관 특별전 "불전장엄(佛殿莊嚴), 붉고 푸른 장엄의 세계", 시련에서 사용된 것으로 추정하는 다양한 깃대와 기(旗). 촬영 : 필자.

17_ 조회・연회 등의 궁정 행사와 제향(祭享)・능행(陵行) 등의 외부 행차 때 위엄을 과시하기 위해 동원된 각종 의장 물품과 그 편성 및 운용 제도를 통칭한다. 왕족이나 귀족의 신분과 위엄을 과시하기 위한 의장제도는 고대 중국에서 유래하였는데 조선시대의 노부는 세종 때 정비되어 『국조오례의』에 수록되었다. 1897년 대한제국이 성립되자 종전의 모든 의장은 황제의 노부로 격상, 재정비되었으며 노부에 사용된 의장 물품은 160여 가지나 있었다고 전한다. 특히, 길 의장에 속하는 것으로는 각종 기치류(旗幟類)・무기류・산류(傘類)・부채류・당류(幢類)・장도류(粧刀類)・악기류 등이 있었다. 1762년(영조38)에 편찬된 노부 관련 예규집인 『노부식(鹵簿式)』에는 왕실의 각종 의례와 행차 시에 동원되는 대소 의장(儀仗)의 편성과 운용에 관한 규정을 수록하여 전한다. 『한국민족문화대백과사전』 제5권, 679쪽.

18_ 좌판수와 우판수는 앞서 언급한 "괘패"를 들고 이동했을 가능성이 크다.

〈그림 11〉 금련의 이동

그러나 상식적으로 금으로 가마를 제작해 사용할 수 있었을까? 아니다. 여기서 말하는 금金이란 부처님을 상징하는 것이고 "금련"이란 부처님이 타고 이동하는 가마로 인식함이 마땅하다. 부처님을 모신 전각을 흔히, 금당金堂이라 칭하는 것도 이와 무관하지 않다. 그럼, 앞서 고민했던 「상중하삼단시련위의지도」는 누구를 가마에 모시고 이동하는 그림일까? 좀 더 정확히 말하면 하나의 연에 누구를 모시는 것일까? 꼭, 석가모니부처님만을 모시는 연이기에 "금련"이라 한 것인가? 「상중하삼단시련위의지도」는 상단과 중단 그리고 하단에서 행할 수 있는 시련의 현징 모습을 전하는 그림이 분명한데 그 주인공이 구체적으로 누구를 말하는 것인지 알 수가 없다. 그럼 주인공이 누구인지, 어떻게 확인해 볼 수 있을까?

언급했듯이 부처님과 부처님의 지위에 해당하는 다양한 보살이 "금련"에 모실 수 있는 주인공이다. 각종 재 의식에서 석가모니부처님만 상단에 모시는 경우는 찾아보기 힘들다. 주로, 비로자나부처님 · 노사나부처님 · 아미타부처님 · 관세음보살 · 대세지보살 · 지장보살 등 수많은 불 · 보살을 목적에 맞게 청하는 것이 대부분이다. 물론, 그들의 권속과 더불어 말이다. 그래서 특정한 누군가를 가리키는 연의 이름을 쓰지 않고 "금련"이라 한 것이다.

그렇다면 상단엔 당연히 불 · 보살을 모시니까 "금련"이라 한다고 치자 그럼 중단 이하 하단은 불 · 보살이 아닌 일체성현과 영가가 주인공인데 어떻게 "금련"이라 할 수 있을까?

바로 우리가 잊고 있던 한 가지를 되짚어 볼 때가 왔다. 수륙재를 비롯한 크고 작은 재 의식엔 중단의 성현을 청하기에 앞서 이들을 인도하는 불 · 보살을 증명으로 모시는 경우가 많다. 즉, 중단의 일체 성현이 도량에 강림하기 위해서는 이들을 인도해 올 무리의 대표 격인 증명보살을 청해야 한다는 것이다. 가령, 수륙재의 중단에서 천장天藏 · 지지持地 · 지장地藏보살, 그리고 이를 통칭해 삼장보살三藏菩薩을 증명으로 청하는 이유는 천부天部와 신부神部 그리고 명부冥部에 머물고 있는 중단의 일체 성현이 원만하게 강림하도록 하는 방편이다. 즉, 증명보살의 가피가 있어야 천부와 신부 그리고 명부에 머물러 있는 성현이 올 수 있다는 얘기다. 그러므로 중단에 모실 천장 · 지지 · 지장보살은 비록 중단의 성현들이 머물고 있는 곳에 있을지라도 그들의 지위는 보살의 경지에 있다. 당연히 이동시킬 땐 연에 모셔 이동해야 하고 하단에서도 마찬가지다.

우린 흔히 하단이라 하면 영가를 모시는 단으로만 생각한다. 하지만 영가도 그들이 원만하게 도착하기 위해선 불 · 보살의 가피가 있어야 한다. 그런 연유로 『중례문』의 수륙재에선 미타관음세지彌陀觀音勢至 · 인로왕보살 · 면연대사面燃大士를 증명으로 청하고 이후 선왕선후先王先后 · 삼대가친三代家親 · 무주고혼無主孤魂 등을 맞이하도록 했다. 당연히 하단에서도 미타관음세지 · 인로왕보살 · 면연대사 등을 연에 모셔 이동하는 것이 마땅하다. 그러므로 「상중하삼단시련위의지도」는 상 · 중 · 하, 삼단에서 각각 시련을 행하더라도 연에 모실 수 있는 대상은 상단일 경우엔 삼신불三身佛, 중단일 경우 삼장불三藏佛, 하단일 경우엔 미타불彌陀佛이 대상일 수 있다. 그러므로 "금련"이란 석가모니부처님만을 위한 연을 지칭하는 명칭이라기보다 '불 · 보살을 모셔 이동하는 연'이란 의미의 "금련"으로 받아들이는 것이 옳다.

특히, 『천지명양수륙재의범음산보집』엔 연 하나로 시련을 행할 경우를 대비해 「중례삼연불패규中禮三輦佛牌規」를 전하고 있는데 내용엔 여러 불 · 보살의 명호를 한 패牌에 적어 모실 수 있도록 독연패獨輦牌를 소개하고 있다. 상단은 시방삼보자존十方三寶慈尊, 중단은 삼계사부군진三界四府群眞, 하단일 경우 십류삼도등중十類三途等衆라 쓰도록 했으며 하단엔 추가로 인로보살입연引路菩薩入輦라 쓰여 있어 하단일 경우, 인로왕보살의 패를 연에 실어 모실 수 있도록 했다.

금련 바로 뒤엔 금련의 상징성을 배가 시키는 양산이 따르는데 이는 햇빛을 가리는 용도라기보다 연을 타고 이동하는 성현을 보호하고 권위를 들어내고자 하는 목적이 강한 것으로 볼 수 있다.[19] 양산 뒤로는 재 의식의 주요 소임[20]자가 따르는데 먼저, 재 의식을 총지摠持하는 유나維那[21]가 좌우에 찰중察衆,[22] 기사記事[23]와 함께 이동한다.

이동하는 과정에 있어 참여대중은 유나의 뒤를 따른다. 병법秉法[24]을 중심으로 우측에 증명證明[25] 좌측엔 중수衆首[26] 그리고 증명과 중수, 양쪽으로 참선 수행하는 선덕禪德[27]・선백禪伯・선화禪和가 자리하고 그 뒤를 발鈸를 연주하는 공발攻鈸[28]이 대열을 따라 이동한다. 공발을 중심으로 우측에 집고執鼓[29] 좌측에 장고長鼓[30]가 함께 자리하여

19_ 「상단시련론」에서 확인했듯이 시련은 현재의 시간으로 저녁, 5시부터 새벽, 1시에 진행하기에 햇빛을 가릴 이유가 없다.

20_ 소임과 역할은 김순미의 『국역 천지명양수륙재의범음산보집』, 268~70쪽에 번역한, 『천지명양수륙재의범음산보집』, 「상당축원(上堂祝願)」의 내용과 김두재의 것을 원문과 함께 요약 정리해 옮겨본다.

21_ 「水月道場 空花佛事 龍象付榜 善知出入 奉行三寶 摠持萬事」. 수월도량의 불사를 아름답게 하고 용상에 방을 붙이고, 선지식을 출입하게 하며 삼보를 봉행하며 모든 일을 총지(摠持)하는 비구.

22_ 「無遮大會 聖凡無遺 分揀善惡 摠察人事 清淨法度 永絶私心」. 무차대회에 성범(聖凡)을 남김없이 선악을 분간하고, 사람들의 모든 일을 살펴 법석(法席)을 청정하게 하여 사사로운 마음을 영원히 끊어버린 비구.

23_ 「上遵佛法 下合人心 於諸凡事 出入分明 書寫草榜 一無遺失」. 위로는 불법을 따르고 아래로는 인심에 합하여 범사(凡事)에 출입을 분명하게 하며, 글을 쓰고 방을 초(草)할 적에 하나도 실수 없이 자세히 밝히는 비구.

24_ 「遺教奉行 法事嚴明 龍宮萬藏 無不能通 利濟羣迷 名顯叢林」. 부처님의 가르침을 받들어 행하고 법사(法師)를 엄중하게 밝히며 팔만대장경을 통하지 않은 것이 없어 미혹한 중생을 제도하는 총림의 이름난 비구.

25_ 「山河大地 一口能呑 眼掛長空 七寶花閣 閑坐無心 出格道人」. 산하대지를 한 입으로 삼키고 눈은 먼 허공에 걸려, 칠보화각에 한가로이 무심하게 앉아 도인의 격조를 보이는 비구.

26_ 현행 재 의식에서의 중수는 의식을 총괄하는 좌장(座長)의 역할을 담당하고 있다. 여기에서의 중수는 대중을 대표하는 자로 받아들이는 것이 옳을 듯하다.

27_ 「青山芳草 去來無休 白雲明月 自在來往 拾得家風 龍像大德」. 청산에 향기로운 풀 쉼 없이 가고오고, 백운과 명월은 자유롭게 왕래하며, 가풍을 습득하신 용상의 대덕.

28_ 공발에서의 발(鈸)은 현재의 바라보다 작은 악기를 말한다. 그러므로 공발의 의미는 바라의 모양을 한 작은 악기를 연주하는 것으로 보는 것이 맞다.

29_ 어깨에 둘러 이동이 편한, 손으로 잡고 연주할 수 있는 작은 북.

〈그림 12〉 소임 대중의 이동

이동 중에 연주를 행한 것으로 들어난다.

사부대중의 대열에 다양한 악기가 등장하는 것은 성현을 찬탄하는 노래가 함께 했을 가능성을 보여준다. 악기의 뒤를 따라 어산단魚山段이 함께하고 있음도 이와 같은 추정을 가능케 하는데 바로 공발의 뒤를 따라 어산魚山[31]-이 자리하고 어산을 중심으로 우측에 범음梵音[32]-과 사미沙彌가 좌측엔 범패梵唄[33]-와 도자道者[34]-가 함께 이동하고 있음이 이

30_ 흔히 알고 있는 악기, 장구는 한자로 장고(杖鼓), 지팡이 장(杖)자를 쓴다. 그러므로 여기에서 말하는 장고(長鼓)는 집고보다 상대적으로 큰 북을 의미하는 것이 아닐까 한다. 한편, 또 다른 의견에선 현재의 장구도 과거엔 장고(長鼓)로 불린 흔적이 있기에 여기에서 말하는 장고가 현재의 장구일 가능성도 커 보인다.

31_ 「靈山妙音 上徹有頂 下振無間 山崩海竭 令人喜動 一國名現」. 영산의 묘음이 위로는 유정천에 사무치고 아래로는 무간지옥까지 떨치니, 산이 무너지고 바닷물이 마르도록 사람으로 하여금 기쁘게 하고 감동하게 하는 한 나라에 이름이 난 비구.

〈그림 13〉 어산 · 범음 · 범패 · 도자승의 이동

를 대변한다.

여기에서 한 가지 분명하게 구분할 것이 있다. 현재, 학계에서 불교음악을 말할 때 누구는 "범음"이라 하고 또 누구는 "어산"이라 한다. 또 이 모두를 가리켜 "범패"라 설명하는 이도 있다. 그러나 무엇이 "어산"이고 "범음"이고 "범패"인지, 어디서부터 어디까지를 "어산"이라 해야 하고 "범음" 혹은 "범패"로 해야 하는지에 관해서는 뚜렷하게 구분하지 못하는 실정이다. 그저 막연하게 이 모두를 "불교음악"으로 정의하는 것이 전부다.

32_ 「梵音梵唄 讚佛功德 誦法加持 金玉其音 一國諸山 名現將來」. 범음, 범패로 부처의 공덕을 찬양하며, 법을 통달, 가지(加持)하며 금옥 같은 그 소리 한 나라 여러 산(종파)에 장차 드러내실 중번(中番), 말번(末番)의 비구.

33_ 석가여래의 공덕을 찬미하는 노래를 하는 비구.

34_ 「佛前音樂 振動諸天 水陸衆生 歡喜踊躍 鈸螺法鼓 小鐘大鐘」. 불전(佛前) 음악은 하늘을 진동시켜 수륙의 중생들 마음을 기쁘게 용약(踊躍)하게 하며 바라, 법고, 소종, 대종을 연주하는 비구.

하지만 「상중하단시련위의지도」엔 어산 · 범음 · 범패의 소임명칭이 분명하게 구분되어 있다. 이는 책이 간행될 당시, 아니 그 이전부터 재 의식에 임하는 승려들의 소임이 명확하게 나눠져 있었음을 의미한다. 그럼 그림에 전하는 어산, 범음, 범패의 소임은 각각 어떤 역할을 담당했을까? 모두 재 의식에 참여해 염불을 소리하고 있었다면 무엇에 중점을 두고 소임에 임했을까? 필자는 어산과 범음 그리고 범패의 소임과 역할을 「상당축원」에 들어난 정의와 단어 자체가 지닌 어원語源을 통해 유추해보고자 한다.

「상당축원」에 전하는 어산魚山은 "영산의 묘음이 위로는 유정천에 사무치고 아래로는 무간지옥까지 떨치니, 산이 무너지고 바닷물이 마르도록 사람으로 하여금 기쁘게 하고 감동하게 하는 이"로 정의한다. 그럼 여기에서 말하는 「영산의 묘음이 위로는 유정천에 사무치고 아래로는 무간지옥까지 떨치니」란 의미를 어떻게 받아들여야 하나?

먼저, 영산묘음靈山妙音이란 부처님이 법화경을 설하셨던 영취산靈鷲山에 울려 퍼진 석가모니부처님의 말씀과 가르침을 의미할 수도 있고 영축게靈鷲偈,[35] 영축염화시상기靈鷲拈華示上機 긍동부목접맹귀肯同浮木接盲龜 음광불시미미소飮光不是微微笑 무한청풍부여수無限淸風付與誰의 "영산회상염화미소靈山會上拈華微笑", 즉 영취산에서 석존께서 꽃을 들어 보이신 모습에 가섭존자가 보냈던 미소, 깨달음正覺을 상징할 수도 있다. 만약, 영산의 묘음을 부처님의 말씀과 가르침 그리고 정각으로 받아들인다면 어산은 극락세계와 지옥세계 심지어 모든 중생이 머무르는 삼계육도三界六道에 묘음을 전할 수 있는 자로 볼 수 있다. 당연히 불교의 우주관에 포함된 모든 곳으로 묘음을 전할 수 있는 높은 경지境地에 오른 자가 어산의 소임을 맡았을 것으로 예상[36]하며 이때의 어산승은 삼계육도, 모든 세계에 묘음을 전하는 〈소통〉의 역할을 담당했을 것으로 본다.

그도 그럴 것이 불교의 세계관에 입각立脚해서 보면 불 · 보살과 일체성현, 영가 등은 우리가 살고 있는 인간 세상과는 다른 세계에 머물고 있다고 볼 수 있다.[37] 그러나

35_ 「영취산에서 꽃을 들어 상근기에게 보였으니 눈먼 거북이 물에 뜬 나무를 만나는 것과 같네. 음광가섭이 바로 빙그레 웃지 않았더라면 무한한 맑은 가풍을 누구에게 전했으랴.」 해동사문 지환, 김두재 옮김, 『천지명양수륙재의범음산보집』, 273쪽.

36_ 현재에도 "어산승"은 범패승 중 가장 높은 지위의 자를 일컫는다.

37_ 불교의 우주론에 따르면, 우주 즉 세계 또는 세간(世間)은 크게 유정세간(有情世間) · 기세간(器世間)의 이종세간(二種世間)으로 나뉘거나, 보다 세분하여 중생세간(衆生世間) · 국토세간(國土世間) · 오온세간(五蘊世間)의 삼종세간(三種世間)으로 나뉜다. 이종세간 가운데 유정세간은 삼종세간 가운데 중생세간에

재 의식을 원만하게 진행시키기 위해서는 눈에 보이지 않은 존재들을 초청해 재 의식에 동참시켜야 하는데 과연 그들을 어떻게 이 곳, 사바세계娑婆世界 남섬부주南瞻部洲, 재 의식을 설판하는 현재의 도량까지 원만하게 오게 할 수 있을까? 그들이 머물고 있는 곳에 우리의 염원과 발원을 전해야 하고 온 법계에 재가 설판됨을 알려야 하는데 그 역할을 누가 담당해야 하나? 만약, 눈에 보이지 않은 존재, 다른 세상에 머물고 있을 누군가와의 〈소통〉을 배제한다면 재 의식 설행 자체가 무의미해질 수도 있다. 필자는 그 역할을 어산승이 담당했을 것으로 본다.[38] 그러므로 재 의식에서 어산은 다른 세계의 누군가와의 〈소통〉에 주안점을 두고 유치由致・착어着語・소疎・관욕灌浴・축원祝願 등을 유치성由致聲・개계성開啓聲・편게성片偈聲・착어성着語聲・소성疎聲 등으로 소리하는 소임자였을 것으로 추정한다. 현재, 재 의식 현장에서도 유치와 착어 그리고 관욕과 축원 등은 높은 경지에 오른 어산승, 법주法主[39]가 이를 담당하고 있음이 이를 반영한다.

다음, 범음梵音의 소임을 알아보자. 「상당축원」엔 범음과 범패의 소임 중 범음에 관한 내용만 전한다. 내용엔 "범음, 범패로 부처의 공덕을 찬양하며, 법을 통달, 가지하며 금옥 같은 그 소리 한 나라 여러 산(종파)에 장차 드러내실 중번, 말번의 비구"라 칭한다. 여기에서 생각해볼 것은 범음과 범패의 소임자가 중번・말번의 비구일 뿐 특별히 누가

해당하는데, 세계 또는 우주를 스스로 지은 바 업에 따라 그곳에 태어나 거주하는 유정들이라는 관점에서 바라보아 구분하는 것이고 이종세간 가운데 기세간은 삼종세간 가운데 국토세간에 해당하는데, 세계 또는 우주를 유정들의 처소 즉, 유정들이 태어나서 거주하는 거주처라는 관점에서 바라보아 구분하는 것이다. 그리고 삼종세간 가운데 오온세간은 세계 또는 우주를 오온이 공하다는 무아의 이치를 깨닫는다는 관점 즉, "깨달음에 들어가는[入法界]" 길[離世間]의 관점에서 바라보아 구분하는 것이다. 그러므로 불교의 세계관으로 접근해보면 일체의 부처님과 성현 그리고 중생은 자신의 업에 따라 머무는 장소가 달라질 수밖에 없다.

38_ 물론, 수륙재와 생전예수재의 경우 상단과 중단의 성현을 청하기에 앞서 사자(使者)를 청해 공양 올리는 순서가 마련되어 있다. 사자를 청하는 이유는 다른 세상에 머물고 있는 온갖 부류의 성현과 중생에게 발원을 전해 그들이 원만하게 재 도량에 방문할 수 있도록 하기 위함이다. 그러므로 〈소통〉의 역할을 사자가 담당할 수 있다고 여길 수 있다. 그러나 사자를 청해 이와 같은 목적을 전달하는 것도 "어산"의 몫이다.

39_ 현재에는 어산승이란 표현보다 "법주스님"이란 표현이 일반적이다. 법주스님은 재 의식을 이끌어 가는 가장 권위 있는 자를 말한다. 『천지명양수륙재의범음산보집』의 각단 시련에도 법주의 명칭이 등장한다. 하지만 상단의 경우엔 법주란 명칭을 쓰지 않고 이를 어산이라 했으며 중단 이하 하단의 경우에만 법주라 표현하고 있다. 이와 같은 사실은 상단 불・보살을 영청하는 소임자를 칭할 때 보편적으로 어산이라 했으며 중단 이하 하단의 경우엔 이를 법주로 칭했을 수도 있다는 점에서 흥미롭다. 참고로 같은 책에 전하는, 소임의 명칭을 구분한 「용상방목(龍像榜目)」과 「법사방목(法事榜目)」엔 어산의 소임 명칭을 확인할 수 있을 뿐 법주의 소임 명칭은 전해지지 않는다.

더 높고 낮은 위치에 있는지를 가늠하기 어렵다는 점이다. 앞서 소개한 어산은 분명 높은 경지에 오른 자인 것으로 확인되지만 범음과 범패는 어산에 비해 그 지위가 낮은, 하지만 둘의 관계는 동일한 위치에서의 인물들이었을 것이고 어산을 보좌해 때론 범음, 때론 범패의 소임을 맡았을 것으로 본다. 마치 현재의 바라지, 법주스님을 보좌하는 역할의 범패승 정도가 범음과 범패가 소임이 아니었을까?

그럼 범음과 범패의 소임자가 어산의 지위보다는 낮은 범패승이라 가정한다면 어떤 염불을 소리했을까? 먼저, 범음의 어원을 따져보자. 범음의 범梵에 관한 어원을 추적해 보면 인도의 고대어 범어梵語를 의미하기도 하고 바라문교를 신봉하는 무리를 뜻하기도 한다. 음音은 말 그대로 음악을 나타내고 있어 특정한 무언가의 소리로 여길 수도 있겠다. 그렇다면 범음이란 인도에서 파생된 언어와 직접적으로 관련된 음악으로 귀정할 수도 있지 않을까? 불교에서의 범음이라면 가장 대표적인 것이 바로 다라니陀羅尼, 주문呪文과 같은 진언眞言을 꼽을 수 있다. 불교의 각종 진언은 "산스크리트" 어語로 되어 있는데 산스크리트Sanskrit는 인도와 유럽 어족 가운데 인도・이란 어파에 속하는, 옛 인도・아리안의 말로 불교와 직접적으로 관련 있는 대표적인 언어에 속한다. 현재 전하는 재 의식 관련 문헌자료에도 산스크리트로 되어있는 각종 진언이 전하고 있는데 특히, 『진언집眞言集』40_엔 수륙재와 관련된 진언만을 따로 모아 전하고 있다.

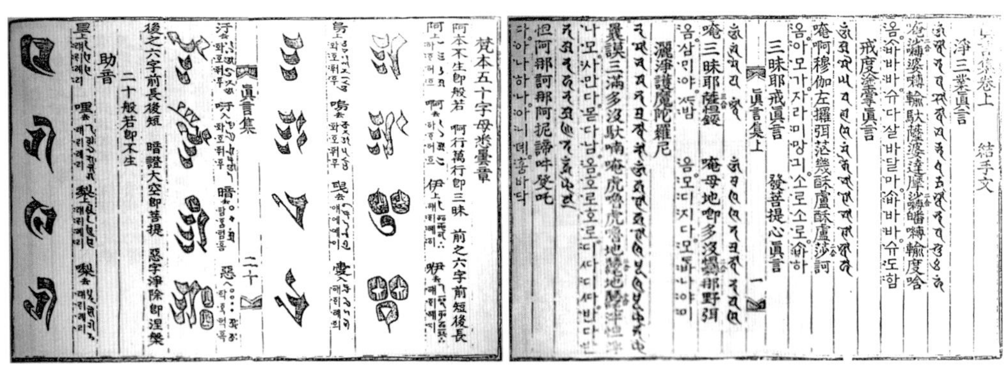

〈그림 14〉『진언집』의 산스크리트어41_

40_ 본서는 용암숙공(龍巖肅公)과 그의 고족(高足)인 백암척공(白巖俶公)이 편록(編錄)하여 만연사(萬淵寺)에서 간행(刊行)하였던 것으로 그 판본(板本)이 재신(災燼)한 후 영월규공(映月奎公)이 수정(修正)하여 1800

권상, 「결수문사십구칙結手文四十九則」・「지반문삼십오칙志磐文三十五則」・「자기문사십육칙仔夔文四十六則」 등엔 다양한 규모의 수륙재에서 활용할 수 있는 진언만을 따로 모아 수록하여 전하고 「가친단家親壇」와 「고혼단孤魂壇」에서 필요한 진언도 원문과 한역 그리고 우리말 발음으로 전하고 있어 이미 오래전부터 각종 재 의식에서 산스크리트 원문, 범어梵語가 널리 사용되고 있었음을 알게 한다.

산스크리트로 전해지는 불교의 진언은 비단 한정된 재 의식에만 등장하는 것은 아니다. 어쩌면 불교와 관련된 모든 의식에 필수적으로 등장하고 있다. 그렇기에 범음의 소임자는 단순히 어산승의 보좌의 역할을 넘어 부처님의 말씀과 가르침을 모든 중생에게 전하는 전도자傳道者의 역할을 담당했을 것으로 본다. 전도傳道란 말 그대로 '도리를 세상에 널리 알리거나 교리를 펴서 신앙이 없는 사람에게 신앙을 갖게 하는 일'[42]로 정의할 수 있기 때문이다. 그러므로 신앙심을 바탕으로 하고 있는 불교에서의 진언도 단순히 의미를 헤아려 소리하기 보단 신비한 신통력을 갖고 있는 언어로, 종교적 신비성과 신봉하는 마음이 바탕 되어 전하는 말로 받아들이는 것이 옳다. 그래서 범음의 소임은 〈전도〉에 방점을 두고 부처님의 말씀, 진언을 전하는 전도자의 역할에 충실하지 않았을까 한다.

그럼 범패의 소임은 무엇일까? 언급했듯이 「상당축원」의 내용엔 범패를 범음과 따로 구분해 설명하지 않았다. 이는 범패와 범음의 소임이 무엇인지 뚜렷하게 구분되지 않았을 수도 있고 두 소임을 동일한 지위에 있는 승려가 각각 담당했기 때문에 굳이 따로 언급할 필요가 없었을 수도 있다. 하지만 만약 필자의 의견대로 범음이 〈전도〉의 역할을 담당해, 진언을 소리하는 소임이었다면 앞서 설명한 소개한 어산과 범음만으로 재 의식을 원만하게 진행할 수 있었을지 의문이다. 왜냐하면 불교의 재 의식, 의식문儀式文엔 단순히 눈에 보이지 않은 성현이나 영가와의 〈소통〉과 성현의 가르침, 진언을 전하

년(정조24) 경기도 양주 도봉산 망월사(望月寺)에서 중간(重刊)한 목판본(木版本)이다. 朴世敏, 『韓國佛敎儀禮資料叢書』 권3권, 268쪽.

41_ 朴世敏, 『韓國佛敎儀禮資料叢書』 권3권, 278쪽(좌)・282쪽(우). 그림 좌측은 「범본오십자모실담장(梵本五十字母悉曇章)」으로 다양한 범어의 사성(四聲)에 따른 발음법과 표기법을 소개하고 있으며 우측은 수륙재의 한 부류인 『결수문』에 필요한 진언만을 모아 소개한 것이다. 촬영 : 필자.

42_ 『민중엣센스국어사전』, 파주 : 민중서림, 2010, 2029쪽.

는 〈전도〉의 내용 뿐 아니라 부처님과 일체성현에 대한 존경의 마음을 표현하고 있다. 바로 〈찬탄〉을 위한 다양한 게송偈頌이 그것이다.

범패의 어원을 살펴보자. 이미 범梵에 관해서는 범음의 것과 동일한, 인도의 언어 혹은 바라문교를 신봉하는 무리로 보고 어원 자체가 부처님을 상징한 것으로 설명하였다. 그럼 패唄란 무엇인가? "패"는 입을 뜻하는 구口와 보화寶貨를 상징하는 패貝로 이뤄진 글자다. 말 그대로 "보화를 찬탄한다."는 의미가 담겨있다. 고대古代 중국에선 조가비로 만든 화폐, 패화貝貨가 통용되었던 흔적이 역사적 사실로 밝혀진바 있어 "패" 자字는 단어 자체에 찬탄과 존경의 의미를 담고 있다 해도 무리가 없다. 그렇기에 범패梵唄의 소임은 인도의 바라문, 즉 부처님을 찬탄하는 자로 볼 수 있다. 현재에 이르러 언어적 표현에서도 "패"는 '부처님의 공덕과 성현을 찬양하는 노래'로 각인되어 있다. 불교의식엔 수많은 게송이 등장한다. 성현을 직접적으로 찬탄하는 게송은 물론 가르침과 승가를 찬양하는 내용도 헤아릴 수 없이 많다. 5언4구 혹은 7언4구의 형태로 이뤄진 대분의 게송은 모두 삼보三寶[43]-를 찬탄하는 내용으로 봐도 무방하다. 그러므로 범패의 소임은 범음과 더불어 어산을 보좌하며 삼보를 〈찬탄〉하는 게송을 소리하는 자로 정의할 수 있겠다.

결론적으로 어산·범음·범패에 대한 필자의 견해는 삼계육도에 머물고 있는 눈에 보이지 않는 존재와의 〈소통〉을 위한 "어산"과 부처님의 가르침, 진언을 소리하여 법을 전하는 〈전도〉의 "범음", 그리고 삼보를 찬양하는, 〈찬탄〉의 노래를 부르는 "범패"로 구분할 수 있겠다.

지금이라도 재 의식에서 의식을 진행해가는 승려의 소임을 세분, 전문화해 분명히 정할 필요가 있음을 세삼 강조하고 싶다. 이미 오래전부터 분명한 소임의 명칭이 전해지고 있었음은 소리하는 승려가 각기 뚜렷한 목적성을 갖고 의식에 임했었음을 의미한다. 현재와 같이 이도저도 아닌 두루뭉술하게, 때론 "어산"으로 "범음"으로 "범패"로 분별없이 불교음악을 칭하는 것은 재고할 사항이다.

43_ 관욕(灌浴), 「가지예성편(加持禮聖篇)」에서 전하는 삼보란 "삼신정각오교영문삼현십성지존사과이승지중(三身正覺五教靈文三賢十聖之尊四果二乘之衆)" 즉, 삼신을 갖춘 부처님과 근기에 따라 말씀하신 오교영문의 가르침과 삼현십성위의 대승보살과 사향사과를 깨쳐 상근에 오른 연각성문의 스님들을 말한다.

그럼 필자의 의견대로 〈소통〉·〈전도〉·〈찬탄〉을 위한 어산, 범음, 범패의 소임만으로 과연 원만하고 여법한 의식의 설행을 이룰 수 있을까? 물론, 모든 불교의식은 〈소통〉·〈전도〉·〈찬탄〉의 내용으로 구성되어 있다. 어쩌면 어산과 범음, 범패의 소임을 맡은 자만 있으면 의식을 진행하는데 있어 충분할 수 있다. 최소한, 의식문을 소화하여 소리하기엔 전혀 무리가 없다. 하지만 현행하는 재 의식만 살펴보더라도 소리, 즉 염불하는 것만으론 뭔가 부족해 보인다. 아무리 불교의식 자체가, 흔히 말하는 염불로 진행한다고 해도 단순히 소리로만 의식을 진행한다면 의식 자체가 너무 어렵고 지루해 동참하기조차 힘들 수도 있지 않을까? 어산과 범음, 범패 등이 명확하게 구분되어 훌륭한 목적을 갖고 의식에 임한다고 해도 모두 소리하는 것에만 신경 쓴다고 가정하면 함께 참여하는 일체 대중은 소리 자체를 집중하는데도 한계가 있을 수 있을 것이다. 그래서 일까? 「상중하삼단시련위의지도」엔 눈에 띄는 또 다른 소임자가 등장한다. 바로 도자道者가 그것이다.

〈그림 15〉 전등사 감로탱화의 도자승[44]-

「상당축원」에서 말하는 도자란 "불전佛前 음악은 하늘을 진동시켜 수륙의 중생들 마음을 기쁘게 용약踊躍하게 하며 바라, 법고, 소종, 대종을 연주하는 비구"로 정의하고 있다. 여기에서 주목할 대목은 "바라, 법고, 소종, 대종을 연주하는 비구"가 도자의 소임명칭을 갖고 독립적으로 활동한 점이다. 즉, 소리하는 자는 소리에 더욱 집중할 수 있도록 반주하고 참여 대중은 도자의 반주음악을 통해 보다 여법하게 의식에 동참할 수 있도록 한 점에 주목할 필요가 있다.

도자의 중요성을 살피는 이유는 다름 아닌 참여대중의 재 의식 동참에 관한 호응도와 직접 연관되어 있기 때문이다. 가령, 현재의 우리가 『천수경』을 독송讀誦한다고 가정해보자. 아무런 악기 연주 없이 소리로만 염불한다고 하면, 염불을 할 수는 있어도 대중 모두 화합된 마음으로 참여하기엔 분명 한계가 따를 수 있다. 하지만 이와 같은 상황에서 누군가가 목탁으로 반주해 준다면 대중 모두가 호흡에 맞춰 보다 편히 염불할 수 있지 않을까? 만약 여기에 징이나 북 반주를 더해 흥겹게 연주해 준다면 보다 신심 내어 기도에 임할 수 있을 것이다. 더욱 확대하여 〈그림 15〉에서처럼 수많은 도자의 소임을 맡은 자가 어산, 범음, 범패승의 소리에 맞춰 음악을 함께 연주한다면 분명 재 의식의 설행 과정이 보다 여법할 것이고 반주에 맞춰 진행하는 각종 무용도 큰 몫을 담당했을 것으로 본다.[45] 어쩌면 도자의 소임은 어산, 범음, 범패의 소임만큼이나 중요한 위치에 있었을 것으로 추측한다. 한국불교 재 의식에선 더욱 말이다.

이렇듯 「상중하삼단시련위의지도」에서의 어산단은 공발과 집고, 장고 등의 악기를 앞세우고 소리를 위한 어산, 범음, 범패 그리고 반주를 위한 도자가 함께하는 모습을 갖추고 있어[46] 이동 중에 불·보살을 찬탄하는 음악이 함께했음이 분명해 보인다. 더군다나 좌측, 동쪽으론 비구比丘와 우바새(남자신도)가 우측, 서쪽으론 비구니比丘尼와 우바이(여자신도)가 함께 참여하고 있어 성현을 모셔오는 일련의 과정이 소수가 아닌 전 대중

44_ 강화 전등사 감로탱화에 표현된 도자승의 모습이다. 도자 승려로 추정되는 인물들이 북과 태징 그리고 광쇠와 나발 등을 연주하고 더불어 바라무용과 현재의 나비무로 여길 법한 무용을 행하고 있다. 이를 통해 재 의식 설행에 있어 도자승의 역할이 어느 정도였을지 짐작해 볼 수 있다. 촬영: 필자.

45_ 도자의 소임이 있었다는 것은 이미 오래전부터 염불을 행함에 있어 반주음악이 함께 했음을 말하고 더불어 불교의 무용도 함께 정착되어 진화했을 것으로 예상한다. 조선, 전시대에 걸쳐 말이다.

46_ 물론, 여기에 어산단을 보좌하기 위해 이제 갓 출가한 사미승이 대열에 함께 한다.

의 참여로 진행했을 가능성이 크다. 비록 하나의 연으로 상・중・하, 삼단을 반복했을지라도 말이다.

2) 1782년 본, 「상단시련위의지도」

『천지명양수륙재의범음산보집』의 또 다른 이본인 1782년에 간행된 책에는 시련에 관한 구체적인 내용을 전한다. 특히, 시련을 행하는 모습을 상・중・하단으로 나누고 다시 이를 세분화한 점이 눈에 띈다. 먼저 상단에 관한 시련의 모습을 담은 「상단시련위의지도」를 살펴보자.

내용은 앞서 살펴 본, 1721년 「상중하삼단시련위의지도」와 크게 다르지 않아 보인다. 방향성도 동일하고 시련을 위한 외형적 장엄구 또한 별반 차이 없다. 선두에 명라와 취라 그리고 판수가 인도해 가는 모습도 그렇고 칠보개를 앞세우고 좌우에서 인배와 등촉, 좌우판수, 상종두上鍾頭,[48] 부기사副記事 등이 가마를 보호해 가는 모습도 낯설지 않다. 후미에 참여대중과 의식을 진행하는 어산단이 참여한 모습은 앞서 「상중하삼단시련위의지도」를 분석해서인지 보다 쉽게 받아들일 수 있고 설사 비구, 비구니, 우바새, 우바이, 집고, 공발 등의 대열 위치가 변화되었다 해도 이는 '이동 상황에

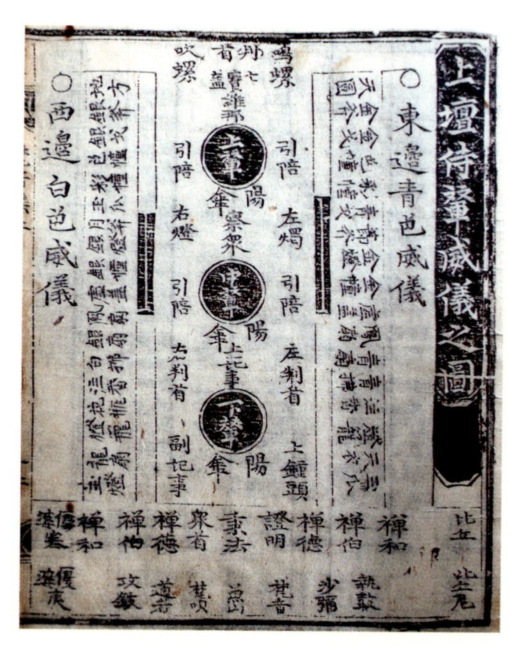

〈그림 16〉 1782년 『천지명양수륙재의범음산보집』, 「상단시련위의지도」[47]

47_ 출처 : 동국대학교 중앙도서관 소장본(D 217.5 지 96ㅊ.2).

48_ 「內以堂司 外於諸處 設壇鋪陳 往來無勞 一邊作法 一邊看客 摠察鐘頭 某人比丘」. 안으로는 법당의 소임을 맡고 밖으로는 모든 곳의 일을 담당하며 단을 만들고 방석을 깔며 오고 가며 수고가 많으며 한쪽에서는 작법을 하고 한쪽에서는 손님을 맞이하는 모든 일을 다 살피는 비구.

따라 위치가 변할 수도 있었을 것'이란 생각에 크게 다르지 않은 것처럼 다가온다. 그런데 결정적이고 분명한 차이가 있다. 바로 가마, 연이 세 대 등장한다는 점이다.

그림의 명칭을 보면 분명 「상단시련위의지도」라 했다. 그렇다면 그림은 상단, 불·보살을 모셔오는 시련의 모습을 표현한 것이 맞다. 앞서 살펴봤지만 불·보살을 모셔올 경우 이를 "금련"이라 표현하여 성현의 권위를 들어냈었다. 하지만 그림엔 "금련"이란 명칭은 보이지 않는다. 다만, 세 대의 가마를 각각 상련上輦·중련中輦·하련下輦이라 표시하여 이를 상상단, 상중단, 상하단으로 나눠 사용할 수 있도록 했다. 마치 현재의 『자기문』 등을 저본으로 한 수륙재와 생전예수재에서처럼 각 단의 성현을 세분화해 청하고 모실 경우에 해당하는 시련의 모습을 담고 있다. 그리고 각 연을 인도하는 자는 상련일 경우엔 유나, 중련일 경우엔 찰중, 그리고 하련은 상기사가 맡는 것으로 확인되고 가마가 이동할 경우 각 연, 바로 뒤에 양산이 따르고 있는 점으로 미뤄 "금련"과 같은 권위를 유지했던 것으로 보여 진다.

그림과 같이 상련·중련·하련으로 나눠 시련했다고 해도 대상은 분명, 삼보의 범주를 벗어나지 않는 것으로 확인된다. 『천지명양수륙재의범음산보집』엔 상단에서 세 대의 연으로 시련할 경우를 대비해 삼련에 관한 불패의 명칭을 「삼련불패규三輦佛牌規」에 전하고 이를 현장에서 활용할 수 있도록 상련엔 "시방상주일체불타야중十方常住一切佛陀耶衆" 중련엔 "시방상주일체달마야중十方常住一切達摩耶衆" 하련엔 "시방상주일체승가야중十方常住一切僧伽耶衆"으로 구분하도록 했다. 심지어 책에선 수륙재의 한 축을 이루는 『자기문仔夔文』으로 의식을 행할 경우 세 대의 가마에 삼보를 보다 세분화 해 모두 아홉 개의 불패를 모실 수 있도록 「자기불패규삼련혹구仔夔佛牌規三輦或九」를 실어 전하는데 소개하면 과현미래일체불타야중過現未來佛陀耶衆·심심법보일체달마야중甚深法寶一切達摩耶衆·묘각등각위제대보살중妙覺等覺位諸大菩薩衆·십지가행위제대보살중十地加行位諸大菩薩衆·십향십행위제대보살중十向十行位諸大菩薩衆·십주십신위제대보살중十住十信位諸大菩薩衆·사리불등일체승가야중舍利佛燈一切僧伽耶衆·무차대회기교아난존자無遮大會奇敎阿難尊者·십육응진오백주세등중十六應眞五百住世等衆 등으로 나눴다. 이는 곧 삼련으로 상단시련을 행할 경우 저본에 따라 불패를 달리했던 것으로도 볼 수 있겠다.

3) 1782년 본, 「중단시련위의지도」

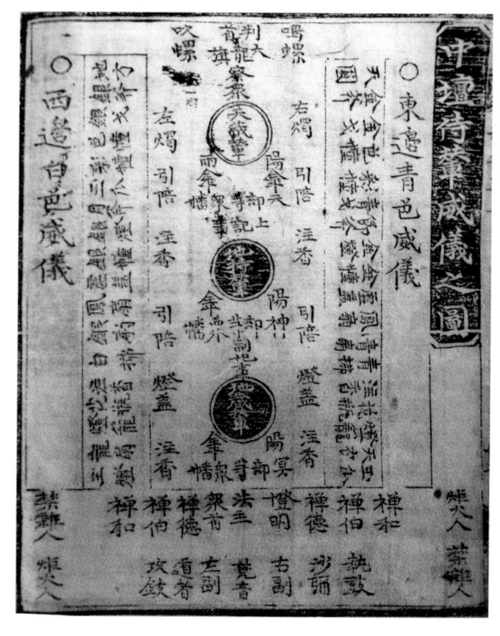

〈그림 17〉 1782년 본, 「중단시련위의지도」[49]

같은 책엔 중단에 관한 시련의 모습을 확인할 수 있는 「중단시련위의지도」도 전한다.

그림의 내용도 역시 앞서 소개한 것과 별반 차이가 없다. 중단일 경우라도 시련을 행함에 있어 세 대의 연을 사용한 점이 두드러진다. 하지만 그림엔 분명 집고 넘어가야 할 점이 몇 가지 있다.

첫째, 인로왕보살을 상징한다는 칠보개가 보이지 않는다. 같은 책, 「상단시련위의지도」의 칠보개도 보이지 않는다. 다만 이를 대신해 대룡기大龍旗가 눈에 띈다. 이는 중단시련을 행할 경우 인로왕보살이 중단의 성현을 인도하지 않았음을 의미하고 이를 대신해 용 그림과 같은 상징물을 앞세워 이동함으로서 중단 성현의 권위를 들어냈던 것으로 보여 진다.

둘째, 각 연마다 중단 성현을 의미하는 연의 명칭을 따로 하고 있음이다. 예를 들어 중상단의 경우엔 천장연天藏輦, 중중단의 경우 지지연地持輦, 중하단의 경우 지장연地藏輦으로 나눠 각 연에 어떤 성현을 모시는지를 분명히 하고 있다. 같은 책에서도 중단의 성현을 시련할 경우 이에 필요한 불패의 목록을 「중삼련혹불패규中三輦或佛牌規」에 전하고 있는데 중상단엔 천장보살일체제천부등중天藏菩薩一切諸天部等衆, 중중단엔 지지보살일체제선부등중地持菩薩一切諸仙部等衆 그리고 중하단엔 지장보살일체제명부등중地藏菩薩一切諸冥部等衆으로 나눠 구분하고 있다. 이는 중단의 성현을 천부天部와 선부仙部, 명부冥部로

49_ 출처 : 동국대학교 중앙도서관 소장본(D 217.5 지 96ㅊ.2).

세분화 해 모셨던 것이 분명하고 각 연 뒤에 양산과 우산雨傘[50] 을 들어 이동시킴으로써 보살의 권위를 나타내었다.

셋째, 중단의 성현 중 무리를 대표하는 보살을 가마로 모실 수 있다고 해도 삼장보살을 따르는 일체의 무리를 모두 가마에 모실 수는 없었을 것이다. 그런 연유에서 각 가마 뒤에 천부등중天部等衆・신부등중神部等衆・명부등중冥部等衆에 속한 모든 성현을 상징하는 번幡을 들고 이동하도록 했다.

넷째, 각 연을 인도해가는 소임자도 상단의 것과는 구분된다. 가령 상단일 경우 연을 인도하는 소임자가 유나와 찰중, 상기사 등 승가에서도 높은 지위의 인물들이었지만 중단에서는 유나가 빠지고 찰중과 상기사 그리고 부기사副記事가 이를 대신한다.

다섯째, 상단의 시련에서 늘 가마 옆에서 함께하던 판수의 모습은 보이지 않고 등촉, 주향注香, 등개燈盖 등이 이동하고 있다.

여섯째, 연을 따르는 대중의 무리 속에 병법과 어산이 보이질 않는다. 그리고 그 자리에 법주法主가 자리하고 있다. 현재의 법주란 흔히 의식을 집전하는 우두머리를 뜻한다. 하지만 병법이나 어산의 권위에 비하면 상대적으로 낮은 지위로 다가온다.[51]

일곱째, 상단의 시련에서 대중스님들의 좌우에서 이동하던 비구, 비구니, 우바새, 우바이가 보이지 않는다. 그리고 그 자리에 금잡인禁雜人, 즉 잡인雜人의 출입을 통제하는 사람과 거화인炬火人 즉, 횃불을 들고 이동하는 자가 함께 하고 있음이 들어난다. 그러므로 전체적인 면에서는 상단의 것과 별반 차이 없이 보이지만 사실, 중단시련은 권위적인 면에서 상단의 시련과는 차이가 있었던 것으로 보인다.[52]

50_ 중상단 천장연 뒤엔 양산과 함께 우산도 등장한다. 이때 우산이 함께한 분명한 이유가 있을 법한데 아쉽게도 필자는 왜 우산이 등장하는지 알지 못한다.

51_ 여기서 한 가지, 필자는 각 단에 따라 어산과 법주란 소임의 명칭을 동일한 목적의 다른 명칭으로 구분된 것은 아닐까? 하고 의심해 본다. 설사, 동일인이라 해도 상단, 불・보살을 청하거나 모실 경우엔 어산으로 통용되고 중단 이하 하단의 성현을 청하거나 모실 땐 법주로 말이다. 어산과 법주를 구분함으로써 권위를 들어낸 것은 아닐까 한다.

52_ 물론, 상단과 중단의 권위를 떠나 당시 시련의 행하던 시간상의 시점도 고려할 필요가 있다. 이미 소개했듯이 중단의 시련을 진행하는 시점은 현재의 시간으로 따져보면 깊은 밤에 해당할 수 있다. 비구, 비구니, 우바새, 우바이 등을 참여시키지 않고 이를 대신해 금잡인과 거화인이 함께한 점은 한 밤에 진행하는 과정에서 예상하지 못한 사고를 미연에 방지하기 위한 목적 때문일 수도 있다.

4) 1782년 본, 「하단시련위의지도」

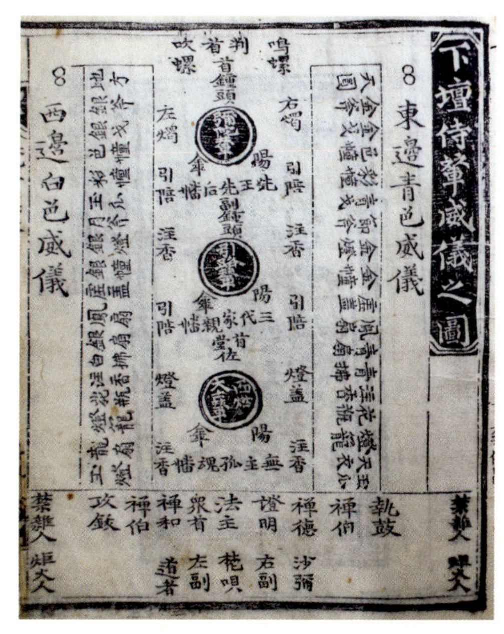

〈그림 18〉 1782년 본, 「하단시련위의지도」[53]

같은 책에 소개되어 있는 「하단시련위의지도」도 살펴보자.

그림을 살펴보면 앞서 소개한 「중단시련위의지도」와 많은 부분 흡사하다. 좌우에 등촉, 주향, 등개 등을 이동시키는 것도 그렇고 대중의 무리에 법주가 자리한 것도, 좌우에 금잡인과 거화인이 함께 하는 것도 그렇다. 그래도 뚜렷한 차이는 있다.

첫째, 명라와 취라, 판수가 선두에서 대열을 이동시키는 것은 동일할 지라도 상단에서의 칠보개나 중단에서의 대용기와 같은 상징물은 보이질 않는다.

둘째, 앞서 소개한 상단과 중단의 시련과 같이 각 연의 명칭을 구분하고 있다. 하상단의 경우 미타연彌陀輦, 하중단의 경우 인로연引路輦, 하하단의 경우 면연대사연面然大士輦으로 말이다.

셋째, 하단의 시련은 분명, 일체의 망자를 모시기 위해 행하는 것이다. 그렇기에 그 주인공이 망자가 될 수밖에 없다. 하지만 앞서 누차 설명했듯이 각 연에 모셔 이동하는 대상은 불・보살의 지위해 해당하는 성현으로 한정되어 있다. 그러므로 아미타부처님과 인로왕보살 그리고 면연대사를 가마에 모시고 이동하며 뒤엔 성현을 따라 강림한 헤아릴 수 없는 망자가 이동할 수 있도록 임으로 위패를 제작해 활용했던 것으로 들어난다. 중단에서처럼 말이다. 그래서 미타연 뒤에 양산이 자리하고 그 연을 따라 선왕선

53_ 출처 : 동국대학교 중앙도서관 소장본(D 217.5 지 96ㅊ.2).

〈그림 19〉 삼련으로 성현을 청하는 모습

후번先王先后幡이 따르며 인로연 뒤에도 삼대가친번三代家親幡이 따른다. 마지막 면연대사연엔 무주고혼번無主孤魂幡이 자리한다. 결국, 하단에서도 가마에 모셔 이동하는 대상은 곧 불·보살이고 일체의 모든 망자는 그 뒤를 따르는 모습을 취하고 있다. 같은 책에 전하는 「하삼련불패규下三輦佛牌規」의 내용에서도 하상단엔 미타관음세지彌陀觀音勢至의 불패를 모시고 "연 뒤에 선왕선후의 위패를 손으로 받들고 간다."는 설명문을 적고 있다. 하중단엔 인로왕보살引路王菩薩의 불패를 모시고 "연 뒤에 삼대가친의 위패를 손으로 받들고 간다."고 설명한다. 마지막 하하단의 경우에도 가마엔 면연대사面燃大士의 불패를 모시고 "연 뒤에 무주고혼의 위패를 손으로 받들고 간다."고 강조한다.[54] 더불어 연에 불・보살을, 그리고 연 뒤에 일체 영가의 위패가 따르며 도량에 도착하면 "미타・인로・면연 등의 불패(위패)는 하단의 탁자에 모시고 선왕・가친・무주 등의 위패는 마당 가운데 머문 다음 보례를 한 뒤에 본 단으로 모신다."고 설명[55]하고 있어 하단 시련의 전체적인 설행 장면을 가늠할 수 있도록 했다.

넷째, 연을 모시고 인도하는 소임자는 하상단, 미타연의 경우엔 수종두首鍾頭가 하중단, 인로연의 경우엔 부종두副鍾頭 그리고 마지막 하하단, 면연대사연의 경우 수당좌首堂佐[56]가 맡고 있어 중단의 시련에 비해 승단에서의 지위가 상대적으로 낮은 소임자가 하단 시련의 행렬을 인도해 온 것으로 보인다.[57]

이상, 상・중・하 각단 시련의 모습을 살펴보았다. 이를 다시 선두에서 후미로 행렬을 따라 표로 정리해보면 다음과 같다.

〈표 1〉 상・중・하 삼단, 삼연 시련의 행렬 비교

구분	행렬	상단	중단	하단
선두	선두	명라, 판수, 취라	명라, 판수, 취라	명라, 판수, 취라
	상징물	칠보개	대룡기	
상련(上輦)	연 선두	유나	찰중	수종두
	연의 명칭	상연(련)	천장연(련)	미타연(련)
	호위(좌우)	좌우 인배	좌우 촉(燭)	좌우 촉(燭)
	호위(뒤)	양산	양산, 우산	양산
	후미 무리		좌우 인배, 천부등중번	좌우 인배, 선왕선후번

54_ 「輦後先王先后牌以手奉行」. 「輦後三代家親位牌以手奉行」. 「輦後無主孤魂位牌以手奉行」.

55_ 「彌陀引路面燃等位牌下壇上卓列坐 先王家親無主等位牌庭中拜席上止 普禮後還歸本壇矣」.

56_ 「叢林請衆 諸山不請 各房諸處 往來三請 迎入法席 去就安詳 普請堂佐 某人比丘」. 총림에 대중을 청하는 일과 여러 산문을 청하지 않는 일이며 각 방의 여러 곳으로 오고 가며 세 번 청하며 법회 자리에 맞이해 들게 하고 가고 나아감을 편안하게 하는 널리 청하는 소임을 맡은 비구.

57_ 물론, 종두와 당좌의 소임만으로 승단의 지위를 결정할 수는 없다. 하지만 유나와 찰중 심지어 기사 등의 소임보다는 분명 낮은 지위인 것이 사실이다.

중련(中輦)	연 선두	좌촉, 찰중, 우등	상기사	부종두
	연의 명칭	중연(련)	지지연(련)	인로연(련)
	호위(좌우)	좌우 판수	좌우 주향	좌우 주향
	호위(뒤)	양산	양산	양산
	후미 무리		좌우 인배, 신부등중번	좌우 인배, 삼대가친번
하련(下輦)	연 선두	상기사	부기사	수당좌
	연의 명칭	하연(련)	지장연(련)	면연대사연(련)
	호위(좌우)	상종두, 부기사	좌우 등개	좌우 등개
	호위(뒤)	양산	양산	양산
	후미 무리		좌우 주향, 명부등중번	좌우 주향, 무주고혼번
후미(대중)	대중승(중앙, 좌, 우)	병법, 증명, 중수, 선덕 등	법주, 증명, 중수, 선덕 등	법주, 증명, 중수, 선덕 등
	어산단(중앙, 좌, 우)	어산, 범음, 범패, 사미, 도자, 집고, 공발	범음, 좌부, 우부, 사미, 도자, 집고, 공발	범패, 좌부, 우부, 사미, 도자
동참자	참여자(좌)	비구, 비구니	거화인, 금잡인	금잡인, 거화인
	참여자(우)	우바새, 우바이	금잡인, 거화인	금잡인, 거화인

재차 설명하면 첫째, 각 단의 선두엔 지금 행차하고 있는 대상이 누구인지 가늠할 수 있는 상징물이 등장한다. 상단의 경우엔 칠보개, 중단의 경우엔 대룡기가 그것이다. 하지만 하단엔 상징물이 보이지 않는다. 둘째, 각 단의 연의 명칭이 뚜렷이 구분되어 있다. 셋째, 상단의 경우엔 연을 따르는 무리가 없지만 중단과 하단의 경우엔 연 뒤를 따르는 무리가 명확하다. 넷째, 연을 이동시키는 소임자의 지위가 상단에서 하단으로 갈수록 낮아지고 있다. 다섯째, 후미에 동참하는 어산단의 지위 또한 상단에서 하단으로 갈수록 축소되는 양상을 보인다. 마지막 여섯째, 동참자의 경우 상단에선 비구, 비구니, 우바새, 우바이 등 모든 참여대중이 동참하지만 중단 이하 하단에서는 금잡인과 거화인만이 참여하고 있다.

이처럼, 각 단 삼련의 시련은 앞서 소개한 연 하나로 이동하는 시련의 모습과는 많은 부분 차이난다. 특히, 겉으로 들어나는 장엄된 모습을 유지하면서도 상・중・하단에 따라 동참하는 스님들의 지위가 바뀌고 있는 점이 새롭다.

2. 봉송奉送하는 시련의 모습

현행 재 의식에서의 시련은 의식을 시작하면서 너나 할 것 없이 가장 먼저 행한다. 의식을 시작한다는 기대와 설렘으로 대중모두가 참여하기에 다른 어떤 의식보다도 감동이 배가된다. 물론, 어떤 대상을 모셔오는지 모호하지만 말이다. 그러나 아쉽게도 시련이 끝나고 나면 대상을 모셔왔던 가마는 누군가에 의해 바로 치워진다. 가마의 모습과 흔적을 어디에서도 찾아보기 어렵다. 현행 재 의식에서의 쓰였던 가마, 연은 말 그대로 대상을 모셔오고 나면 더 이상 쓸모없는 장엄구로 전락한다. 사실이 그렇다.

그러나 상식적으로 생각해보자. 누군가를 가마에 실어 모셔왔다면 의식이 마무리된 후엔 다시 가마에 실어 그 누군가를 다시 돌려보내야 하지 않을까? 우리의 발원에 의해 특정한 대상이 도량에 방문했다면, 그래서 연에 모셔 인도해왔다면 재 의식이 끝난 다음엔 다시 연을 활용해 보내드리는 것이 맞지 않느냐는 말이다.

불교의 의식절차는 이치에 어긋남이 없다. 특히 과거 선조사스님들이 마련해 놓은 절차일수록 더욱 그렇다. 하지만 현재의 우리는 시작始作 점에선 정중히 가마를 이용해 모셔왔지만 종지終止 점에선 알아서 돌아가라는 식으로 성현을 무시하듯 대하고 있다.

1) 1721년 본, 「상단봉송위의역회지도」·「중하단봉송위의순회지도」

먼저, 1721년 『천지명양수륙재의범음산보집』에서 전하는 봉송의식을 설행하는 모습을 살펴보자.

〈그림 20〉은 앞서 살펴본 1721년 본, 「상중하삼단위의지도」와 함께 같은 면에 소개되어 있다. 그림의 명칭은 「상단봉송위의역회지도上壇奉送威儀逆回之圖」와 「중하단봉송위의순회지도中下壇奉送威儀順回之圖」다. 명칭에서도 알 수 있듯이 「상단봉송위의역회지도」는 "상단의 성현을 위엄을 갖춰 역회전으로 봉송시키는 그림"이고 「중하단봉송위의순회지도」는 "중단 이하 하단의 대상을 위엄을 갖춰 순회전으로 봉송시키는 그림"이다. 「상단봉송위의역회지도」의 협주엔 "정중庭中에서 거꾸로 세 바퀴를 돌고 나서 밖으로

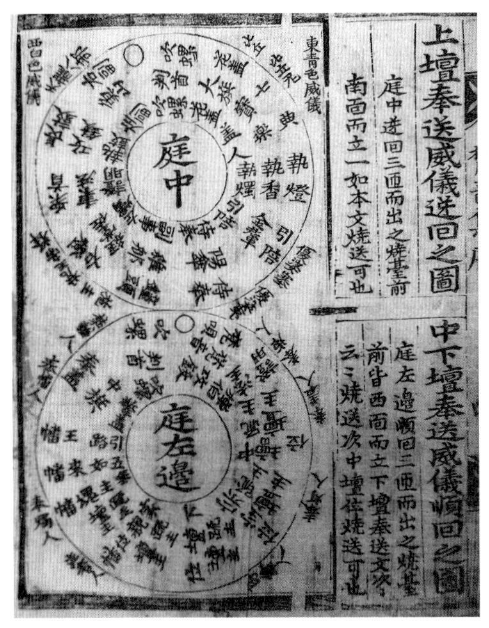

〈그림 20〉 1721년 본, 상·중·하단 봉송의식위의도[58]

나가 소대燒臺앞에 이른다. 남쪽으로 향해 서서 한결같이 본문本文에 있는 대로 불사르고 전송하는 의례를 따라 행하는 것이 옳다."[59]는 내용[60]을 담고 그림의 가운데엔 "정중庭中"을 표시하여 '뜰(마당) 가운데'에서 행하는 봉송의식임을 알게 했다. 「중하단봉송위의순회지도」의 협주 역시, "정庭 왼쪽 가에서부터 순행順行하여 세 바퀴 돌고 나서 밖으로 나가 소대 앞에 이른다. 모두 서쪽으로 향해 서서 하단에서 받들어 전송하는 글[奉送文]을 차례차례…불사르고 전송하며, 그 다음 중단위中壇位를 불사르고 전송하는 것이 옳다."[61]는 내용[62]을 적고 봉송의 위치를 그림의 중앙에 "정좌변庭左邊"으로 표시하여 '뜰(마당) 왼쪽 가'에서 행하도록 강조한다. 물론 여기에서 말하는 왼편이란 북쪽에서 바라봤을 때의 관점이다.

그림은 상단과 중단이하 하단에 모셨던 일체 불·보살과 성현 그리고 망자를 떠나보내는 일련의 과정을 표현한 것이다. 그리고 대상에 따라 역회逆回와 순회順回, 그리고 남쪽과 서쪽의 방향성을 강조하는 점도 눈에 띈다. 확인할 수 있듯이 「상단봉송위의역회지도」의 글씨는 원을 중심으로 마치 왼쪽으로 돌아가듯 기술하였고 「중하단봉송위의순회지도」는 오른쪽으로 돌아가듯 써 놨다. 글씨의 단면만으로도 봉송할 때 대열의 방향성을 가늠하기에 충분하다.

58_ 출처 : 동국대학교 중앙도서관 소장본(고서 217. 5 지 96ㅊ v.1).
59_ 해동사문 지환, 김두재 옮김, 『천지명양수륙재의범음산보집』, 39쪽.
60_ 「庭中逆回三匝 而出之燒臺前 南面而立 一如本文燒送可也」.
61_ 해동사문 지환, 김두재 옮김, 『천지명양수륙재의범음산보집』, 41쪽.
62_ 「庭左邊順回三匝 而出之燒臺前 皆西面而立 下壇奉送文 次次 云云 燒送次中壇位 燒送可也」.

〈표 2〉 상단봉송위의역회지도

<table>
<tr><th>구분</th><th>행렬</th><th>뜰, 마당에서</th><th>소대에서</th></tr>
<tr><td rowspan="3">선두</td><td>취라, 판수, 취라</td><td rowspan="12">마당, 정 중앙에서 역회전(왼쪽), 시계반대방향으로 원형을 그리며 3회 돈다.</td><td rowspan="12">남쪽을 향해 의식을 진행한다.</td></tr>
<tr><td>화개, 대기, 화개</td></tr>
<tr><td>칠보개</td></tr>
<tr><td rowspan="5">금련</td><td>전악인</td></tr>
<tr><td>집촉, 집향, 집등</td></tr>
<tr><td>인배, 금련, 인배</td></tr>
<tr><td>시봉, 양산, 시봉</td></tr>
<tr><td>부사, 유나, 종두</td></tr>
<tr><td rowspan="4">후미
(대중)</td><td>좌촉, 경당좌, 우등</td></tr>
<tr><td>증명, 병법, 중수</td></tr>
<tr><td>집고, 공발, 장고</td></tr>
<tr><td>좌부, 어산, 우부</td></tr>
<tr><td>동참자</td><td>비구・비구니, 우바새・우바이, 시주범왕제석, 천룡팔부</td></tr>
</table>

〈표 2〉를 보면 선두에 판수의 뒤를 따라 대기大旗가 등장한다. 여기에서 말하는 대기란 앞서 불・보살을 모셔 올 때 사용했던 용, 혹은 현무기일 것으로 추정하고 대기를 따라 상단의 행차를 의미하는 "칠보개"가 선두 무리에 정점을 찍고 있다. 칠보개 뒤로 앞서 시련에서 임금의 행차와 같은 음악을 담당했던 전악인이 봉송의 행렬에도 등장하고 있어 봉송의식에서도 동일한 음악을 연주하며 소대로 향했을 가능성이 크다.

선두의 뒤를 따라 "금련"이 등장한다. 상단의 봉송의식에서 금련이 등장한다 함은 성현을 맞이할 때와 동일하게 봉송할 때 또한 성현을 가마, 연에 모셔 이동했음을 의미한다. 더군다나 연을 중심으로 앞, 뒤, 좌우에 향・촉・등・인배・양산・시봉 그리고 유나를 비롯한 재 의식을 관리 감독하는 대중 모두가 호위하며 이동하는 모습은 마치 도량에 강림하던 그 모습 그대로다. 특히 연을 따라 이동하는 대중 가운데 병법, 증명, 중수 그리고 어산이 자리하고 어산을 보좌하는 좌부와 우부가 함께 이동하고 있음은 곧, 이동 중에 성현을 찬탄하는 염불 소리와 악기의 연주가 함께 했음을 보여준다. 더군다나 재 의식에 동참했던 비구와 비구니, 우바새, 우바이 등의 모든 참여 대중이 다

함께 성현을 배웅하는 모습은 상단 불·보살의 권위를 한층 높이고 있다.

〈표 3〉 중하단봉송위의순회지도

구분	행렬	뜰, 마당에서	소대에서
선두	취라, 판수, 취라	마당, 정 중앙의 왼편에서 순회전(오른쪽), 시계방향으로 원형을 그리며 3회 돈다.	서쪽을 향해 의식을 진행한다.
	봉개, 중기, 경개		
	인로왕번		
	오여래번		
하단	무주혼번		
	단주, 소주		
	가친위번		
	단주, 소주		
	하단위		
	단주, 소주		
	종실위		
	단주, 소주		
중단	중단위		
	단주, 소주		
후미 (대중)	증명, 법주, 선백		
	범패, 범음, 공발		
동참자	금잡인, 봉번인, 봉촉인, 주향인, 양산인, 봉등인, 봉개인, 봉거인		

〈표 3〉, 중단의 성현과 하단의 일체 망자를 봉송하는 모습을 살펴보면 선두에 중기中旗가 등장한다. 여기에서의 중기는 앞서 중단의 성현을 모셔오던 시련 행렬의 "대룡기"일 가능성이 높다. 앞서 확인했지만 대룡기는 중단의 행렬을 상징하고 있었기 때문이다. 선두엔 중기와 더불어 인로왕번과 오여래번도 등장한다.[63] 여기서의 인로왕번은

63_ 중·하단 봉송에서 인로왕번이 등장하고 있음은 앞서 칠보개가 곧 인로왕보살을 의미한다는 필자의 주장에 오류로 비춰질 수 있다. 하지만 그림은 분명 상단과 중단이하 하단이 분리된 내용을 담고 있어 상단의 칠보개와 하단의 인로왕보살이 목적을 달리하고 있을 것으로 판단한다.

하단에서 일체 망자를 인도해오던 인로왕보살을 상징하는 번을 말하고 오여래번 또한 하단의 모든 중생을 이롭게 해 주시는 다섯 분의 성현, 다보여래多寶如來・묘색신여래妙色身如來・광박신여래廣博身如來, 이포외여래離怖畏如來・감로왕여래甘露王如來를 상징하는 번이 맞다. 재 의식, 하단에서는 일체 중생의 탐욕의 마음과 업장을 소멸시키고 일체 장애와 고통을 없애도록 오여래를 청한다. 그러므로 선두에 등장하는 깃발과 각종 번은 본 행렬이 중단의 성현과 하단의 일체 중생을 대변하는 상징물로 받아들이게 한다.

상징물 뒤로는 하단에 청해 모셨던 무주고혼과 삼대가친 그리고 선왕선후 등의 일체 중생의 위패가 따르는데 하단의 일체 중생의 위패를 모시는 단을 책임졌던 단주壇主와 각종 소疏를 담당했던 소주疏主가 이동에 참여하고 있음이 이채롭다. 이어 중단 성현의 위패도 동일한 모습으로 모셔 대열을 따라간다. 후미엔 어산을 대신해 법주가 자리하고 범음, 범패, 공발이 함께 이동하고 있어 상단에서와 같이 성현을 찬탄하는 염불과 악기를 동반한 반주음악이 함께했을 가능성이 크다.

여기에서 한 가지, 상단엔 분명 성현의 불패를 연에 실어 이를 "금련"이라 칭한 흔적이 보이지만 중단이하 하단에선 연의 모습은 확인할 수 없고 인로왕번과 같은 상징물로서 이를 대신하고 있다. 이는 연 하나로 상・중・하단 봉송의식을 동시에 진행할 때의 경우에 해당할 수도 있고 중단이하 하단에선 연을 이용하지 않고 번과 같은 상징물로만 대처했을 수도 있다. 좀 더 정확한 정황을 가늠하기 위해서는 봉송의식에 관한 본문의 내용을 확인하지 않을 수 없다.

(1) 「봉송의奉送儀」

1721년 본, 『천지명양수륙재의범음산보집』 본문엔 봉송의식에 관한 내용을 모두 네 편으로 나눠 소개하고 있다. 「봉송의奉送儀」・「삼배송규三拜送規」・「중단배송中壇拜送」・「상단배송上壇拜送」이 그것인데 이중 「봉송의」에 관한 내용[64]과 구성부터 살펴보자.[65]

법회의 대중들은 다시 법당에 돌아온다. 바라 1종宗을 울린 뒤에 회향소回向疏를 읽고 나면

64_ 해동사문 지환, 김두재 옮김, 『천지명양수륙재의범음산보집』, 171~76쪽.

65_ 김두재의 번역문과 「천지명양수륙재의범음산보집」 본문에 실려 있는 원문을 임으로 구성, 소개한다.

병법秉法이 회향하는 게찬편[回向偈讚篇]을 마친다. 그러나 나서 몸을 돌려 하단下壇을 향하고 화재편化財篇을 거행하여 마치고 정중庭中에서 금은전金銀錢을 불사른다. 그때 인도咽導는 화재게주化財偈呪를 창唱하는데 다 타서 없어질 때 까지 한다.[66]

願諸佛以神通力원제불이신통력 加持冥財遍法界가지명재변법계

願此一財化多財원차일재화다재 普施鬼神用無盡보시귀신용무진

나무 사만다 몯따남 옴 반자나 비로기제 사바하

다음 삼단의 꽃・등촉・위패를 들고 나열해 서는 규범[67]

유나維那는 판수判首와 사미 다섯 명에게 명하여 오여래의 번개幡蓋를 받들고 정중庭中에 서 있게 하고, 또 사미로 하여금 하단의 꽃과 등촉을 받쳐 들고 오여래의 뒤에 서게 하며, 또 종두를 시켜서 신번神幡을 받쳐 들고 꽃과 등촉의 뒤에 서게 하고, 또 시주施主를 시켜 가친家親의 위판位板을 받쳐 들고 신번 뒤에 서게 하며, 그 다음에 시주로 하여금 주인 없는 번幡을 받쳐 들고 가친의 뒤에 서게 하고, 또 사미를 시켜서 종실번宗室幡을 받쳐 들고 주인 없는 번 뒤에 서게 한다. 하단 법주法主와 말번주末番主가 차례대로 서면된다.(이상, 하단) 다음에는 사미를 시켜 중단의 꽃과 등촉을 들고 말번의 뒤에 서게 하고, 찰중察衆은 직접 삼장三藏의 위판을 받쳐 들고 꽃과 등촉 뒤에 서고, 중단의 법주와 중번주中幡主가 차례대로 나열해 선다.(이상, 중단) 다음에는 사미 두 사람을 시켜 상단의 화촉을 받들고 중번의 뒤에 서게 하고, **유나는 직접 삼보三寶의 위판을 받쳐 들고 연輦으로 들어가 화촉의 뒤에 서고, 유나는 옆에서 모시고 행차한다**. 또 사미로 하여금 夫불을 받쳐 들게 하고 다시 사미를 시켜 책冊을 받들게 하고,(이상, 상단) 그 다음에는 병법秉法, 증명證明, 회주會主, 법주法主, 중수衆首, 상번주上幡主가 차례대로 나열해 선다. 그리고 법회 대중들은 옹위하고 영접하여 인도할 때와 똑같이 거행하면 된다.

66_ 「法衆 還向法堂 鳴鈸一宗後 讀回向疏畢 秉法讀回向偈讚篇畢 回身向下壇 擧化財篇畢 燒金銀錢于庭中 時咽導 唱化財偈呪 而以燒盡爲限」.

67_ 「次三壇花燭及位牌列立規」.

그때 병법이 법당을 향하여 경건하게 받들어 전하는 편[敬伸奉送篇]을 마치면 인도咽導는 꽃을 흩어 뿌리는 게송[散花偈]을 큰 소리로 읊는다.[68]

我今持呪此色花아금지주차색화　　加持願成清淨故가지원성청정고
一花供養我如來일화공양아여래　　受花却歸清淨土수화각귀청정토
大悲福智無緣主대비복지무연주　　散花普散十方法산화보산시방법
一切賢聖盡歸空일체현성진귀공　　散花普願歸來路산화보원귀래로
我以如來三密門아이여래삼밀문　　已作上妙利益竟이작상묘이익경
惟願天仙星宿等유원천선성숙등　　空地山河主執神공지산하주집신
焰魔羅界諸王臣염마라계제왕신　　亡靈孤魂洎有情망령고혼계유정
地獄餓鬼及傍生지옥아귀급방생　　咸願身心得自在함원신심득자재
憑斯勝善獲清涼빙사승선획청량　　摠希俱得不退轉총희구득불퇴전
我於他日建道場아어타일건도량　　不違本誓還來赴불위본서환래부

정중庭中를 순회順回로 두 바퀴 돌고 역회逆回로 한 바퀴 돌고 난 뒤에 법당을 향하여 "꽃을 흩뿌립니다[散花落]."를 세 번 한다. 바라를 울리고 난 뒤에 **거령산을 하고 인성引聲으로 요잡의식을 하면서 해탈문解脫門 밖에 이르면 음악을 그치고**, 염불을 차례대로 한다. **소대燒臺 앞에 이르면 신번神幡과 오여래와 삼도패三塗牌, 하단의 화개花盖 순으로 태운다. 그 다음에 삼장패三藏牌와 주망珠網, 그리고 꽃을 태운다. 그 다음에는 상단의 불패佛牌와 삼신번三身幡과 화개를 태우며 한결같이 나오던 행렬의 순서대로 차례차례 태운다.**[69]

68_ 「維那 命判首及沙彌五人 奉五如來幡蓋 立於庭中 又使沙彌 奉下壇花燭 立五如來之後 又使鐘頭 奉神幡 立花燭之後 又使施主 奉家親位板 立神幡之後 又使施主 奉無主幡 立家親之後 又使沙彌 奉宗室幡 立無主之後 下壇法主 及末番主 次次列立 次使沙彌 奉中壇花燭 立末幡之後 察衆 親奉三藏位板 立花燭之後 中壇法主及中幡主 次次列立 次使沙彌二人 奉上壇花觸 立中幡之後 維那親奉三寶位板 入輦 立花燭之後 維那 侍行 又使沙彌 奉燭 又使沙彌 奉册 次秉法證明會主法主衆首及上幡主 次次列立 其法衆擁衛之 擧一如迎引時 秉法 向法堂 擧敬伸奉送篇畢 咽導 唱散花偈」.

69_ 「庭中 順回二匝 逆回一匝 后向法堂 散花落三 動鈸後 擧靈山 引聲 繞匝 至解脫門外 止樂 念佛次次云云 至燒臺前 先燒神幡及五如來與三塗牌下壇花盖 次燒三藏牌及珠網與花 次燒上壇佛牌及三身幡與花盖 一依其出去之序燒之」.

奉送眞言

옴 바라 목차목

널리 회향하는 편[普伸廻向篇]을 마친다. 다음에는 회향하는 진언을 마치고 파산게破散偈를 한다.[70]

鑊湯[71]風搖天地壞확탕풍요천지괴　　寥寥長在白雲間요요장재백운간

一聲揮破金城壁일성휘파금성벽　　但向佛前七寶山단향불전칠보산

인도咽導가 정문으로 돌아갈 때에 큰소리로 삼귀의三歸依를 하고 잠시 요잡의식을 하고 나서 곧 그치고 삼자귀의三自歸依를 한다.[72]

自歸依佛자귀의불	當願衆生당원중생	體解大道체해대도	發無上意발무상의
自歸依法자귀의법	當願衆生당원중생	深入經藏심입경장	智慧如海지혜여해
自歸依僧자귀의승	當願衆生당원중생	統理大衆통리대중	一切無礙일체무애

三回向삼회향

歡喜藏摩尼寶積佛환희장마니보적불

圓滿藏菩薩摩訶薩원만장보살마하살

回向藏菩薩摩訶薩회향장보살마하살

1721년 본, 『천지명양수륙재의범음산보집』에 전하는 「봉송의」는 말 그대로 재 의식이 마무리 될 때 즈음 상 · 중 · 하단에 모셨던 불 · 보살과 일체 성현 그리고 선망부모, 삼대가친, 무주고혼의 망자들을 다시 보내드리는 과정을 담고 있다. 그리고 상단과 중단, 하단을 동시에 봉송할 수 있도록 내용을 자세히 기술하고 이를 협주를 통해 설명하고 있다.

70_ 「普伸廻向篇 次回向眞言畢 破散偈」.
71_ 현재에는 "확탕(鑊湯)"을 "화탕(火蕩)"으로 쓰고 발음한다.
72_ 「咽導 還向正門時 唱三歸依 暫繞匝卽止 擧三自歸依云」.

내용은 크게 봉송의 시점과 봉송의 준비 그리고 소대에서의 설행으로 나눠 볼 수 있다.

먼저, 봉송의 시점을 살펴보자. 본문에서는 상단과 중단 그리고 하단의 권공의식을 마친 후 법당으로 돌아와 회향게찬편廻向偈讚篇을 행하도록 했다. 특히 하단을 향해 화재편化財篇을 거행하고 이때 법당 앞 뜰, 마당 중앙에서 재 의식에 쓰였던 모든 금은전을 불사르도록 한 점은 재 의식이 곧 마무리 되고 있음을 암시한다.

『천지명양수륙재의범음산보집』에서의 「봉송의」 역시, 『중례문』과 『결수문』 사이에 실고 있다. 당연히 「봉송의」는 『중례문』에서 각 단 권공의식을 마친 다음 행하는 의식으로 받아들이기에 충분하다. 그리고 『중례문』의 의식 절차에도 모든 권공 의식이 끝난 뒤 「회향게찬편」을 이어가는 것으로 되어 있어 『천지명양수륙재의범음산보집』, 「봉송의」의 설행시점은 어쩌면 『중례문』과 깊은 관련성이 있을 것으로 본다. 어찌되었던 「봉송의」는 재 의식의 모든 권공의식을 마무리한 시점부터 시작한다.

봉송의 준비과정은 예문을 통해 확인할 수 있듯, 상・중・하단에 청해 모셨던 모든 불・보살과 성현 그리고 일체 중생을 모두 한 대열에 합류시키고 있다.

〈표 4〉「봉송의」의 행렬

구분	행렬	뜰, 마당에서	소대에서
하단	오여래번개	마당, 정 중앙에서 순회(오른쪽)로 두 바퀴 돌고 난 뒤 다시 역회(왼쪽)으로 한 바퀴 돈다.	염불의 진행하며 행렬의 순서대로 태운다.
	화촉		
	신번		
	가친위판		
	무주번		
	종실번		
	하단법주, 말번주		
중단	화촉		
	삼장패		
	중단법주, 중번주		
상단	화촉		
	삼보패(연)		
	화촉, 책		
	증명, 병법, 회주, 법주, 중수, 상번주		

본문에 실린 「봉송의」의 내용을 있는 그대로 정리한 〈표 4〉를 보면 상단, 중단이하 하단을 뚜렷이 구분한 앞의 〈그림 20〉과 달리 오히려 하단을 시작으로 일렬로 봉송하는, 현장의 상황을 고려한 정황이 엿보인다. 특히, 마당을 순順 방향으로 두 바퀴 돌고 역逆로 한 바퀴 돌며 이동한 점은 먼저, 하단과 중단을 위해 순방향으로 두 번 돌고 상단을 위해 역방향으로 한 번 돈 것으로 보이기에 실제 현장에서 활용 가능한 진행의 형태를 염두한 것으로 볼 수 있겠다. 더군다나 소대에 이르러 하단으로부터 상단으로 이어지는 행렬의 각종 장엄구와 위패 등을 차례대로 태우도록 한 점은 재 의식이 원활하게 진행하도록 고려한 것으로 받아들일 수 있겠다.

한 가지, 본문 협주의 내용엔 분명, 봉송의식의 기준을 강조하고 있다. 곧, "법회 대중들은 옹위하고 영접하며 인도할 때와 똑같이 거행하면 된다."는 내용이 그것이다. 이는 일체 성현을 봉송하는 의식도 결국, 성현을 청해 모시는 영청의 모습과 같이 해야 한다는 의미로 받아들일 수 있어 상단과 중단 그리고 하단에서도 일체 모든 성현을 연에 모셔 봉송하는 것이 정법임을 알게 한다. 이어지는 각 단 배송을 확인해 보자.

(2) 「삼배송규三拜送規」

앞서 살펴본 「봉송의」는 상・중・하단의 모든 성현과 중생을 동시에 봉송하는 의식구조를 설명하고 있었다. 그럼 각 단을 따로 봉송할 수는 없을까? 결론을 말하자면, 얼마든지 각단을 따로 봉송할 수 있다. 그리고 근거는 같은 책에 실려 있는 「삼배송규」와 「중단배송」・「상단배송」을 통해 확인할 수 있다. 「삼배송규」에 실린 내용[73]과 구성을 보자.

> 화재편化財篇와 화재게주化財偈呪를 마친다. 병법秉法은 법당을 향하여 경건하게 받들어 전송하는 편[敬伸奉送篇]을 거행한다. 그때 유나維那는 판수判首와 사미에게 명하여 각각 **화개花蓋와 번패幡牌를 받쳐 들게 하고 나열해 서도록 하는데 위에서와 같이 한다**. 하단 법주法主와 말번주, 법회의 대중들은 **정중庭中 오른쪽으로 순회順回**하면서[74] 아래 게송을 큰 소리로 읊

73_ 해동사문 지환, 김두재 옮김, 『천지명양수륙재의범음산보집』, 176~77쪽.

74_ 김두재는 "庭中右邊順回"를 "정중 오른쪽으로 순회하면서"라 번역했다. 하지만 필자는 이를 "정중 오른편

는다.[75]

我今持呪此色花아금지주차색화 加持願成淸淨故가지원성청정고

惟願孤魂洎有情유원고혼계유정 地獄餓鬼及傍生지옥아귀급방생

咸願身心得自在함원신심득자재 憑斯勝善獲淸凉빙사승선획청량

摠希俱得不退轉총희구득불퇴전 我於他日建道場아어타일건도량

不違本誓還來赴불위본서환래부

인로왕보살引路王菩薩, 인성引聲으로 요잡의식을 거행하여 소대燒臺 앞에 이르면 음악을 멈추고 염불을 한다. 다음에는 법주法主가 "이상에서 시식施食…"하는 의식을 진행하고 인도咽導는 "염시방삼세念十方三世…, 왕생게往生偈…."를 진행한다. 법주는 체전을 태우는 진언[燒錢眞言]과 받들어 전송하는 진언[奉送眞言]을 하고 다음에는 인도가 회향하는 진언을 한다.[76]

「삼배송규」에선 하단에 모셨던 무주고혼과 삼대가친 그리고 선왕선후 등을 배송하는 규식을 전한다. 확인할 수 있듯이 증명으로 모신 인로왕보살과 같은 성현을 가마, 연에 모신 흔적은 보이지 않고 이를 대신해 사미승이 화개와 번을 받들어 모신다고 전한다.[77]

하단의 중생을 배웅할 때 오른쪽으로 순회함을 강조하고 있으며 소대로 향하면서 인성과 함께 음악을 연주하고 있음은 영청하고 모셔오는 의식과 다를 바 없다. 협주에서

에서 순회하면서"로 받아들이는 것이 옳을 듯싶다. 만약, 상단과 중단 그리고 하단을 따로 따로 봉송한다면 정 중앙에 상단이 자리하고 북쪽에서 바라봤을 때 중앙을 중심으로 왼편엔 중단이 그리고 중앙을 중심으로 오른편에 하단이 자리하는 것이 정례이기 때문이다. 이는 앞서 영청하며 시련하던 모습에서 언급했던 동・서・남・북의 방향성과도 깊은 연관성이 있다. 중요한 것은 남쪽, 즉 초대받은 쪽이 아닌 북쪽, 초대한 쪽에서 바라보는 관점으로 왼편과 오른편을 정해야 한다는 점이다. 곧 소개할 1782년 본, 봉송의식에서 재차 검토해 보자.

75_ 「化財篇及化財偈呪畢 秉法 向法堂 擧敬伸奉送篇時 維那 命判首及沙彌 各執花盖幡牌 列立則上同 下壇法主末幡主及法衆 庭中右邊順回 唱下偈云」.

76_ 「引路王菩薩 引聲 繞匝 至燒臺前 止樂 念佛 次法主 上來施食云 咽導 念十方三世云 往生偈云 法主 燒錢眞言云 奉送眞言 次咽導 回向眞言云」.

77_ 다만, 모든 대열은 앞서 설명한 「봉송의」의 기준을 따르라는 내용을 담고 있기에 만약, 여건이 마련되었다면 하단 봉송의식에서도 하단의 불패를 가마에 모시고 이동했을 가능성이 크다.

밝히고 있는 소대에서의 설행 모습은 하단, 봉송의식을 진행하는 방법을 자세히 살필 수 있어 주목된다.

(3) 「중단배송中壇拜送」

「중단배송」은 말 그대로 중단의 성현만을 따로 봉송할 때 행하는 의식을 설명하고 있다. 내용[78]과 구성을 살펴보자.

> 꽃과 등촉, 그리고 삼장패三藏牌, 다음에 시왕번과 주망珠網이 **나열해 서는 의식은 모두 위에서와 같이 한다**. 중단의 법주와 인도는 **뜰 왼쪽[庭左]으로 순회順回하면서**[79] 아래 게송을 큰 소리로 읊는다.[80]

我今持呪此色花아금지주차색화	加持願成淸淨故가지원성청정고
惟願天仙星宿等유원천선성숙등	空地山河主執神공지산하주집신
焰魔羅界諸王臣염마라계제왕신	摠希俱得不退轉총희구득불퇴전
我於他日建道場아어타일건도량	不違本誓還來赴불위본서환래부

> 법성게法性偈를 한다. 혹은 **목단찬**牧丹讚[81]을 하기도 한다. 인성引聲으로 요잡의식을 하면서 소대 앞에 이르면 염불을 하고 음악은 그친다. 삼장패와 시왕번과 주망을 모신 이들은 요잡하며 전송할 때 인도가 봉송게를 창하면 그 모든 소리를 따라 합창하면서 봉송한다.[82]

78_ 해동사문 지환, 김두재 옮김, 『천지명양수륙재의범음산보집』, 177~79쪽.

79_ 앞서 「삼배송규」 예문에서 지적했듯이 필자는 김두재가 번역한 "뜰 왼쪽으로 순회하면서"를 "뜰 왼쪽에서 순회하면서"로 받아들인다.

80_ 「花觸及三藏牌 次十王幡珠網 列立之儀 皆如上 中壇法主及咽導 順回庭左 唱下偈」.

81_ 원문의 한자는 "𦱊苻讚"이다. 하지만 현재에 이르러는 한자 윗머리에 있는 부수, 풀초(艹)를 생략한 결구(結構)의 모습을 지닌 "牧丹"을 보편적으로 사용하고 이를 "모란"으로 읽는다. 참고로 『석문의범』에 전하는 "목단찬"은 흔히 "모란찬"으로 알려져 있고 책 상권, 150쪽에 적혀있으며 중단 성현의 강림을 찬탄하는 내용을 담고 있다. 나비무용의 한 부류로 전승되고 있는 모란찬의 가사는 「모란작약 연화위존귀 증여여래 친족진금체 구품지중 화생보리자 불석금전 매헌용화회(牧丹芍藥 蓮華爲尊貴 曾與如來 襯足眞金體 九品池中 化生菩提子 不惜金錢 買獻龍華會)」다.

82_ 「法性偈 或𦱊苻讚 引聲 繞匝 至燒臺前 念佛 止樂 三藏牌及十王幡珠網 燒送時 咽導 唱奉送偈 以和請聲送之」.

天藏菩薩天部等衆천장보살천부등중 持地菩薩地祇等衆지지보살지기등중

地藏菩薩冥府等衆지장보살명부등중 不捨弘慈已赴請迎불사홍자이부청영

特賜光臨受此供養특사광림수차공양 我等饒益能事已圓아등요익능사이원

今當奉送各還本位금당봉송각환본위 我佛有奉送陀羅尼아불유봉송다라니

謹當宣念근당선염

「중단배송」의 내용은 말 그대로 중단의 성현을 따로 봉송할 경우를 대비해 마련한 것이다. 내용은 앞서 소개한 「삼배송규」의 하단 배송과 크게 다를 바 없다. 여기에서도 삼장패를 연 안에 모셨다는 말은 없지만 "나열해 서도록 하는데 위에서와 같이 한다."는 설명으로 보아 여건이 마련된다면 충분히 연을 이용해 성현을 모셨을 것으로 판단한다.

(4) 「상단배송上壇拜送」

이제 1721년 본, 『천지명양수륙재의범음산보집』에 실려 있는 봉송의식 중 「상단배송」의 내용[83]과 구성을 살펴보자.

화개花蓋와 삼신三身의 번幡과 삼보 부처님의 위패를 모두 황금 가마에 실어 모시고 행차하는 일은 위에서와 같이 하면 된다. 병법秉法·증명證明·중수衆首·인도咽導의 순으로 **정중庭中을 거꾸로 돌면서** 아래 게송을 창한다.[84]

我今持呪此色花아금지주차색화 加持願成淸淨故가지원성청정고

一花供養我如來일화공양아여래 受花却歸淸淨土수화각귀청정토

大悲福智無緣主대비복지무연주 散花普散十方法산화보산시방법

꽃을 뿌려 오시던 길로 돌아가소서. 저는 여래의 삼밀문三密門으로[85]

83_ 해동사문 지환, 김두재 옮김, 『천지명양수륙재의범음산보집』, 179~80쪽.

84_ 「花盖及三身幡三寶佛牌 幷載金輦 侍行事如上 秉法證明衆首咽導 逆回庭中 唱下偈」.

已作上妙利益竟이작상묘이익경　　我於他日建道場아어타일건도량

不違本誓還來赴불위본서환래부

법당을 향하여 "꽃을 흩뿌립니다散花落."를 세 번 외치고 바라를 울린 뒤에 거령산을 하고 인성引聲으로 요잡의식을 하며 소대燒臺에 이르면 음악을 중지한다. 화개花蓋와 삼보불의 위패와 삼신三身의 번을 불사르며 전송할 때 인도는 절하고 전송하는 게송拜送偈을 창한다.[86]

十方諸佛刹시방제불찰　　莊嚴悉圓滿장엄실원만

願須歸淨土원수귀정토　　哀念忍界人애념인계인

다음에 받들어 전송하는 진언奉送眞言을 하고 법주는 널리 회향을 펴는 편普伸回向篇을 한 끝에 회향하는 진언回向眞言을 한다. 다음에는 재를 마치고 파산게破散偈와 삼자귀의三自歸依를 하고 다음에는 삼회향례三回向禮를 하는데 위에서 한 것처럼 한다.[87]

비로소 상단봉송의식에서 "금련"이 등장한다. 예문에서 확인할 수 있듯이 "화개花盖와 삼신三身의 번幡과 삼보 부처님의 위패를 모두 황금 가마에 실어 모시고 행차하는 일은 위에서와 같이 하면 된다."는 내용을 재차 강조하고 있어 상단 불・보살을 상징하는 불패를 가마에 실어 모셨던 흔적으로 보기에 충분하다. 특히, "황금 가마에 실어 모시고 행차하는 일은 위에서와 같이 하면 된다."는 내용은 앞서 하단과 중단에서도 여건만 마련된다면 얼마든지 각종 번과 위패를 가마로 모셔 이동할 수 있음을 암시하기에 상단과 중단 그리고 하단의 봉송의식을 따로 진행할 경우 각 단의 성현을 연에 실어 이동했을 가능성이 크다.

이미 설명했듯이 1721년 본, 『천지명양수륙재의범음산보집』에 들어난 시련에 관한 내용은 기준 자체가 가마, 연 하나를 활용해 의식을 진행할 경우에 해당한다. 그러므로

85_ 「散花普願歸來路 我以如來三密門」.

86_ 「向法堂 散花落三 動鈸後 擧靈山 引聲 繞匝 至燒臺前 止樂 花蓋及三寶佛牌三身幡 燒送時 咽導 唱拜送偈云云」.

87_ 「次奉送眞言後 法主 普伸回向篇 末回向眞言 次破散偈及三自歸依 次三回向禮 如上」.

가마, 연이 한 대만 마련된 상황에서 상・중・하, 삼단을 한꺼번에 봉송할 경우엔 상단의 성현의 불패만을 연에 실어 모시고 중단이하 하단의 성현은 각 종 번으로 대처해 이동했을 가능성이 크며 상・중・하단을 각각 봉송할 경우엔 먼저, 하단의 봉송의식을 행하고 다음 중단 그리고 마지막에 상단의 성현의 번과 불패 등의 상징물을 연에 실어 소대로 이동했을 가능성도 크다.

특히, 삼단을 동시에 봉송할 경우엔 마당의 중앙과 좌우의 배열에 신경 써야 한다. 〈그림 21〉은 임으로 만들어 본 행렬도의 모습인데 뜰, 마당 중앙에 상단을 그리고 북쪽에서 바라 본, 왼 편에 중단 그리고 오른 편에 하단을 배치했다.[88] 상단은 역회전으로 이동하고 중단이하 하단은 순회전으로 이동한다. 만약, 동시에 행렬을 시작한다고 가정한다면 하단이 먼저 소대로 출발하고 다음 중단 그리고 마지막에 상단이 소대

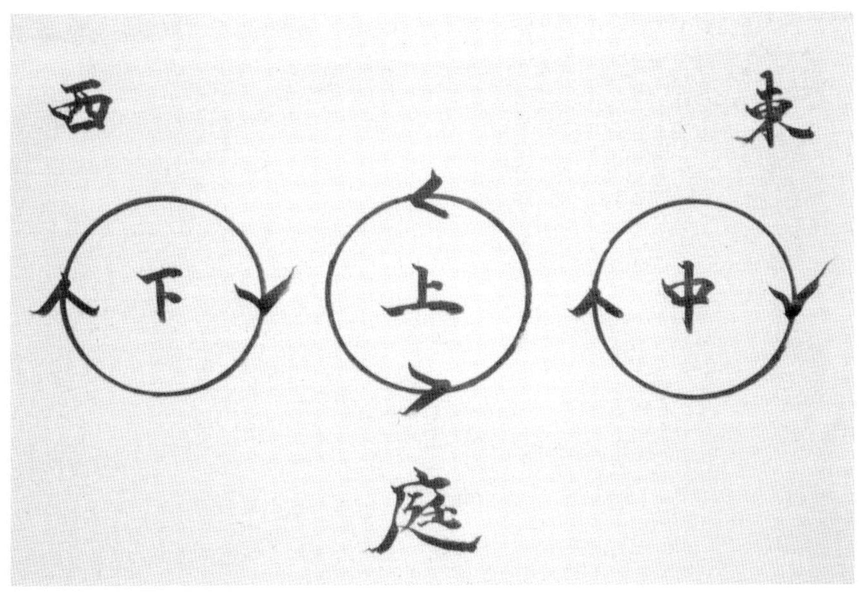

〈그림 21〉 상・중・하 삼단 봉송의식 행렬도

88_ 이미 수차례, 초대한 쪽과 초대받은 쪽의 방향성을 강조한 적 있다. 다시 한 번 언급하지만 초대한 쪽은 북쪽이고 초대받은 쪽은 남쪽을 상징한다. 그러므로 봉송을 한다함은 초대한 쪽이 초대받은 쪽을 배웅하는 것으로 봐야 한다. 〈그림 21〉의 왼쪽에 하단이 자리한 것처럼 보여도 실제 배웅하는 입장에선 이를 오른쪽에 자리하도록 해야 한다. 북쪽, 즉 배웅하는 쪽을 기준으로 하기 때문이다.

로 향하는 것이 바람직하다. 설사, 각 단의 봉송의식을 따로 봉행한다 해도 마당을 중심으로 좌우에 중단과 하단이 자리하는 것이 옳다. 어느 곳에 자리하느냐가 곧 이동하는 성현의 지위를 나타내는 만큼 상단, 불・보살의 권위를 살릴 필요가 있다.

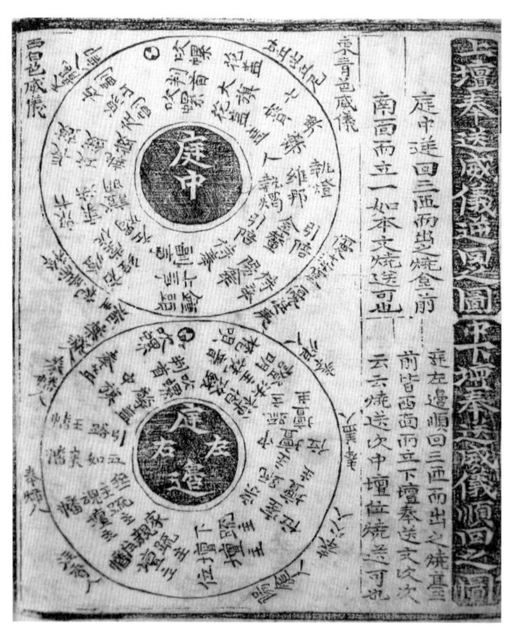

〈그림 22〉 1782년 본, 상・중・하단 봉송의식위의도[89]

2) 1782년 본, 「상단봉송위의역회지도」・「중하단봉송위의순회지도」

살펴보았듯, 1721년 본의 봉송의식에 관한 전제조건은 가마, 연 하나로 상・중・하단의 성현을 동시에 봉송하거나 혹은 따로 따로 봉송할 수 있는 내용을 담고 있었다. 그럼, 가마, 연을 세 대 마련했을 경우 그리고 앞서 살폈듯 상・중・하 삼단을 다시 세분화해 각 단 마다 연을 준비해 동시에 활용하거나 아예 독립적으로 상상단, 상중단, 상하단 등으로 나눠 봉송의식을 진행한다면 어떨까? 과연 그렇게 진행해도 무리가 없을까? 이에 관한 또 다른 자료를 살펴보자.

〈그림 22〉는 1782년 본의 봉송의식에 관한 위의지도다. 그리고 전체적인 구성과 협주의 내용은 앞서 소개한 1721년 본과 차이가 없다. 하지만 자세히 들여다보면 한 가지 다른 점이 눈에 띈다. 바로 「중하단봉송위의순회지도」 가운데에 표시된 "정좌우변庭左右邊"이 그것이다. 여기에서 말하는 정좌우변은 〈그림 21〉과 같이 중단과 하단을 봉송할 경우 마당 중앙을 중심으로 좌우편에 자리하는 위치를 설명하려는 의도를 엿볼

89_ 출처 : 동국대학교 중앙도서관 소장본(D 217.5 지 96ㅊ.2).

수 있는 대목이다. 하지만 그림은 중단과 하단을 따로 구분하지 않고 동시에 봉송하는 그림이기에 어디서부터 어디까지 오른쪽에 또 왼쪽에 서서 대열해야 할지 가늠하기가 쉽지 않다. 다만, 1721년 본, 「삼배송규」와 「중단배송」에서 하단은 오른쪽, 중단은 왼쪽에 서서 이동을 시작한다고 전하고 있어 각단을 대열시켜 의식을 진행할 경우 좌우로 구분해 설행하도록 유도한 그림으로 볼 수 있겠다.

상·중·하단을 세분화해 각 단마다 가마, 연을 세 대 동원해 시련했음을 설명한 1782년 본에 실린 봉송의 내용은 「봉송의」를 시작으로 「상단봉송上壇奉送」·「중단봉송中壇奉送」·「하단봉송下壇奉送」으로 구분되어 있다.[90] 주로 대열을 어떻게 서야 하는 지를 설명하는데 주안점을 두고 있지만 앞서 설명한 1721본과 비교해 상대적으로 빈약한 수준에 그치고 있어 아쉽다.

(1) 「봉송의奉送儀」

「봉송의」의 내용은 앞서 소개한 1721년 본을 참고하는 것이 낫다. 그만큼 협주와 본문의 내용이 간략하다. 다만, 삼단의 화촉과 위패가 나열하는 규식, 「차삼단화촉급위패열립규次三壇花燭及位牌列立規」에 이어 바로 「상단봉송」과 「중단봉송」 그리고 「하단봉송」의 내용을 이어가고 있어 이를 참고해 삼련으로 행하는 각 단 봉송의 모습을 가늠해 볼 수 있다. 참고로 연 세 대로 봉송의식을 진행할 경우엔 크게 두 가지 정도의 상황이 전개될 수 있는데 연 세 대로 각단의 봉송을 따로 진행할 경우와 동시에 진행할 경우가 그것이다. 하지만 책에는 각단의 봉송의식을 동시에 진행하는 내용만을 담고 있다.

(2) 「상단봉송上壇奉送」

상단을 봉송하는 모습을 살펴보자.

> 유나는 **삼신연**을 정중잉에 자리하여 모시고 상난의 화촉과 번개를 삼신연 뒤에 자리하게 한다. 이어 사미로 하여금 축을 받들게 하고 또 다른 사미로 하여금 책을 들도록 한다. 다음

90_ 명칭이 배송(拜送)에서 봉송(奉送)으로 바뀐 것은 사실이지만 목적만은 동일하다 볼 수 있다.

병법, 증명, 회주, 중수, 법주, 상번주가 서고 법회 대중들은 옹위하고 영접하여 인도할 때와 같이 거행하면 된다. 병법이 법당을 향해 「경신봉송편」을 거행하여 마칠 때 즈음 도량을 **역으로 일회 돌**고 이때 상번주는 산화게를 선창한다.[91]

연을 세 대 마련하여 상단과 중단 그리고 하단을 봉송할 경우에 해당하는 1782년 본의 봉송의식은 먼저, 「상단봉송」에서 삼신연이란 명칭을 등장시키고 있다. 여기에서 말하는 삼신연이란 영청하여 모셔왔던 상·중·하연을 말하는 것일 수도 있지만 하나의 연에 삼신의 불패를 모실 경우에 해당하는 것으로 볼 수도 있다. 내용엔 유나가 삼신연을 마당 중앙에 모신 후 봉송의식을 시작한다고 강조한다. 그러나 내용의 정황으로 미뤄 〈그림 22〉에서처럼 연 앞, 선두엔 취라와 판수는 물론, 대기와 칠보개, 전악인 등이 자리했을 가능성이 크다. 이유는 내용에 "법회 대중들은 옹위하고 영접하여 인도할 때와 같이 거행하면 된다."고 강조한 점과 앞서 소개한 1721년 본의 내용을 참고해 보면 충분히 그렇게 설행했을 가능성이 높기 때문이다. 「상단봉송」은 1721년 본, 「상단배송」과 비교해 연 하나로 행하는 "금련"의 명칭을 "삼신련"으로 바꿔 불렀다는 차이점이 있다. 그리고 역으로 1회 돌아 소대로 향하도록 하고 있어 현장의 상황을 고려한 설명일 것으로 추측한다.[92]

정황에 따른 「상단봉송」의 행렬을 예문과 「봉송위의」에 근거해 정리해보면 다음과 같다.

〈표 5〉 하나의 연으로 행하는 「상단봉송」

「상단봉송」 Ⅰ	
구분	행렬
선두	취라, 판수, 취라
	화개, 대기, 화개

91_ 「維那侍三身輦立於庭中 上壇花燭幡盖立三身輦之後 又使沙彌奉燭 又使沙彌奉册 次 秉法證明會主衆首法主上番主及其餘 法衆擁衛之擧一如迎引時也 秉法向法堂擧敬伸奉送篇未逆回一匝時 上番主先唱散花偈云」.

92_ 〈그림 22〉의 협주엔 상단의 경우 역방향으로 삼회, 중단이하 하단의 경우에도 순방향으로 삼회 돌도록 설명하고 있다.

	칠보개
삼신연	전악인
	집촉, 유나, 집등
	인배, 삼신연, 인배
	시봉, 양산, 시봉
	좌촉, 경당좌(책), 우등
후미 대중	증명, 병법, 회주, 중수
	집고, 공발, 장고
	좌우, 법주, 우부
상단번	인배, 상번, 인배

〈표 5〉는 연이 세 대 마련된 상황에서 상・중・하단의 봉송을 동시에 진행할 경우, 상단에 해당하는 내용만을 표로 정리한 것이다. 당연히 나머지 두 개의 연은 이어지는 중단과 하단에서 사용할 것으로 예상한다. 내용은 앞서 소개한 다양한 봉송의식의 예문을 참조하여 선두와 삼신연을 중심으로 이동하는 호위 무리와 후미 대중의 순으로 구성하여 이동에 필요한 다양한 장엄구를 추가로 기입하였다. 그러나 예문의 내용만을 그대로 적용한다면 삼신연과 후미대중이 주를 이뤄야 한다.

한 가지, 후미 대중의 명칭에 "어산"이 아닌 "법주"가 보인다. 사실, 1721년 본과 1782년 본의 상단봉송의식을 표현한 「상단봉송위의역회지도」엔 동일하게 "어산"이란 소임 명칭이 적혀 있었다. 그러나 예상과 달리, 1782년 본문엔 "어산"의 명칭은 보이지 않고 이를 대신해 "법주"라 기술하고 있다. 이는 때론 '상단에서도 어산과 법주를 동일하게 받아들여 사용한 것이 아닐까'하고 의심할 수 있지만 이때 "법주"가 등장하는 것은 상단의 봉송의식을 독립적으로 행할 때의 예가 아닌 '중단이하 하단 봉송의식을 함께 하고 있어서가 아닐까'하고 예상한다. 사실, 책에 전하는 「상단봉송」과 「중단봉송」 그리고 「하단봉송」은 각 단의 대열을 구분만 했을 뿐 전체적인 내용은 하나의 행렬로 연결되어 있음이 이를 반영하고 이후에 언급하겠지만 상단, 삼신연 후미에 등장하는 참여대중의 소임 명칭 외 이후 중단과 하단의 봉송의식엔 대열 따라 이동하는 소임, 참여자에 관한 언급 자체가 없어 1721년의 예와 전혀 다른 행렬이 구성될 가능성이 크다.

한편, 연 세 대를 오로지 상단에서만 사용하여 따로 봉송의식을 진행한다면 다음과 같이 행렬이 될 수도 있지 않을까?

〈표 6〉 세 개의 연으로 행하는 「상단봉송」

「상단봉송」 Ⅱ	
구분	행렬
선두	명라, 판수, 취라
	화개, 대기, 화개
	칠보개
	전악인
상연	유나
	인배, 상연, 인배
	양산
중연	좌촉, 찰중, 우등
	판수, 중연, 판수
	양산
하연	상기사
	상종두, 하연, 부기사
	양산
상단번	인배, 상번, 인배
후미대중	증명, 병법, 중수
	집고, 공발, 장고
	좌부, 어산, 우부

〈표 6〉은 「상단봉송」의 예문과 무관하게 필자가 임의로 작성해본 것이다. 이처럼 행하는 예는 봉송 자료엔 전하지 않는다. 다만, 1782년 본, 「상단시련위의지도」가 전하고 있어 이를 봉송의식에서도 적용할 수 있을 것 같아 시도해본 것이어서 〈표 5〉와는 대열의 순서가 바뀔 수 있다. 필자는 봉송 현장의 상황을 고려해 볼 때, 각 단을 따로 봉송하는데 많은 제약이 따랐을 것으로 본다. 하지만 혹시라도 시간을 달리해 각 단의 봉송의식을 진행할 수도 있었을 것이란 가능성을 열어 두고 접근해 본다면 〈표 6〉과

같은 행렬도 무난했을 것으로 본다.

(3) 「중단봉송中壇奉送」

본문에 소개된 「중단봉송」의 내용을 보자.

> 찰중은 **삼장연을 상번 뒤에 모시고** 중단의 화촉과 번개를 삼장연의 뒤에 자리하게 한다. 또한 사미로 하여금 촉을 받들게 하고 또 사미로 하여금 책을 받들게 한다. 단주는 중번이 순행으로 일회 돌 때 "유원천선게"를 소리한다.[93]

예문은 앞서 소개한 「상단봉송」의 연장선에 있다. 중단 봉송을 관리, 감독하는 소임자인 찰중이 중단의 삼장연을 상단, 맨 후미에 있는 상번주의 뒤에 모시도록 한 점이 이를 대변한다. 내용에 기초해 정리해 보자.

〈표 7〉 하나의 연으로 행하는 「중단봉송」

「중단봉송」 Ⅰ	
구분	행렬
선두	취라, 판수, 명라
	봉개, 중기, 경개
삼장연	찰중
	인배, 삼장연, 인배
	우산, 양산
	중단화촉, 중단번개
	봉촉, 봉책
중단번	인배, 중번, 인배

〈표 7〉은 예문에 내용과 전하는 자료에 기초해 임의로 작성한 것이다. 중단의 경우,

93_ 「察衆侍三藏輦立上番主之后 中壇花燭幡盖立三藏輦之後 又使沙彌奉燭 又使沙彌奉册 壇主及中番順回一匝時 唱惟願天仙偈云」.

행렬의 선두에 취라, 판수, 명라를 비롯해 대룡기가 등장했었음을 감안하였고 찰중이 삼장연을 인도할 수 있도록 했다. 물론, 연 하나 만으로 중단의 봉송을 행하는 경우를 예로 했다. 하지만 앞선 「상단봉송」과는 차이나는 점이 있다. 바로 후미에 일체 참여대중의 소임 명칭을 기술하지 않은 점이다. 물론 임의로 작성할 수도 있었지만 언급하지 않은 점은 「중단봉송」의 전체적인 내용이 상단과 하단을 연결하는 가교의 역할로서 행렬을 설명하는데 중점을 두고 있기 때문이다.

필자는 「중단봉송」의 내용만으론 독립적인 행렬을 이룰 수 없다고 판단하여 같은 책에 전하는 「중단시련위의지도」를 참고하여 중단에서 세 개의 연을 활용해 봉송의식을 진행하는 행렬의 예를 표로 정리했다.

〈표 8〉 세 개의 연으로 행하는 「중단봉송」

「중단봉송」 Ⅱ	
구분	행렬
선두	취라, 판수, 명라
	대룡기
천장연	찰중
	좌촉, 천장연, 우등
	우산・양산
지지연	상기사
	주향, 지지연, 주향
	양산
지장연	부기사
	등개, 지장연, 번개
	양산
중단번	인배, 중번(무주・가친・종실), 인배
후미 대중	증명, 법주, 선백
	범패, 범음, 공발

〈표 8〉은 선두와 중단 삼연, 그리고 후미 대중의 순으로 대열을 이루고 있다. 특히, 삼연의 뒤에 중단의 각종 번이 자리할 수 있도록 했으며 후미 대중의 무리에 법주를

넣어 완성도를 높이려 했다. 물론, 중단에서 삼연을 사용했다는 흔적을 찾아볼 수 없다. 하지만 같은 책에 「중단시련위의지도」가 전하고 봉송의식에서도 이를 그대로 적용했을 법한 근거가 있는 이상 위 표의 행렬이 전혀 근거 없다고 할 수는 없을 것으로 판단한다.

(4) 「하단봉송下壇奉送」

본문에 소개된 「하단봉송」의 내용을 확인해보자.

> 상기사는 **인로연을 중번 뒤에 모시고** 부기사는 삼도패를 받들어 인로연 뒤에 자리한다. 또한 수종두, 부종두는 오여래번개를 받들어 삼도패 뒤에 가지런히 자리 시키고 수당좌로 하여금 하단 화촉을 들게 하여 오여래 다음에 자리하게 한다. 부당좌는 신번을 들고 화촉 뒤에 자리하고 또 말당좌로 하여금 무주고혼번을 신번 뒤에, 또 시주로 하여금 가친번을 무주고혼번 뒤에 자리 시킨다. 단주는 말번주가 순행으로 일회 돌 때 "망령고혼게"를 소리한다.[94]

예문에 기초해 표로 정리하면,

〈표 9〉 하나의 연으로 행하는 「하단봉송」

「하단봉송」 Ⅰ	
구분	행렬
선두	취라, 판수, 명라
인로연	상기사
	좌촉, 인로연, 우등
	양산

94_ 「上記事侍引路輦立於中番之後 副記事以手奉三途牌立引路輦之後 又使首鍾頭副鍾頭等奉五如來幡盖立三途牌之后 又使首堂佐奉下壇花燭立五如來之後 副堂佐奉神幡立花燭之後 又使末堂佐奉無主幡立神幡之后 又使施主奉家親幡立無主之后 壇主及末番主順回一匝時 唱亡靈孤魂偈云」.

하단번	삼도패
	오여래번
	하단 화촉
	신번
	무주번
	가친번

〈표 9〉도 예문에 근거해 옮긴 것이다. 물론 하단을 구분하기 위해 선두에 취라, 판수, 명라를 임으로 대열을 이끌게 했다. 역시 예문에 참여대중에 대한 언급이 없었기에 중단에서와 같이 참여대중의 소임명칭을 적지 않았다. 하지만 이와 같은 구성만으론 독립적인 하단의 봉송의식을 진행하기에 부족해 보인다. 만약 같은 책에 전하는「하단시련위의지도」에 근거해 독립적으로 연 세 개를 활용해 봉송의식을 행한다면 다음과 같은 대열이 구성될 수 있지 않을까?

〈표 10〉 세 개의 연으로 행하는「하단봉송」

「하단봉송」 II	
구분	**행렬**
선두	취라, 판수, 명라
	오여래번
미타연	수종두
	좌촉, 미타연, 우등
	양산
인로연	부종두
	주향, 인로연, 주향
	양산
면연대사연	수당좌
	등개, 면연대사연, 등개
	양산
하단번	인배, 삼도패, 인배

후미 대중	증명, 법주, 중수
	좌부, 범음, 우부

이상으로 1782년 본, 삼단 봉송의 전체적인 내용을 살펴보았다. 책에 전하는 그림, 「상단봉송위의역회지도」와 「중하단봉송위의순회지도」는 분명, 앞서 소개한 1721년 본과 크게 다르지 않다. 단지 중단이하 하단을 좌편과 우편으로 나눌 수 있도록 한 점이 눈에 띌 뿐이다. 하지만 본문에 소개된 내용은 분명한 차이점을 보인다.

첫째, 세 대의 연을 활용한 점이다. 세 대의 연을 활용해 상단은 삼신연, 중단은 삼장연 그리고 하단은 인로연으로 명칭한 것이 그 증거다. 물론, 여건이 마련된다면 얼마든지 각단 봉송의식을 세 대의 연을 활용해 독립적으로 진행했을 수도 있고 충분히 가능했었을 것으로 본다. 둘째, 각단 본문의 내용을 살펴보면 기존, 1721년 본처럼 하단에서 상단으로 행렬을 유지하던 방식과 달리 상단에서 하단으로 진행하는 형식을 갖추고 있는 점이다. 가령, 「상단봉송」의 행렬 마지막을 상번으로 했다면 「중단봉송」은 상번의 뒤에서부터 시작한다. 「하단봉송」의 행렬 또한 중단의 중번 뒤에서 시작하고 있음이 이를 반영한다. 셋째, 봉송의식에 참여하는 일체 대중의 행렬이 상・중・하단의 삼연 뒤를 따르는 형식이 아닌 상단의 삼신연 뒤에 위치하고 있는 점이다. 마치 〈상단, 삼신연 ⇒ 참여대중 ⇒ 중단, 삼장연 ⇒ 하단, 인로연〉의 순으로 말이다. 그러므로 〈표 4〉에서 소개한 1721년 본과는 전혀 다른 대열의 구성을 이루고 있다고 볼 수 있다.

1782년 본, 「상단봉송」과 「중단봉송」 그리고 「하단봉송」의 예문 내용에 기초해 각단의 대열을 합쳐 이어보면 다음과 같다. 물론, 예상 가능한 장엄구를 포함해서 말이다.

〈표 11〉 삼단삼연 봉송 대열

1782년 본을 정리한, 삼단삼연 봉송 대열	
구분	행렬
상단선두	명라, 판수, 취라
	칠보개
상단(삼신연)	유나
	인배, 삼신연, 인배

	양산
	화촉, 번개
	봉촉, 봉책
	상번
대중	증명, 병법, 회주
	집고, 공발, 장고
	범패, 법주, 범음
중단선두	대룡기
중단(삼장연)	찰중
	인배, 삼장연, 인배
	양산
	화촉, 번개
	봉촉, 봉책
	중번
하단(인로연)	상기사
	인배, 인로연, 인배
	양산
	삼도패
	오여래번
	화촉
	신번
	무주번
	가친번

〈표 11〉은 1782년 본, 봉송의식의 내용만을 간추려 그대로 옮겨 본 것이다. 만약, 있는 그대로 받아들여 본다면 1721년 본의 〈표 4〉와는 전혀 다른 대열의 순서로 보인다. 말 그대로 상단이 대열에 선두에 서고 중단과 하단이 뒤를 따르는 모습이다. 하단이 앞서고 중, 상단이 대열을 따라가는 1721년 본이 옳은 것인지 아니면 상단이 앞서고 중, 하단이 대열을 따라가는 1782년 본이 옳은 것인지 알 수 없다. 다만, 1782년 본에는 1721년 본에 전하는 협주의 내용, "소대燒臺 앞에 이르면 신번神幡과 오여래와 삼도패三塗牌, 하단의 화개花蓋 순으로 태운다. 그 다음에 삼장패三藏牌와 주망珠網, 그리고 꽃을

태운다. 그 다음에는 상단의 불패佛牌와 삼신번三身幡과 화개를 태우며 한 결 같이 나오던 행렬의 순서대로 차례차례 태운다."는 설명문이 전해지지 않아 아쉽기만 하다.

지금까지 봉송의식에 관한 내용을 살폈다. 사실, 내용을 살핀 이유는 하나다. 바로 봉송의식에서도 연을 활용해야 한다는 점을 강조하기 위해서다. 현행 재 의식은 맨 처음 무작정 시련을 설행한다. 모든 대중이 참여하며 누구를 모셔오는 지도 모른 체 동참하는데 열을 올린다. 하지만 재 의식이 마무리 할 때 즈음엔 어느 누구도 모셨던 성현을 다시 시련하여 온전히 봉송하려 들지 않는다. 그저 힘들다는 이유로 자리뜨기에 급급한 모양새가 다분하다.

하단과 중단은 고사하고 상단에서 조차 성현을 연에 실어 모시지 않는 현실을 냉정하게 재고할 필요가 있다. 책엔 분명히 "법회 대중들은 옹위하고 영접하여 인도할 때와 똑같이 (봉송의식을) 거행하면 된다."고 재차 강조한다. 모셔오는 것만큼이나 봉송하는 것 또한 중요하기 때문이다.

07

『천지명양수륙재의범음산보집』에 통해 본 시련의 시점

그럼, 『천지명양수륙재의범음산보집』의 절차 속엔 시련을 행하는 시점이 드러나 있을까? 만약, 협주에 "가마, 연을 옮긴다." 정도의 설명이 존재한다면 의심할 여지없이 '시련을 행하는 구나'하고 받아들일 수 있겠지만 그렇지 않은 경우엔 막연히 '이쯤에서 대상을 이동시켰거나 시련을 설행했을 수도 있었겠다.'하고 추측할 수 있겠다.

이미 본문 5장, 「지환智還스님을 통행 본 시련」과 6장, 「『천지명양수륙재의범음산보집』의 통해 본 시련의 모습」에서 시련을 원만하게 설행할 수 있는 조건과 모습을 살핀 바 있어 설행의 시점을 가늠하기엔 무리가 없을 듯싶다. 본 장에선 책에 실려 있는 모든 절차를 확인해 각 절차 별로 대상을 이동시키거나 시련을 행한 정황이 드러나는지 살펴볼 것이다. 그리고 대상을 이동시킬 때 행하는 게송과 소리의 종류도 확인하고 음악을 함께 연주하며 이동했었는지도 살필 것이다.

1. 「대령의對靈儀」

「대령의」는 『천지명양수륙재의범음산보집』 상권, 제일 처음 등장하는 의식의 절차다. 재 의식을 진행하기에 앞서 재의 설판設辦과 직접적으로 연관되어 있는 망자를 청하는 의식인데 현재에 이르러는 흔히 "대령"으로 알려져 있다. 「대령의」엔 관욕은 포함되어 있지 않고 망자만을 청해 모시는데 주안점을 둔다. 의식의 정의와 구성은 앞서 정리한 4장, 「현행 시련의식의 진단」, "대령" 편을 참조하도록 하고 여기에선 대상을 이동시키는 시점을 중심으로 꼭 짚고 넘어가야할 몇 가지를 정리하겠다.

책의 본문 협주엔 다음과 같은 내용[1]을 전한다.

> 법주가 불러 청하는 진언을 한 뒤에 고혼孤魂을 세 번 청한다. 전물奠物(祭物)은 진상하지 말고 차만 세 잔 올린 뒤에 전물을 철상撤床하여 마친다. 법주는 "아무 영가여"하고 부르고는 "이미 경건한 초정을 받았으니…. 한 가지 맑은 향을…. 이미 향기로운 공양을 받았으니 ……"를 하고 상단을 가리키는 진언을 세 번 한다. 다음에 인도咽導는 염화게拈花偈를 의례대로 읊는다.[2]

> 法身遍滿百億界법신변만백억계　　普放金色照人天보방금색조인천
> 應物現形潭底月응물현형담저월　　體圓正坐寶蓮臺체원정좌보련대
> 南無大聖引路王菩薩나무대성인로왕보살

협주엔 들어나지 않았지만 내용에 전하는 대령은 야외 어딘가에 임의로 마련한 영청소에서 망자, 고혼을 청해 맞이하는 것으로 확인되었다. 「대령의」를 시작하는 협주의 내용엔 분명, "법회에 참석하는 대중은 문 밖에 설치되어 있는 대령對靈하는 곳에 이르러[法衆卽赴門外對靈之所]"라는 설명문을 남기고 있기 때문에 이와 같은 추정을 가능하게 한

1_ 해동사문 지환, 김두재 옮김, 『천지명양수륙재의범음산보집』, 44쪽.

2_ 「法主召請眞言後 孤魂三請 末進奠物 獻茶三杯後 撤奠物畢 法主唱某靈駕 旣受虔請云 一炷淸香云 旣受香供云 指壇眞言三遍 次咽導拈花偈例云」.

다. 망자를 청한 후엔 대상을 이동시키기에 앞서 염화게拈花偈를 행하도록 했다. 그럼, 불교 의식을 진행함에 있어 염화게가 등장한다는 것을 어떻게 이해하고 받아들여야 할까? 그 목적과 상징성이 무엇을 의미하는지 꼭 짚고 가야한다.

의식의 절차 속에 등장하는 염화게는 흔히 자리를 이동할 경우, 정확히 설명하면 특정한 대상을 이동시킬 때 등장하는 게송이다. 대부분 7언 4구로 구성되어 있는데 이동시키는 대상에 따라 가사의 내용이 달라지는 특징이 있다. 하지만 내용이 달라지더라도 "염화게"란 명칭은 변하지 않는 것으로 확인된다. 『천지명양수륙재의범음산보집』의 경우, 염화게를 행한 후엔 항상 특정한 대상을 이동시킨 것으로 확인되는데 이후엔 대상에 따라 "나무영산회상불보살"이나 "나무대성인로왕보살"을 소리하거나 "천수주", "모란찬", "법성게" 등을 이어갈 수 있도록 했다. 그러므로 염화게는 특정한 대상을 이동시키는 시점을 예상하게 하는 열쇠로 보기에 무리가 없을 만큼 중요한 게송이다. 「대령의」에선 염화게 후 "나무대성인로왕보살"을 소리하며 망자를 이동시킨다.

이쯤해서 또 한 가지 고민할 것이 있다.

바로, 협주 내용에 등장하는 "인성引聲"을 어떻게 받아들이는 것이 옳을 것인가 하는 문제다. 현재의 우리는 대부분 "인성"을 "나무대성인로왕보살"을 소리하는 것으로 이해하고 또 그렇게 받아들인다. 하지만, 조선시대에서 통용되던 "인성"이란 꼭, "나무대성인로왕보살"만을 소리하는 것은 아니었던 것이 『천지명양수륙재의범음산보집』 곳곳에 들어난다. 당시엔 "인성"을 "(특정한 대상을) 인도하는 소리" 혹은, "소리하며 (특정한 대상을) 인도한다." 등으로 여겼던 것으로 보이는데 이는 대상에 따라 각기 다른 소리를 행하도록 주문하면서 대상을 이동시키는 과정에선 이를 "인성"으로 표현점이 두드러지기 때문이다. 또한 현재와 같이 "인성"을 "나무대성인로왕보살"로 받아들여 '아 이때, "나무대성인로왕보살"을 소리하면서 이동 했겠구나'하고 생각한다면 이치에도 맞지 않는다.

가령, 원문에 「거령산인성요잡擧靈山引聲繞匝」이 기술되어 있다고 가정해보자. 이를 현재의 관점으로 〈거령산, "나무영산회상불보살"을 소리하고 또 인성, "나무대성인로왕보살"을 소리하며 요잡한다〉로 해석하는 것이 맞을까? 상식적으로 "나무영산회상불보살"과 "나무대성인로왕보살"을 동시에 이어서 소리하며 이동할 필요가 없다. 오히려 이를 〈거령산, "나무영산회상불보살"을 소리하며 (특정한 대상을) 인도하고 요잡한다.〉로 받아들이는 것이 옳다. 그러므로 『천지명양수륙재의범음산보집』에서 말하는 "인성"이란 대상에 따라 가사를 달리하는 "나무대성인로왕보살"·"나무영산회상불보살"·"법성게"·"천수주"·"마하반야바라밀" 등을 상황에 맞게 〈(특정한 대상을) 인도하기 위해 소리하는 것〉으로 받아들이는 것이 원문을 이해하는데 도움 될 듯싶다. 물론, 「대령의」에서 망자를 이동할 때 망자를 인도해 가는 과정에서의 "인성"은 "나무대성인로왕보살"로 소리하는 것이 맞다.

또 한 가지, 「대령의」에서 청하고 모시는 망자가 누구이며 어떤 목적으로 청하는지도 따져볼 필요가 있다. 현재의 우리는 대부분 「대령의」에서 청하는 대상이 곧 천도와 추선의 대상이라 여긴다. 하지만 「대령의」에서 모셔오는 대상은 천도의 대상이라기 보단 설판재자 혹은 설판하는 생자와 인연 있는 망자로 보는 것이 타당할 듯하고 만약 망자의 이름으로 재 의식을 설판한다면 그 주인공을 재 의식에 동참시킬 목적으로 청해 모시는 것으로 보는 것이 옳을 듯하다. 왜냐하면 수륙재의 경우 천도나 추선의 대상이 되는 또 다른 일체의 망자와 고혼孤魂을 하단의식에서 따로 청하고 맞이하기 때문에 대령의식에서의 망자와 하단의식에서의 망자는 분명히 구분될 수밖에 없을 것으로 본다. 다시 이어지는 내용[3]을 보자.

> **인성引聲으로 읊으면서 요잡繞匝 의식을 하고**[4] 정중庭中에 이르면 음악을 멈춘다. 그리고는 문을 여는 게송[開門偈]을 읊고, 다음에는 정중게庭中偈를 읊은 다음 널리 예를 올리는 의식[普禮]을 거행한다.[5]

普禮十方常住法身報身化身諸佛陀보례시방상주법신보신화신제불타

普禮十方常住經藏律藏論藏諸達摩보례시방상주경장율장논장제달마

普禮十方常住菩薩緣覺聲聞諸僧伽보례시방상주보살연각성문제승가

3_ 해동사문 지환, 김두재 옮김, 『천지명양수륙재의범음산보집』, 45쪽.

4_ "인성"을 "인도하는 소리"로 재해석해 받아들이면 협주의 내용을 "(나무대성인로왕보살), 소리로서 대상을 인도하며 는 소리를 행하며 요잡하고" 정도로 이해할 수 있겠다.

5_ 「引聲 繞匝 至庭中 止樂 開門偈 次庭中偈後 普禮云」.

인성과 요잡을 행하며 영청소에서 도량으로 향하는 행렬이 마당 중앙에 이르는 과정을 설명하는 내용엔 "가마" 혹은 "연"으로 망자를 모셔온다는 말이 없다. 다만, 망자의 위패를 모시고 이동한 흔적만 보일 뿐이다. 그리고 도량에 도착한 후엔 삼보 전에 예를 올리는 것으로 마무리된다. 만약, 현재의 「사명일대령」과 같이 증명청, 즉 고혼을 인도하는 성현, 인로왕보살을 청해 맞이하는 의식을 병행한다면 이때 성현을 연에 모셔 이동하는 시련이 가능했을 것으로 짐작한다. 하지만 『대령의』엔 증명보살을 청한 흔적은 보이질 않는다. 그러므로 단순히 위패를 이동시켰을 뿐 증명보살을 모시는 시련을 행했을 가능성은 희박하다.

2. 「불사리이운佛舍利移運」

이미 언급했듯이 이운이란 말 그대로 눈에 보이는 사물, 특정한 무언가를 이곳에서 저곳으로 옮기거나 이동시키는 것을 말한다. 그러므로 「대령의」와 같이 눈에 보이지 않는 대상, 불・보살과 일체 성현 그리고 망자 등을 청하고 모시는 것과는 구성적인 면에서 많은 차이가 있다. 물론, 이운의식과 시련은 특정한 대상을 이동시킨다는 점에서 공통점이 있을 것이라 예상하지만 겉으로 들어나는, 이동 시키는 대상의 규모와 크기를 고려해 볼 때 가마, 연을 사용했을 가능성을 예측하기란 쉽지 않다.

「불사리이운」은 부처님의 사리舍利를 이곳에서 저곳으로 옮길 때 행하는 의식이다. 전체적인 구성은 옹호게를 시작으로 사리게舍利偈와 염화게를 행하고 이어 장소를 이동하고 있도록 했다. 염화게와 이후 들어나는 협주의 내용[6]을 살펴보자.

靈鷲拈花示上機영축염화시상기 肯同浮木接盲龜긍동부목접맹귀
飮光不是徽徽笑음광불시미미소 無限淸風付與誰무한청풍부여수

6_ 해동사문 지환, 김두재 옮김, 『천지명양수륙재의범음산보집』, 61~62쪽.

“꽃을 흩뿌립니다[散華落].”를 세 번 한다. 바라를 울린 다음 **거령산擧靈山 의식을 하되 인성引聲으로 하면서 요잡의식을 거행하고** 천천히 발걸음을 옮겨 부도浮屠가 있는 곳에 이르면 음악을 멈춘다. 바라를 세 차례 울린 뒤에 자리를 드리는 의식과 차를 올리는 의식을 한다.[7]

내용은 부처님의 사리를 특정한 장소에서 부도로 옮기는 과정을 설명하고 있다. 물론, 사리를 옮기는 시점에 염화게를 행한다. 하지만 앞서 살핀 「대령의」의 염화게 가사와 내용이 다르다. 동일한 게송의 명칭, 염화게를 사용하면서 내용에 차이가 있는 것은 다름 아닌 이동시키는 대상이 부처님과 동일한 지위의 불사리이기 때문으로 판단한다. 불사리를 이동시킬 때 소리하는 “인성”이 거령산, “나무영산회상불보살”인 점도 이와 무관하지 않다. 하지만 아쉽게도 부처님의 사리를 가마에 실어 옮긴 흔적은 보이지 않는다.

3. 「고승사리이운高僧舍利移運」

불가에선 부처님의 사리 외, 고승高僧의 사리도 이운의식을 통해 이동시켰다. 「고승사리이운」의 전체적인 구성은 염화게에 해당하는 게송을 행한 후 부도 앞에 이르러 법상에 오르는 등상게登床偈를 소리하고 이어 공양의식을 펼친 것으로 확인된다. 내용[8]을 옮겨보자.

頂戴琅函入寶輦정대낭함입보련	仙童前引梵倫隨선동전인범륜수
樂音讚唄喧山壑악음찬패헌산학	花雨從天萬點垂화우종천만점수

각각 바라를 울린 뒤에 부처님을 중심으로 하여 그 수위를 도는 요잡의식을 하는데 일시에 풍류를 다 같이 울리면서 천천히 발걸음을 떼어 놓는다. 부도 앞에 이르면 풍류를 그치고

7_ 「散花落三 動鈸後 擧靈山 引聲 繞匝 至浮屠前 止樂 三動鈸三度而後 獻座及茶偈 云云」.

8_ 해동사문 지환, 김두재 옮김, 『천지명양수륙재의범음산보집』, 63~64쪽.

다음에 법상에 오르는 게송을 읊는다.[9]

行到玲瓏妙塔下행도영롱묘탑하 寶嚴床上可登臨보엄상상가등림
數杯茶了兒孫禮수배다요아손례 然後安棲率堵心연후안서솔도심

각각 바라를 울린 뒤에 자리를 드리는 의식과 차를 올리는 게송을 한다. 혹 어떤 제자들은 차를 올리는 예를 하려고 할 때에 제물奠物을 차려 배치한 다음 초헌初獻(첫 번째 잔을 올림)을 하고 다음에 제문祭文 읽기를 마치고 나서 두 번 절을 하고 아헌亞獻(두 번째 잔을 올림)을 하며, 그 다음에 종헌終獻(마지막 잔을 올림)을 한다. 그러고 나서 세 번 절을 한 뒤에 인도咽導가 "마하…"하고 세 번 읊으면 다시 "마하반야바라밀"을 인성引聲으로 읊고 풍류를 울리다가 멈추고 잠시 침묵하다가 공양을 올리는 주와 회향하는 주를 한다.[10]

사실, "정대낭함입보련"으로 시작하는 게송은 원문에서도 명칭을 전하고 있지 않아 정확히 어떤 명칭의 것인지 확인하기 어렵다. 다만, 『석문의범』에서 이 게송을 "행보게行步偈"라 칭하고 있는 점으로 미뤄 고승의 사리를 이동시키기 위한 게송인 것만은 분명해 보인다.

전하는 내용을 보면 특정한 장소에서 사리를 이동시키려는 행보게를 소리한 다음 부도 앞에 이르는 과정을 설명하고 있다. 특히, 이동의 과정에선 풍류, 음악을 연주한 것 외 다른 "인성"은 행하지 않았던 것으로 보이는데 등상게 이후 다례의식을 마친 다음 "마하반야바라밀"로 "인성"한다는 원전의 내용을 확인할 때 사리를 이운해 오는 과정에서도 "마하반야바라밀"을 소리했을 가능성이 높아 보인다. 물론, 이운하는 과정에서 가마를 사용한 흔적은 찾아 볼 수 없다.

9_ 「各動鈸後繞匝 風流一時俱作 徐徐運步 至浮屠前 止樂 次登床偈云云」.

10_ 「各動鈸後 獻座及茶偈云 或弟子欲爲茶禮 則進奠物排眞後 初獻 次讀祭文畢 再拜後 亞獻 次終獻 各三拜後 咽導三麽訶云 麽訶般若波羅密 引聲 風流 良久 供養回向呪云」.

4. 「가사이운袈裟移運」

가사袈裟란 염의染衣 · 간색의間色衣 · 적혈색의赤血色衣 · 괴색壞色 등으로 한역되는데 인도의 엽사獵師 등이 입었던 누더기 옷을 불교의 승단이 받아들여 법의法衣로 발전시키면서 정착되었다. 스님들이 입는 가사를 "가사"로 부르게 된 이유는 인도의 엽사가 입던 옷이 "카샤야"로 불렸고 색깔 또한 청 · 황 · 적 · 백 · 흑 등의 5가지 정색正色을 피해, 색이 섞이고 바랜 듯 한 것을 사용했기 때문인 것으로 추정한다. 불교가 북방에 전파됨에 따라 규정된 삼의三衣만으로는 추위를 막을 수 없었기에 하의下衣를 착용하게 되었고, 그것이 법의로 변천하면서 점차, 신성시되었다. 한국이나 중국 · 일본에서 말하는 가사는 금란 · 금릉으로 불리고 있으며 문양이나 바느질 방법을 사용하여 화려해졌는데, 삼의의 형식은 바뀌지 않고, 사각형으로 재단한 것을 서로 꿰매는 방법을 쓴다. 형상은 계율에 관련된 성전의 규정을 전승하고 있다.[11]

이렇듯 불교에서의 가사는 단순한 옷의 범주를 넘어 불교, 그 자체를 상징하거나 '부처님의 옷' 혹은 '부처님의 가르침'으로 승화되어 있다. 그래서 가사를 옮길 경우엔 부처님과 동일한 위치에서 이운의식을 통해 진행하도록 했다. 가사를 이운하는 장면[12]을 확인해보자.

袈裟頌가사송

佛祖傳來只此衣불조전래지차의	兒孫千載信歸依아손천재신귀의
裂縫條葉分明在열봉조엽분명재	天上人間荷者稀천상인간하자희

"꽃을 흩뿌립니다(散華落)."를 세 번 외친다. 그리고 바라춤을 추고 뇌고雷鼓 3도度를 울리며, 인성引聲으로 거령산擧靈山을 하면서 요잡의식을 하여 법당 앞에 이르면 음악을 그친다. 그리고 부처님께 가사를 바치는 게송(獻佛偈)을 한다.[13]

11_ 『佛敎大辭典』, 11쪽.

12_ 해동사문 지환, 김두재 옮김, 『천지명양수륙재의범음산보집』, 65쪽.

13_ 「散華落三 動鈸 雷鼓三度 擧靈山 引聲 繞匝 至法堂前 止樂 獻佛偈」.

전해지는 게송은 "가사송袈裟頌"이라 전한다. 가사송은 말 그대로 가사를 칭송하는 내용의 것이다. 가사송을 행한 이후에 "나무영산회상불보살"을 소리하며 이동하기에 이때의 "인성"은 거령산이다. 가사를 이동시켜 법당으로 향한 이유는 법당 내에서 가사를 점안하기 위한 것으로, 책에는 가사를 법당으로 이운한 뒤에 헌불게를 행하고 점안작법點眼作法을 진행하도록 했다. 가사점안 끝나고 나면 연비燃臂와 참회게懺悔偈 그리고 청사를 이어가고 이후 권공의식을 진행한다. 물론 내용에서 확인했듯이, 가사를 옮기는 과정에서 가마나 연을 사용한 흔적은 보이지 않는다.

5. 「전패이운殿牌移運」

전패殿牌란 임금의 장수長壽를 빌기 위해 불전, 탁자 위에 안치한 수패壽牌를 말한다. 내용엔 "금상폐하성수만세今上陛下聖壽萬歲" 등의 축원문이 쓰여 있는데 현재에 이르러는 「전패이운」을 행하는 경우를 찾아 볼 수 없지만 조선시대엔 전대에 걸쳐 전패를 이운하는 의식이 성행했을 것을 가능성이 높다. 특히, 수륙재에선 왕실과 관계해, 의식 전반에 전패를 등장시켜 적극 활용했을 것으로 예상한다. 책에는 전패를 이운하는 과정에서 행보게와 염화게 모두를 행한 것으로 확인된다. 내용[14]을 살펴보자.

行步偈행보게

天回鳳輦烟霞界천회봉련연하게　　一解龍顔四海春일해용안사해춘

到此身心忘自貴도차신심망자귀　　親行數步示人民친행수보시인민

拈花偈염화게

惟佛獨尊天上下유불독존천상하　　人王亦貴世人間인왕역귀세인간

金沙步步香花落금사보보향화락　　含笑春風已滿顔함소춘풍이만안

14_ 해동사문 지환, 김두재 옮김, 『천지명양수륙재의범음산보집』, 67쪽.

각각 바라를 울린 뒤에 영산곡靈山曲 풍류風流를 사람들과 함께 연주하면서 천천히 발걸음을 떼어 놓는다. 법당 앞에 이르면 음악을 그치고 삼전三殿에 축원을 한다.[15]

〈그림 1〉 월정사 소장 삼전패(三殿牌)[16]

전패를 이운하면서 행보게와 염화게 모두 행했다는 건 전패를 옮기는 무리에게도 직접 게송을 설한 것이어서 주목된다. 이운하는 과정엔 "인성"이 등장하지 않는다. 이는 전패의 주인공에 대한 사회적 권위는 인정하면서도 불교의 믿음, 즉 신앙의 대상으로 전패를 대한 것은 아니었음을 의미한다. 다만, 영산곡을 연주하면서 법당으로 향했기에 전패의 주인공이 왕실과 직접적으로 관련 있는 인물이었을 것으로 추정할 뿐이다. 특히, 법당 앞에서 삼전三殿에 축원했다고 전해지는데 여기에서 말하는 삼전은 주상主上・왕비王妃・세자世子를 가리키고 있어 이와 같은 추정을 뒷받침한다.

내용엔 가마나 연이 등장하지 않는다. 하지만 조선이라는 시대적 상황을 고려해 볼 때 얼마든지 연을 사용했을 것으로 추정하는데 이는 전패의 이동이 곧 임금의 행차를 상징하기 때문이다. 당연히 전패를 이동시키는 과정에서 연을 사용했을 가능성이 높다.

6. 「금은전이운金銀錢移運」

「금은전이운」에 관해서는 이미 제3장에서 언급한 바 있어 여기에선 금은전을 이운

15_ 「各動鈸後 靈山曲風流與人同樂 徐徐運步 至法堂前 止樂 三殿祝願云云」.
16_ 2015년 불교중앙박물관 특별전 "불전장엄(佛殿莊嚴), 붉고 푸른 장엄의 세계", 촬영 : 필자.

하는 상황만을 다루겠다. 금은전을 이운하는 의식은 먼저, 옹호게를 행하고 이어 행보게 그리고 금은전을 시왕十王에게 옮겨와서는 헌전게獻錢偈를 이어가도록 했다. 그러므로 「금은전이운」은 특정한 장소에서 금은전을 제작 후 시왕 앞으로 이동하는 과정을 의식으로 승화시킨 것으로 볼 수 있다. 과정[17]을 확인해 보자.

行步偈행보게

誰道金銀山不動수도금은산부동	不煩天帝命夸娥부번천제명과아
人間紙作冥間寶인간지작명간보	儘是如來妙力多진시여래묘역다

"나무마하반야바라밀"을 인성引聲으로 읊고 요잡의식을 하면서 시왕十王 앞에 이르면 음악을 그친다. 다음에는 명부전 드리는 게송(獻錢偈)을 읊는다.[18]

금은전은 명부에서 통용되는 돈이다. 그래서 이를 명간보冥間寶라 한다. 현재 성행하고 있는 생전예수재에서도 금은전을 명부의 시왕과 고사단에게 헌공하고 있는데 이는 오래 된 관습으로 볼 수 있다. 금은전을 이운하는 과정에서의 "인성"은 "나무마하반야바라밀"이다. 하지만 돈을 이운하는 과정에서 가마를 사용한 흔적은 보이지 않는다.

7. 「시주이운施主移運」

「시주이운」에 관해서는 이미 제3장에서 자세히 살핀 바 있다. 여기에선 시주자를 이동시키는 정황만을 살펴보기로 한다.

공양을 올리는 주呪와 회향하는 주를 한 뒤에 대중들과 시주施主는 차를 올린다. 그런 뒤에 위의를 갖추어 나열해 선다. 시주는 **모자(冠)를 벗고 허리띠(帶)를 끄르고 가마(輦)에 실은 후에**

17_ 해동사문 지환, 김두재 옮김, 『천지명양수륙재의범음산보집』, 69쪽.

18_ 「南無摩訶般若波羅密 引聲 繞匝 至十王前 止樂 次獻錢偈云云」.

발걸음을 내딛는 게송(行步偈)을 한다.[19]

行步偈행보게

移行千里滿虛空이행천리만허공　　歸道情忘到淨方귀도정망도정방

三業投誠三寶禮삼업투성삼보례　　聖凡同會法王宮성범동회법왕궁

난경亂經 요잡의식을 하고 정중庭中에 이르면 음악을 그친다. 다음에는 널리 예 올리는 게송(普禮偈)을 한다.[20]

이미 소개했지만, 『천지명양수륙재의범음산보집』에서 소개하는 다양한 이운의식 중 유일하게, 이동하는 과정에서 가마를 사용하는 의식이 바로 「시주이운」이다. 현행 시련의식 정착에 절대적인 영향을 미친 것이 바로 이 「시주이운」이고 또 현행 시련의식에서 가마, 연을 사용하고 있는 것도 결국, 「시주이운」의 것을 그대로 수용해 재현했기 때문으로 추정한다.

그럼 왜, 당시엔 시주자의 모자와 허리띠 등을 가마에 실어 이동했을까? 이유는 당연히 시주자의 사회적 신분이 높았기 때문이다.

다음에는 삼전三殿의 축원을 하고, 그 다음에는 시주를 위해 축원한다.[21]

이미 「전패이운」에서 삼전이 무엇을 의미하는지 설명한 바 있다. 왕실을 위한 축원을 하고 이어 시주자를 위한 축원을 이어간다는 것은 상식적으로 당시를 살아가던 서민을 대상으로 하기보다 시주자 자체가 왕실이나 종묘사직宗廟社稷에 몸담고 있는 고위직이었음을 말한다. 내용엔 "인성"이 들어나지 않는다. 다만, 다양한 경전을 소리하며 이동했을 가능성을 비추는 "난경"이 등장한다.

19_ 「供養呪及回向呪後 大衆及施主點茶 後威儀列立 施主 脫冠衣帶 載輦之後 行步偈 云」.
20_ 「亂經繞匝 至庭中 止樂 次普禮偈云」.
21_ 「次三殿祝願 次施主祝願云云」.

8. 「경함이운經函移運」

경함經函이란 경상經箱으로도 알려져 있는데 흔히 경을 넣어 보관하는 상자를 말한다. 불교에서의 경經은 부처님의 가르침을 상징하고 있기에 그 자체만으로도 신앙의 대상이 된다. 그런 연유로 경전과 이를 보관하는 상자를 옮길 경우엔 이운의식을 통해 진행하도록 했다. 내용[22]을 확인해 보자.

拈花偈염화게

花果一時同妙法화과일시동묘법	染中常淨亦如然염중상정역여연
今將數朶芙蓉蘂금장수타부용예	供養靈山法寶前공양영산법보전

"꽃을 흩뿌립니다散華落." 를 세 번 외친다. 그리고 바라를 울린 뒤 거령산擧靈山을 하고 인성引聲으로 요잡의식을 하면서 단상壇上에 이르면 음악을 그친다. 그리고 경을 찬미하는 게송[讚經偈]을 한다.[23]

경함을 이운하는 과정에서의 "인성"은 거령산이다. 이는 곧 부처님의 말씀을 보관하고 있는 경함 자체가 종교적으로 어떤 신앙적 위치에 있는지를 가늠케 하는 예라 할 수 있다. 하지만 경함을 이운하는 과정에서 가마를 이용한 흔적은 찾을 수 없다.

9. 「괘불이운掛佛移運」

괘불掛佛이 무엇인지는 이미 언급했으니 생략하고 전체적인 설행과정을 살펴보자. 「괘불이운」은 먼저 옹호게를 시작으로 부처님을 찬미하는 게송인 찬불게讚佛偈와 출산게出山偈를 이어간다. 다음 이운에 앞서 염화게를 설한 뒤 이동을 시작하는 것으로 들어난

22_ 해동사문 지환, 김두재 옮김, 『천지명양수륙재의범음산보집』, 73쪽.
23_ 「散華落三 動鈸後 擧靈山 引聲 繞匝 至壇上 止樂 讚經偈云云」.

다. 장소에 도착한 후엔 등상게와 사무량게四無量偈 그리고 영산지심靈山志心을 이어간다. 이동하는 과정[24]을 보자.

拈花偈염화게

菩薩提花獻佛前보살제화헌불전　　由來此法自西天유래차법자서천

人人本具終難恃인인본구종난시　　萬行新開大福田만행신개대복전

"꽃을 흩뿌립니다散華落."를 세 번 한다. 그리고 바라를 울린 뒤에 인성引聲으로 거령산을 하고 요잡의식을 하면서 정중庭中에 이르면 음악을 그친다. 그리고 법상에 오르는 게송登床偈을 한다.[25]

괘불은 부처님의 형상을 모신 탱화다. 그리고 규모가 상당히 크기 때문에 지지대에 걸 수 있도록 제작되었다. 그래서 괘불이라 한다. 이운의 대상은 당연히 부처님이다. 그러므로 이동 과정에서의 "인성"은 거령산이다. 물론, 괘불의 규모가 상대적으로 크기 때문에 가마를 이용하기는 불가능했을 것이고 내용에서도 가마로 옮긴 흔적은 발견되지 않는다. 다만, 괘불을 옮기는 과정에서 부처님의 불패를 함께 이동시켰을 경우, 불패를 가마에 실어 모셨을 가능성은 얼마든지 있다.

10. 「설주이운說主移運」

설주說主란 부처님을 대신해 부처님의 가르침을 설說하는 불가의 큰 어른을 말한다. 현재에 이르러는 설주보다는 법사法師란 표현을 더 많이 쓰고 있어 때론 이 의식이 「법사이운」으로 통용되기도 한다. 이미 제3장에서 설명했듯이 설주, 혹은 법사는 우리와 동일한 인간의 겉모습을 하고 있지만 가르침을 전하는 과정에 있어서는 부처님과 동일

24_ 해동사문 지환, 김두재 옮김, 『천지명양수륙재의범음산보집』, 76쪽.
25_ 「散華落三 動鈸後 擧靈山 引聲 繞匝 至庭中 止樂 登床偈云云」.

한 성현으로 모셔지기에 설주를 이동시킬 땐 늘 이에 걸맞은 의식을 진행하도록 했다. 하지만 아쉽게도 현재에 이르러는 「설주이운」을 현장에서 경험하기란 쉽지 않다.

전체적인 구성은 부처님을 옮기는 게송인 동불게動佛偈를 행하고 법사게法師偈와 출산게出山偈을 이어간다. 이동할 준비를 마치면 염화게를 소리하고 이동과정에선 부처님과 동일한 거령산으로 설주를 인도한다. 장소에 이르러는 등상게와 좌불게坐佛偈를 소리한다. 이동의 정황을 살펴보자.[26]

拈花偈염화게

靈鷲拈花示上機영축염화시상기　　肯同浮木接盲龜긍동부목접맹귀
飮光不是微微笑음광불시미미소　　無限淸風付與誰무한청풍부여수

"꽃을 흩뿌립니다(散華落)."를 세 번 외친다. 그리고 바라를 울린 뒤에 부드러운 소리로 길게 늘여 거령산을 하고 요잡의식을 하면서 정문正門으로 들어간다. 세 바퀴를 돌때에 법회에 모인 대중들은 각각 제자리로 나아간다. 인도咽導는 상황을 보아 음악을 그치고 법상에 오르는 게송(登床偈)을 한다.[27]

확인할 수 있듯이 설주가 이동하는 과정에서 행한 소리는 거령산이다. 재차 강조하지만 이는 곧 설주를 부처님과 동일하게 대하고 있음을 말한다. 부처님을 상징하는 동불게와 좌불게를 소리하는 것도 이와 무관하지 않다. 하지만 설주를 가마에 실어 모신 흔적은 보이지 않는다. 설주 스스로 이동했을 가능성이 크다.

11. 『중례문中禮文』

『중례문』은 흔히, 『천지명양수륙재의찬요』로 알려진 수륙재의 한 저본이다. 『천지

26_ 해동사문 지환, 김두재 옮김, 『천지명양수륙재의범음산보집』, 80쪽.
27_ 「散花落三 動鈸後 擧靈山 繞匝 入正門 三匝時 法衆各就立 咽導見機 止樂 登床偈云」.

명양수륙재의범음산보집』엔 수륙재를 행하는 다양한 절차를 소개하고 있는데 책, 상권엔 새벽과 오전 중에 이운의식과 영산작법 등을 행하고 점심이후 『중례문』으로 의식을 진행하도록 했다. 『중례문』으로 의식을 진행할 경우 상단과 중단 그리고 하단으로 이어가는 과정에서 불・보살과 일체성현 그리고 수많은 부류의 중생을 청하고 모신다.

1) 상단시련

『중례문』으로 수륙재를 진행할 경우 먼저 본 도량에서 할향喝香, 삼등게三燈偈, 삼귀의三歸依, 삼지심三至心, 개계소開啓疏, 합장게合掌偈, 고향게告香偈, 걸수게乞水偈, 천수주千手呪, 엄정게嚴淨偈, 대회소大會疏, 연비燃臂, 설법게說法偈 등을 행한다. 이는 수륙재를 설행하기 위한 준비과정으로 『중례문』의 설회인유편設會因由篇부터 주향공양편呪香供養篇까지가 이에 해당한다. 이어 일체 성현에게 설판재자의 서원을 전하기 위해 사자단使者壇 의식을 진행하고 초청한 모든 대상이 원만하게 도착할 수 있도록 길을 닦아 여는 오로단五路壇 의식을 이어가 초대한 상단 이하 모든 대상을 맞이할 준비를 마친다.

이후 상단 불・보살을 청해 맞이하기 위한 영청소迎請所로 대중 모두 이동해 가는데 이곳 영청소엔 성현을 맞이함은 물론, 영접하여 목욕시키는 관욕당灌浴堂을 마련하고 있다. 바로 『중례문』의 소청상위편召請上位篇부터 찬탄관욕편讚歎灌浴篇, 인성귀의편引聖歸依篇이 이에 해당하는 의식이다. 관욕을 마친 다음 인성귀의편을 행한 후 비로소 성현을 본 도량으로 모시는 의식을 진행한다. 내용[28]을 살펴보자.

拈花偈염화게

千尺絲綸直下垂천척사륜직하수	一波纔動萬波隨일파재동만파수
夜靜水寒魚不食야정수한어불식	滿船空載月明歸만선공재월명귀

"꽃을 흩뿌립니다(散花落)."를 세 번 하고 바라를 울리고 뇌고雷鼓를 3도度 친 다음 거령산擧靈

28_ 해동사문 지환, 김두재 옮김, 『천지명양수륙재의범음산보집』, 139쪽.

山을 부드러운 소리로 길게 늘여 창하면서 요잡의식을 거행하다가 **연**輦이 법당에 이르면 음악을 그치고 부처님을 앉으시게 하는 계송[坐佛偈]을 한다.[29]

이미 살펴본 내용이지만 『중례문』에서 상단, 성현을 모셔오는 과정에 가마, 연輦이 등장한다. 그리고 그 대상이 불・보살임을 강조하듯 "인성"을 거령산으로 행한다. 부처님을 도량으로 모셔온 후엔 헌좌안위편獻座安位篇과 찬례삼보편讚禮三寶篇을 이어가 성현을 자리에 안치시키고 참석 대중 모두 귀의하는 의식을 진행한다.

2) 중단시련

중단의 성현을 모셔오는 것 역시, 영청단에서 진행하고 있다. 상단과 같이 중단의 성현도 청한 이후에 바로 관욕의식을 이어 가고 관욕을 마친 다음엔 염화게를 소리하여 장소를 이동시킨다. 내용[30]을 보자.

拈花偈염화게

今向如來寶座前금향여래보좌전	五禮投誠歸命禮오례투성귀명례
願滅輪迴生死因원멸윤회생사인	速悟二空常樂體속오이공상락체

영청당迎請堂을 정문에 시설하였으면 **가마를 모시는 예는 하지 않아도 된다. 다만 빈 가마로 위패를 모시고 거행하면 된다**. 영청소迎請所가 매우 먼 곳에 있어서 **부득이 가마로 모셔야 할 경우라면 모든 위의威儀를 갖추어 나열해 서서 범음梵音이 "꽃을 흩뿌립니다[散花落]."를 세 번 창唱하고 바라를 울린 다음 혹은 목단찬牡丹讚[31]을 읊기도 하고 혹은 삼귀의三歸依를 읊기도 하며 혹은 천수주千手呪를 독송하기도 한다**. 인성引聲으로 요잡의식을 진행하여 정중庭中에 이르면 음악을 멈추고 천선이 성현에게 참례하는 편[天仙禮聖篇]을 한 뒤에 아래 게송을 읊는다.[32]

29_ 「散花落三 動鈸雷鼓三度後 擧靈山 引聲 繞匝 輦至法糖 止樂 坐佛偈云」.
30_ 해동사문 지환, 김두재 옮김, 『천지명양수륙재의범음산보집』, 148쪽.
31_ 원문에선 "목단찬"의 한자를 "萩丹讚"과 "牡丹讚"으로 혼용해 사용한 흔적이 보인다. 현재에 이르러는 "목단찬"이 "모란찬"으로 알려져, 통용되고 있다.

협주엔 중단의 성현을 모셔오는 방법을 자세히 기술하고 장소와 여건에 따라 어떻게 견기이작해야 할지 소개하고 있다. 특히, 중단의 성현을 청하고 맞이하는 영청당의 위치에 따라 시련하는 방법을 두 가지로 나눠 설명하고 있는데 영청 하는 장소가 멀리 있을 경우엔 모든 위의를 갖춰, 마치 상단의 성현을 모셔오듯 해야 한다고 강조하고 있다. 특히, 성현을 모셔오는 과정에서의 "인성"은 상단의 거령산과 분명 차별되고 있는데 중단에서는 목단찬, 삼귀의, 천수주 등을 독송하는 것으로 밝혔다.

여기에서 한 가지, 목단찬牡丹讚은 현재 모란찬牧丹讚으로 알려져 있는데 가사는 "모란작약 연화위존귀 증여여래 친족진금체 구품지중 화생보리자 불석금전 매헌용화회牧丹芍藥蓮華爲尊貴曾與如來親足眞金體九品池中化生菩提子不惜金錢買獻龍華會"이다. 내용은 중단성현의 강림을 찬탄하는 것으로 『석문의범』엔 대례왕공편, 청사 이후에 행하는 것으로 들어난다.[33] 하지만, 『천지명양수륙재의범음산보집』, 「대례왕공양문大禮王供養文」엔 실려 있지 않다. 『중례문』에서 중단의 성현을 맞이하면서 목단찬을 염송하며 이동했다는 것은 목단찬 자체가 중단 성현을 상징하는 의식문으로 볼 수 있어 주목된다.[34]

도량에 도착해서는 앞서 자리한 상단 불・보살을 향해 예를 올리는 천선예성편天仙禮聖篇을 하고 이어 자리에 안치시키는 헌좌안위편獻座安位篇을 이어간다.

3) 하단시련

상단과 중단의 일체 성현을 자리에 모신다음 하단 의식을 진행하는데 『중례문』에서의 하단은 증명단을 포함 24부류의 중생을 청하고 있다. 물론, 이들 모두가 수륙재의 설행 목적을 위한 천도와 추선의 대상들이다. 한 가지, 여기에 증명단이 포함되는 이유는 인도人道[35]와 고혼孤魂[36] 그리고 삼도三途[37]에 머물고 있는 일체 모든 중생을 원만하

32_ 「迎請堂 設正門 則不用侍輦之禮 但以虛盖 俠牌侍行 爲可 迎請所 甚遠處 强爲侍輦 則諸威儀 列立 梵音 唱散花落三 動鈸後 或咏牡丹讚 或咏三歸依 或唱千手 引聲 繞匝 止庭中 止樂 天仙禮聖篇後 下偈」.

33_ 安震湖, 『釋門儀範』 上, 150쪽.

34_ 현행 시왕각배재도 중단의 성현, 열 시왕과 시위권속을 맞이하는 시점에 모란찬을 홋소리, 다게성(茶偈聲)로 소리하고 이때 나비무를 행한다.

35_ 제왕과 문무백관, 농부, 상인 등의 온갖 부류의 중생.

36_ 천벌을 받아 죽었거나 전쟁과 재난, 도적과 해충, 자연재해 등의 피해로 죽은 고혼.

게 데려오기 위함이고 이때의 증명보살은 아미타불을 위시한 인로왕보살과 면연귀왕으로 확인된다.

하단 중생을 청하고 모셔오는 과정을 살펴보자.[38]

拈花偈염화게

法身遍滿百億界법신변만백억계　　普放金色照人天보방금색조인천

應物現形潭底月응물현형담저월　　體圓正坐寶蓮臺체원정좌보련대

대성인로왕보살大聖引路王菩薩님께 귀명합니다. 인성引聲으로 요잡의식을 하여 정문 밖에 이르면 음악을 그친다. 외로운 혼령이 성현께 예를 올리는 편[孤魂禮聖篇]을 마친 뒤에 이 아래 게송을 큰 소리로 읊는다.[39]

하단에서 이동을 위해 연을 사용했다는 구체적인 언급은 확인할 수 없다. 하지만 이미 앞장에서 하단시련을 위한 다양한 자료를 확인했기에 이 대목에서 하단의 중생을 모시기 위한 시련의 행렬이 있었을 것으로 예상할 수 있겠다. 당연히 증명보살을 상징하는 불패를 연에 모셔 이동했을 것으로 확신한다. 한 가지, 하단에서 "인성"은 중단의 성현을 모셔오는 과정에서 목단찬과 삼귀의, 천수주 등을 염송하며 이동했던 것과 구분되는 "나무대성인로왕보살"이다.

12. 「봉송의奉送儀」

봉송의식에서도 가마와 연을 사용해 성현을 보냈었음을 이미 앞장에서 충분히 설명했기에 여기에선 따로 다루지 않는다. 다시 한 번 강조하지만 봉송하는 과정은 성현을

37_ 애욕과 탐욕의 과보로 지옥세계에서 고통 받고 있는 영혼을 말하며 때론 지옥・아귀・축생의 삼악도를 말한다.

38_ 해동사문 지환, 김두재 옮김, 『천지명양수륙재의범음산보집』, 154쪽.

39_ 「南無大聖引路王菩薩 引聲 繞匝 至正門外 止樂 孤魂禮聖篇畢後 唱此偈云」.

맞이하는 영청의 시련 과정과 동일한 법식을 갖춰 진행해야 한다.

13. 『결수작법結手作法』

『결수문』으로 알려진 결수작법의 저본은 『수륙무차평등재의촬요』다. 이 책의 특징은 모든 진언에 수인手印의식을 포함하고 있어 부처님의 가르침을 직접 전하는데 중점을 둔다. 당연히 앞서 설명한 『중례문』과는 천도의 방편에서 차이를 보인다. 더군다나 의식을 진행함에 있어 수인을 직접 행하는 것에 중점을 두기 때문에 상대적으로 설단의 규모가 작아 질 수 있다. 그래서인지 『천지명양수륙재의범음산보집』에서 들어난 상단과 중단의식에선 불・보살과 일체 성현을 영청소에서 맞이한 흔적도 발견할 수 없고 성현을 위한 관욕 의식도 행하지 않는 것으로 확인된다. 그저 자연스럽게 성현을 청해 자리에 안치시키는 형태로 진행한다. 영청소에서 성현을 맞이하지도 않고 관욕 또한 행하지 않음은 이동의 과정이 축약되거나 생략될 수밖에 없어 따로 시련의식을 진행할 이유가 없어진다.[40]

하지만, 『결수작법』의 하단의식에서 만큼은 『중례문』과 흡사한 모습으로 진행되었다. 최소한 규모면에선 동일하게, 영청소를 마련하고 이곳에서 관욕을 행한 후 염화게와 "나무대성인로왕보살"을 소리하며 이동한 흔적이 보인다.[41]

> **욕실에서 나와** 성인을 참례하는 편[出浴叅聖篇]을 마치고 나면 기사記事는 인로왕引路王의 번幡 옆에 시립侍立하고 종두鐘頭는 삼도패三途牌 옆에 시립한다. 다음에는 단을 가리키는 진언[指壇眞言]을 하여 마친 뒤에 꽃을 뽑아 드는 게송[拈花偈]인 "법신변만法身遍滿…."을 한다.[42]

> 南無大聖引路王菩薩나무대성인로왕보살

40_ 이동의 과정이 없는 이유는 다름 아닌 『결수작법』, 자체를 법당 내에서 진행했기 때문은 아니었을까? 하고 의심해 본다.

41_ 해동사문 지환, 김두재 옮김, 『천지명양수륙재의범음산보집』, 194쪽.

42_ 「出浴叅聖篇畢 記事 侍立引路王幡 鐘頭 侍立三途牌 次指壇眞言畢後 拈花偈則法身遍滿云云」.

요잡의식을 하고 다음에 성인께 가지해 주시라고 예를 올리는 편[加持禮聖篇]을 마치고 나면 인도咽導는 널리 예 올리는 의식을 한다.[43]

내용은 본 도량에서 상단과 중단의 일체 성현을 맞이해 자리에 안치시킨 후 진행하는 하단 의식의 일부로 추선의 대상이 되는 중생을 영청소에서 맞이한 후 관욕 의식을 진행하고 이어 "인성"으로 "나무대성인로왕보살"을 소리하며 상단과 중단 앞으로 향해 간다. 장소에 도착해서는 상단과 중단의 성현에게 예를 올리는 의식을 이어간다.

물론, 이동하는 과정에서 인로왕보살을 가마나 연에 모셔 이동했다는 표현은 없다. 다만, 기사가 인로왕보살의 번 옆에서 시립하고 있는 정황으로 미뤄 인로왕보살이 함께하고 있음을 상징적으로 보여주고 있다. 하지만 아쉽게도 『결수문』의 원문, 하단의식엔 증명보살, 즉 인로왕보살 따로 청해 모시는 의식문이 전하지 않는다. 이는 곧 하위 중생을 이동시킬 때 시련의 행렬 없이 인로왕번이 선두에서 대열을 인도했었을 것으로 추정케 하는 대목이다.

14. 『운수단작법運水壇作法』

『운수단작법』은 청허휴정淸虛休靜이 찬술撰述한, 『운수단』[44]을 저본으로 설행하는 의식을 말한다. 물론, 수륙재의 한 부류로 알려져 있는데 내용엔 중단의 성현을 천부天部・선부仙部・신부神部로 나눠 구분하여 모시고 하단의 중생들에게 공양물을 베푸는 방편으로 중생을 추선하고 있다.

하지만 『천지명양수륙재의범음산보집』에서 소개하고 있는 『운수단작법』의 내용은 앞에 소개한 『중례문』이나 『결수작법』에 비해 상대적으로 간략한 형식으로 되어 있어 시련에 관한 내용을 확인하는데 한계가 있다. 다만, 다음과 같은 내용[45]을 협주에 싣고

43_ 「繞匝 次加持禮聖篇畢 咽導 普禮云」.
44_ 『운수단』은 현재, 1664년 해인사에 간행한 목판본이 전해지고 있다.
45_ 해동사문 지환, 김두재 옮김, 『천지명양수륙재의범음산보집』, 206쪽.

있어 『운수단작법』에서의 전체적인 설행의 형태를 가늠해 볼 수 있다.

> 상단의 권공勸供과 중단의 권공과 시식施食 의식 그리고 절하고 전송하는 예는 모두 결수結手 의식의 규칙과 같다.[46]

이와 같은 내용은 결국, 『운수단작법』에서 행하는 각 단 권공 의식과 하단의 시식 과정이 앞서 소개한 『결수작법』과 동일한 수순에서 진행되었음을 의미한다. 특히, 봉송하는 의식도 『결수작법』처럼 설행했다는 건 역으로 청하고 모시는 의식도 『결수작법』과 동일한 규모와 형태로 진행했음을 말한다. 특히 주목할 것이 『결수작법』, 하단 의식에선 증명보살을 따로 청하지 않았었다. 『운수단작법』의 원문에 해당하는 『운수단』에서도 하단 의식에서 증명보살을 따로 청해 모시는 의식문은 전하지 않는다. 그러므로 상단과 중단은 물론 하단에서도 시련을 행했을 가능성이 희박하고 봉송의식에서도 시련을 행하지 않았을 확률이 높다.[47] 그런 이유로 『결수작법』과 『운수단작법』은 예상과 다르게 시련을 행하지 않았을 가능성이 크다.[48]

그럼, 이쯤에서 『천지명양수륙재의범음산보집』 상권에서 소개한 절차 중 대상을 이동시키거나 이동의 과정에서 시련을 행한 흔적이 발견된 의식들을 표로 정리해 구분해 보자.

46_ 「上壇勸供 中壇勸供 施食之儀 拜送之禮 皆與結手之規 同也」.

47_ 필자는 『천지명양수륙재의범음산보집』, 상권에 소개된 『결수작법』과 『운수단작법』 그리고 『대례왕공양문』을 접하면서 "왜. 상단과 중단의 관욕을 행하지 않고 이에 따른 시련의 정황도 들어나지 않을까?"를 고민해 왔다. '혹시 이 모두가 애초부터 야외가 아닌 실내에서 행한 재 의식은 아니었을까?' 의심하며 말이다. 만약, 실내 법당이나 명부전 등에서 행한 의식이었다면 해답은 쉽게 예측할 수 있다. 이미 각 전각에 불상이나 탱화로 상단과 중단 성현이 모셔져 있으니 굳이 관욕을 따로 진행하거나 시련을 통해 맞이해올 이유가 없지 않은가? 필자는 이 의식들이 야외가 아닌 실내에서 행한 의식이었을 가능성에 무게를 둔다.

48_ 현재, 『수륙무차평등재의촬요』 즉, 『결수문』으로 의식을 진행하는 형태를 보면 그 규모가 엄청나다. 하지만 지금의 모습은 상·중·하단의 영청과는 별개로 진행하는, 현행 영산재의 것을 그대로 재현한 것에 불과하다.

〈표 1〉『천지명양수륙재의범음산보집』 상권, 의식절차에 따른 시련여부

의식명칭	구분	게송	인성	시련
대령의	하단	염화, "법신 운"	나무대성인로왕보살	불가
불사리이운	이운	염화, "영축 운"	나무영산회상불보살	가
고승사리이운		행보, "정대 운"	마하반야바라밀	불가
가사이운		가사, "불조 운"	나무영산회상불보살	불가
전패이운		염화, "유불 운"	영산곡	가
금은전이운		행보, "수도 운"	나무마하반야바라밀	불가
시주이운		행보, "이행 운"	난경	가
경함이운		염화, "화과 운"	나무영산회상불보살	불가
괘불이운		염화, "보살 운"	나무영산회상불보살	불가
설주이운		염화, "영축 운"	나무영산회상불보살	불가
중례문(영청)	상단	염화, "천척 운"	나무영산회상불보살	가
	중단	염화, "금향 운"	목단찬 · 삼귀의 · 천수주	가
	하단	염화, "법신 운"	나무대성인로왕보살	가
중례문(봉송)	하단	"아금지주차색화 운"	나무대성인로왕보살	가
	중단	"아금지주차색화 운"	법성게 · 목단찬	가
	상단	"아금지주차색화 운"	나무영산회상불보살	가
결수작법	하단	염화, "법신 운"	나무대성인로왕보살	불가
운수단작법	하단	염화, "법신 운"	나무대성인로왕보살	불가

〈표 1〉은 지금까지 소개한 책, 상권의 의식 절차 중 대상을 이동시킨 흔적을 정리한 것이다. 특히, 의식의 절차 속에 불 · 보살을 증명보살로 청하거나 부처님을 직접적으로 상징하는 불패를 이동할 경우, 시대적 상황을 고려해 왕실을 상징하는 전패 등을 이동시킬 경우엔 임의로 시련이 가능할 것으로 판단해 가可라 표시했다. 하지만, 시련을 행할 수 있는 여건, 영청단의 설치와 관욕, 염화게, "인성" 등이 충족되었다 해도 의식을 진행하는 과정에 증명 불 · 보살을 따로 청한 흔적이 없을 경우엔 단순히 위패 혹은 위목, 번幡 등을 이동시켰을 것으로 예상해 시련이 불가不可할 것으로 판단했다.

15. 『지반문志磐文』

『천지명양수류재의범음산보집』, 중권엔 『지반문』으로 삼일주야三日晝夜로 행하는 수륙재를 실고 있는데 『지반문』의 저본은 『법계성범수륙승회수재의궤法界聖凡水陸勝會修齋儀軌』로 확인된다. 이 책은 지반志磐이 찬술한 것으로 현재, 1573년 청주 속리산俗離山 공림사空林寺에서 개판開板한 목판본이 전한다.

삼일동안 『지반문』으로 수륙재를 설행할 경우엔 12개의 단을 설치할 만큼 규모가 컸는데 책에는 삼일재를 지내기 전의 작법절차를 「삼일재전작법절차三日齋前作法節次」로 편성해 소개하고 수륙재를 시작하면서는 영청소에서 상단을 청해 맞이한 것으로 들어난다. 당연히 상단과 중단 그리고 하단으로 이어지는 과정에서 시련을 행했을 가능성이 크다. 관련 내용[49]을 보자.

1) 상단시련

성인을 인도하여 자리에 돌아가시게 하는 편[引聖歸位篇]을 끝내고 염화게拈花偈를 한다.[50]

靈鷲拈花示上機영축염화시상기	肯同浮木接盲龜긍동부목접맹귀
飮光不是微微笑음광불시미미소	無限淸風付與誰무한청풍부여수

"꽃을 흩뿌립니다[散花落]."를 세 번 큰소리로 읊는다. 그리고 바라를 울린 뒤에 거령산을 하고 요잡의식을 하면서 정문正門으로 들어간다. 좌불게坐佛偈를 한다.[51]

상단을 청해 맞이하는 영청소에서 성현을 맞이한 후 바로 관욕의식을 진행했다. 협주의 내용은 관욕을 마친 다음 불·보살을 본 도량으로 인도하는 모습을 설명한 것이

49_ 해동사문 지환, 김두재 옮김, 『천지명양수륙재의범음산보집』, 273쪽.
50_ 「引聖歸位篇末 拈花偈云」.
51_ 「散花落三 動鈸後 擧靈山 繞匝末 坐佛偈」.

다. 물론, 이 과정에서 직접적으로 연을 사용했다는 단서는 확인할 수 없지만 앞서 소개한 『중례문』에서와 같이 정황상 연을 사용해 시련했을 가능성은 크다. 성현을 인도할 때의 "인성"으로 거령산을 행한 점도 그렇고 정문으로 입장한 것도 그렇다. 특히, 언제 음악을 멈춘다는 설명을 따로 기술하지 않은 점은 『천지명양수륙재의범음산보집』 상권, 『중례문』의 전개 과정을 설명함에 있어 이미 이와 같은 상황을 자세히 기술했기에 편의상 반복하지 않은 것으로 판단한다.

2) 중단시련

『지반문』의 중단에서는 분명하게 시련한 정황이 포착된다. 내용[52]을 보자.

> 욕실에서 나와 성현께 참례하는 편[出浴叅聖篇]을 한 뒤에 염화게拈花偈를 한다.[53]
>
> 今向如來寶座前금향여래보좌전　　五禮投誠歸命禮오례투성귀명례
>
> 願滅輪迴生死因원멸윤회생사인　　速悟二空常樂體속오이공상락체
>
> "꽃을 흩뿌립니다[散花落]."를 평상시와 같이 하고 바라를 울린 뒤에 대비주大悲呪를 독송한다. 인성引聲으로 요잡의식을 하고 정문 밖에 이르러 **연에서 내리면 음악을 중지한다**. 사부패四府牌는 동쪽 협문俠門으로 들어가서 단상에 봉안하고 성현께 예를 올리는 편[禮聖篇]을 한 끝에 귀명게歸命偈를 한다.[54]

내용은 중단의 성현을 청한 후 바로 관욕의식을 행하고 이어 상단에 예를 갖추기 위해 이동하는 시점을 적고 있다. 이동에 앞서 염화게를 행하는데 이때의 게송은 앞서 소개한 『중례문』의 것과 동일하다. 특히, 이동하는 과정에서의 "인성"은 대비주를 염

52_ 해동사문 지환, 김두재 옮김, 『천지명양수륙재의범음산보집』, 282쪽.

53_ 「出浴叅聖篇後 拈花偈例云」.

54_ 「散花落如常 動鈸後 誦大悲呪 引聲 繞匝 至正門外 下輦 止樂 四府牌則入於東俠門 奉安壇上 禮聖篇末 歸命偈云」.

송하는 것으로 확인되는데 불가에서는 "대비주"와 "천수주"와 동일하게 여기고 있는 점으로 미뤄 『중례문』, 중단 시련 과정과 매우 흡사함을 느낄 수 있다.

특히, 주목할 것은 "연에서 내리면 음악을 중지한다."라고 언급하고 있음이다. 이는 역으로 『지반문』의 상단에서도 시련을 행했을 가능성을 뒷받침하는 증거로 볼 수 있는데 중단에서 시련을 행하면서 상단에서 하지 않았다는 건, 수륙재의 올바른 진행 형태로 볼 수 없다. 그러므로 앞서 『지반문』, 상단시련에 관한 협주 내용에 "연을 사용한다."라는 직접적인 언급이 없었다고 해도 당연히 연에 불패를 모셔 이동했을 가능성이 크다. 지금의 중단에서처럼 말이다.

3) 하단시련

『지반문』의 하단에도 시련을 행했을 가능성이 크다. 내용[55]을 보자.

> 욕실에서 나와 성현께 참례하는 편[出浴叅聖篇]을 한 뒤에 **염화계拈花偈를 관례대로 한다**.[56]

法身遍滿百億界 법신변만백억계	普放金色照人天 보방금색조인천
應物現形潭底月 응물현형담저월	體圓正坐寶蓮臺 체원정좌보련대

> **다음에는 보통 때와 같이** 세 번 바라를 울린 뒤에 인로왕보살引路王菩薩을 크게 부른다. 인성引聲으로 요잡의식을 하여 정문 밖에 이르면 음악을 그친다. 외로운 혼령이 성현께 예를 올리는 편[孤魂禮聖篇]을 마친 뒤에 아래 게송을 읊는다.[57]

내용은 앞서 상권, 『중례문』의 하단 시련과 차이가 없다. 그 만큼 시련을 행할 수 있는 여건이 충분히 마련되어 있다는 설명이다. 특히, 주목할 것이 "염화계拈花偈를 관

55_ 해동사문 지환, 김두재 옮김, 『천지명양수륙재의범음산보집』, 291~92쪽.

56_ 「出浴叅聖篇末 拈花偈例」.

57_ 「次如常三動鈸後 唱引路王菩薩 引聲 繞匝 至正門之外 止樂 孤魂禮聖篇末 禮聖偈云」.

례대로 한다."와 "다음에는 보통 때와 같이" 등의 언급하고 있음이다. 이는 곧 하단에서 중생을 맞이해 본 도량으로 인도해 가는 과정을 앞서 소개한 것과 같이 관례대로 행할 것으로 주문하는 것으로 받아들일 수 있다. 그러므로 "굳이 따로 언급하지 않더라도 보통 때처럼 시련해 간다."는 의미로 이해하는 것이 바람직하다.

16. 『지반문』의 봉송의식

『지반문』에서의 봉송 의식에 관한 설명은 간단하게 소개되어 있다. 하지만 짧은 협주의 내용[58] 속엔 많은 의미가 내포되어 있다.

> 상단과 중단에 공양을 올리고 권공의식을 하고 하단에 시식施食하는 의식을 진행한다. 이 3단을 받들어 전송하는 등 의식은 모두 **『중례문中禮文』을 상고하면 된다**.[59]

내용엔 상단과 중단, 하단의 권공과 시식은 물론 삼단을 봉송하는 의식에 관한 모든 것을 『중례문』의 그것과 같게 행하라고 밝힌다. 앞서 『중례문』, 봉송의식에서의 시련 모습을 확인한 바 있다. 그리고 내용엔 분명 "성현을 보내드리는 봉송의식은 성현을 맞이하는 영청의식과 동일한 규식에 따라 행하여야 함"을 강조한 바 있다. 협주에서 봉송의 과정을 『중례문』의 그것과 동일하게 진행하도록 한 점은 『지반문』을 저본으로 봉송의식을 진행할 경우에도 성현을 연에 모셔 이동해 갔음을 의미한다.

17. 『예수재預修齋』

『천지명양수륙재의범음산보집』, 중권에는 『지반문』에 이어 『예수재』를 소개하고

58_ 해동사문 지환, 김두재 옮김, 『천지명양수륙재의범음산보집』, 293쪽.
59_ 「上中壇 進供勸供及下壇施食 三壇奉送等儀 並考中禮」.

있다. 여기에서 말하는 『예수재』는 현재에 이르러 생전예수재로 알려진 의식인데 영산재와 더불어 대중에게 친숙한 재 의식으로 인식되어 있다. 의식을 진행하기 위한 저본은 대우大愚가 편찬한 『예수시왕생칠재의찬요預修十王生七齋儀纂要』로서 1576년 안동 광흥사廣興寺와 1632년 경기도 용복사龍腹寺 본 등이 전해지고 있고 『석문의범』 상권, 156~215쪽에도 「예수시왕생칠재의찬요」란 명칭으로 거의 동일한 내용[60]이 실려 있다.

하지만, 현행 생전예수재에선 상단과 중단 성현을 청하기 위한 영청소를 따로 마련하지 않는다. 당연히 관욕의식도 행하지 않는다. 사정이 이렇다보니 다른 여느 의식과 마찬가지로 현행 영산재와 같이 「시련절차」를 시련의식으로 수용하여 행하고 영가를 청하는 대령, 그리고 영가를 위한 관욕의식을 시작으로 생전예수재를 진행하는 실정이다. 그럼, 이와 같은 구성으로 의식을 진행하는 것이 옳을까? 관련 내용을 살펴보자.

1) 상단시련

『천지명양수륙재의범음산보집』에는 『예수재』를 행하기에 다음과 같은 의식을 행하도록 안내한다.[61]

> 당일 막제莫啼를 한 뒤에 한쪽 가에서는 법사이운法師移運의식과 영산작법靈山作法을 평상시 의례와 같이 한다. 그날 회주會主는 염향拈香의식과 경의 제목을 풀이하는 의식을 마치고, 법회 대중은 『연화경蓮花經』을 독송하고 그 밖에 다른 권공勸供의식과 축원祝願은 평상시 하던 것과 같이 한다.[62]

협주의 내용은 『예수재』를 지내기에 앞서 법사이운과 영산작법 그리고 회주스님이 염향의식을 진행하고 대중 모두 『묘법연화경』을 독송하는 의식을 펼치는 것으로 확인

60_ 졸고, 『예수재』에서 밝힌 바 있지만 『석문의범』에 실려 있는 『예수시왕생칠재의찬요』는 조선시대에 간행된 것과 비교하여 각단 공양의식을 반복적으로 진행할 수 있도록 하고 있다. 하지만 이는 집전가가 견기이작 할 수 있도록 배려한 것으로 보인다.

61_ 해동사문 지환, 김두재 옮김, 『천지명양수륙재의범음산보집』, 296쪽.

62_ 「當日莫啼後 一邊法師 移運及靈山作法 如常 其日會主 拈香及釋題畢 法衆讀蓮花經 其餘勸供及祝願如常云」.

된다. 그리고 이후에 『예수재』를 시작하도록 했다. 그럼, 상단에서 시련을 행한 정황을 확인해보자.[63]

> 성인을 인도하여 자리에 돌아가시게 하는 편[引聖歸位篇]을 끝내고 **염화게拈花偈를 한다**. "꽃을 흩뿌립니다[散花落]."를 세 번 크게 소리 내어 읊는다. 그리고 바라를 울린 뒤에 거령산을 한다. 인성引聲으로 요잡의식을 하면서 법당에 이르면 **육광패는 법당 문 안에서 가마에 내리고 천조패 등은 문 밖에서 연에서 내리면 음악을 중지한다**. 다음에는 좌불게坐佛偈를 하고 그 다음에는 자리를 드려 위치에 안치하는 편[獻座安位篇]을 한 끝에 자리를 드리는 의식과 차를 올리는 게송茶偈을 하며, 그 다음에는 대자례大慈禮를 하고 그 다음엔 인도게咽導偈를 한다.[64]

협주의 내용은 상단에 모셔질 불·보살을 영청소에서 청한 후 바로 관욕의식을 이어가고 이어 본 도량으로 모시는 과정을 설명하고 있다. 『예수재』에서도 역시, 성현을 이동시키기에 앞서 염화게를 소리한 것으로 들어나는데 『천지명양수륙재의범음산보집』엔 게송의 내용을 전하고 있지 않고 원전, 『예수시왕생칠재의찬요』에서도 이를 확인하기 어렵다. 다행히 『석문의범』에는 이때의 염화게를 전하고 있는데 바로, "영축염화시상기 운"로 시작하는 가사가 이에 해당한다.[65]

『예수재』, 상단에서의 "인성"은 부처님을 상징하는 거령산이다. 그리고 내용엔 육광패를 가마에 모셔 이동한 흔적이 역력하다. 여기에서 말하는 육광六光은 지장보살·용수龍樹보살·관세음보살·상비常悲보살·다라니陀羅尼보살·금강장金剛藏보살을 가리킴으로 상단에 모셔질 불·보살이 맞다. 또한 내용엔 천조패도 역시, 연에 실어 모신 것으로 들어나는데 여기에서 말하는 천조天曺란 비로자나불의 화신化身·응신應身·법신천조法身天曺와 노사나불의 화신지부대신천조化身地府大神天曺 그리고 미륵화신태산부군천조彌勒化身泰山府君天曺와 지장화신천조地藏化身天曺 등을 가리킨다. 그러므로 천조패도 부처님

63_ 해동사문 지환, 김두재 옮김, 『천지명양수륙재의범음산보집』, 301쪽.

64_ 「引聖歸位篇 末拈花偈 次散花落三 動鈸後 擧靈山 引聲 繞匝 至法堂 而六光牌則法堂門內下輦 天曺牌等 門外下輦 止樂 次坐佛偈云 次獻座安位篇 末獻座及茶偈 次大慈禮 次咽導偈云」.

65_ 安震湖, 『釋門儀範』 上, 175쪽.

과 동일한 성현의 지위를 갖는 것으로 볼 수 있다.

특히, 『천지명양수륙재의범음산보집』엔 예수재, 상단시련을 위한 불패의 목록을 「예수상삼련혹칠豫修上三輦或七」을 통해 전하고 있는데 대상엔 청정법신비로자나불・원만보신노사나불・천백억화신석가모니불・대성지장보살・육대천조등중六大天曹等衆・도명무독등중道明無毒等衆・사대천왕등중四大天王等衆 등을 포함하고 있어 분명, 상단에서 시련을 행했던 것이 분명하다.

2) 중단시련

『예수재』에선 중단에서도 성현을 청하고 모시는 과정에서 가마를 사용한 흔적을 발견할 수 있다. 내용[66]을 보자.

> 욕실에서 나와 성현께 참례하는 편[出浴叅聖篇]을 한 뒤에 염화게拈花偈를 관례대로 하고 아래 계송을 읊는다.[67]
>
> 法身遍滿百億界법신변만백억계　　普放金色照人天보방금색조인천
> 應物現形潭底月응물현형담저월　　體圓正坐寶蓮臺체원정좌보련대
>
> 다음에는 보통 때와 같이 세 번 바라를 울린 뒤에 **법성게**法性偈를 한다. 인성引聲으로 요잡의식을 하여 **정중**庭中**에 이르면 음악을 그치고 연**輦**에서 내린다**. 그때 인도咽導는 보통 때와 같이 바라를 울린 뒤에 성현 대중께 예를 올리는 편[叅禮聖衆篇]을 마친다. 인도는 보례게普禮偈를 한다.[68]

중단 성현을 이동시킬 때도 염화게를 행하고 연을 사용해 본 도량으로 향하도록 했

66_ 해동사문 지환, 김두재 옮김, 『천지명양수륙재의범음산보집』, 301쪽.
67_ 「次出浴叅聖篇末 末拈花偈例 下偈云」.
68_ 「次如常三動鈸後法性偈 引聲 繞匝 至庭中 止樂 下輦 時咽導 如常動鈸後 叅禮聖衆篇末 咽導 普禮偈云」.

다. 다만, 『예수재』의 경우, 『중례문』과는 달리 중단 성현을 이동시킬 때의 "인성"을 법성게로 소리하고 있지만 그래도 중단의 성현을 모시는 과정에서 관욕을 행한 후에 성현의 명호가 적힌 패를 가마에 실어 모셨던 것만은 확실하다. 이를 뒷받침하는 증거가 『천지명양수륙재의범음산보집』의 『예수재』, 중단시련을 위한 「중삼련혹십일中三輦或十一」에 전하는데 모시는 대상 목록엔 풍도대제중酆都大帝衆・시왕등중十王等衆 등이 포함되어 있다.

『예수재』에 있어 한 가지 주목해야 할 것이 있다. 바로, 다른 재 의식에서처럼 하단이란 표현을 따로 쓰지 않는 점이다. 이를 대신해 고사단庫司壇과 마구단馬廐壇이 자리할 뿐이다. 이와 같은 이유는 생전에 빚을 갚는다는 설행의 목적 때문인 것으로 추정하는데 설사 하단이란 표현은 없더라도 시간이 여유 있을 경우, 망자에게 시식을 베푼 흔적은 발견할 수 있다.[69]

고사단과 마구단 의식을 행함에 있어 관욕의식을 진행하거나 시련을 행한 흔적은 전하지 않는다. 당연한 것이겠지만 『예수재』의 고사庫司는 명부세계에서 창고를 담당하는 관리일 뿐이며 말은 금은전을 이동시키는 말馬일 뿐이다. 곧, 신앙이나 귀의의 대상이 아니다. 하지만 현행 생전예수재에선 고사단에 자리하는 창고지기가 어느 순간 중단의 성현과 동일한 지위를 갖고 있다는 착각에 빠져있다.[70]

3) 봉송의식

『예수재』에서의 봉송의식에 관한 설명은 『중례문』의 것만큼이나 자세히 기술되어 전한다. 그리고 누차 확인하고 강조해 왔듯이 봉송하는 의식도 성현을 청해 모시는 의식만큼이나 정성을 기울인 흔적이 역력하다. 『예수재』의 봉송의식을 설명하고 있는 「제위삼배송열립규諸位三拜送列立規」의 내용[71]을 확인해보자.

69_ 협주엔 "시간이 넉넉한지 촉박한지를 살펴 시식을 행한다."고 되어 있다.

70_ 현행하는 생전예수재에서 집전자는 고사단에서 중단 성현과 동일한 "아금경설보엄좌 운운"하는 헌좌게송과 진언을 행한다. 반드시 수정할 사안이다.

71_ 해동사문 지환, 김두재 옮김, 『천지명양수륙재의범음산보집』, 319쪽.

병법秉法은 성현께 공양한 공덕을 회향하는 편[供聖回向篇]을 한 끝에 재齋를 올리는 사람은 위패位牌를 모시고, 다음에 시식법주施食法主와 말번末番과 인도咽導의 순서대로 정중庭中에 선다. 다음에 종두鐘頭는 고사단 위패[庫司牌]를 모시고 당좌堂佐는 향과 꽃을 받쳐 들고 다음 단주壇主와 고사단의 인도가 외정外庭에 차례로 선다. 그 다음 사자使者와 동자童子의 위패를 모시고 당좌는 귀왕鬼王과 장군將軍과 판관判官과 이름도 지위도 알 수 없는 등의 위패를 모신다. 보청普請, 당좌, 부종두副鐘頭 등이 차례차례 시왕의 위패를 모시고 부기사副記事는 풍도酆都의 위패를 모시고 찰중察衆과 단을 모시는 주인과 중번中番과 인도는 정중 오른편에 차례로 선다. 다음에 경당좌經堂佐는 제석천왕과 범천왕의 위패를 모시고, 수당좌首堂佐는 천조패天曹牌를 모시며, 상종두上鐘頭는 도명존자와 무독귀왕의 위패를 모시고, 상기사上記事는 육광六光의 위패를 모시며, **유나維那는 연에 들어가는 삼신三身의 위패를 모시고**, 단주壇主와 상번과 인도는 내정內庭 가운데에서 왼쪽에 선다. 다음에 병법秉法은 공경을 다해 받들어 전송하는 편[敬伸奉送篇]을 창唱하고 그 끝에 고사단의 인도는 먼저 봉송하는 게송[奉送偈]을 창한다.[72]

앞장에서 수륙재에서의 봉송의식에 관한 설명과 지금 소개한 『예수재』에서의 설명은 봉송의식의 중요성을 재차 강조한 것으로 보기에 충분하다. 내용을 살펴보면 먼저, 정중앙엔 상단 성현을 중심으로 대열하고 정중앙 오른편, 즉 북쪽에서 바라봤을 때 중단의 위치를 상징하는 왼쪽에 사자, 동자, 귀왕, 풍도패 등이 자리하며 정중앙 왼편 즉, 북쪽에서 바라봤을 때 오른 쪽에 고사패와 위패를 모셔 구분하고 있다. 흡사 수륙재, 『중례문』에서의 「삼배송규」의 모습을 떠올리게 한다.

『예수재』에서도 역시, 봉송의식의 과정에서 연을 사용한 흔적이 확인된다. 마치 성현을 청해 모실 때와 동일한 모습으로 봉송을 행한다는 선례先例를 다시 한 번 강조하듯 말이다. 바로 "유나維那는 연에 들어가는 삼신三身의 위패를 모시고"가 그 대목인데 이는 상단의 불패 중에서도 부처님을 직접적으로 상징하는 삼신패를 연에 모셔 시련

72_ 「秉法 供聖回向篇 末齋者 侍位牌 次施食法主及末番咽導 立於庭中也 次鐘頭 奉庫司牌 堂佐 奉花香 次壇主及庫司壇咽導 立於外庭也 次使者童子牌 堂佐 侍鬼王將軍判官不知名位等牌 普請堂佐及副鐘頭等 次次侍十王牌 副記事 侍酆都牌 察衆侍壇主及中番咽導 立於內庭中右邊 次經堂佐 侍釋梵天王牌 首堂佐 侍天曹牌 上記事 侍道明無毒牌 上記事 侍六光牌 維那 侍入輦三身牌 壇主及上番咽導 立於內庭中左邊也 次秉法 唱敬伸奉送篇 末庫司咽導 先唱奉送偈云」.

한 것으로 곧 봉송의식에서 시련 중요성을 다시 한 번 강조한 것으로 받아들이기에 충분하다.

내용엔 들어나 있지 않지만 봉송의 순서는 먼저 고사패를 위시하여 순회로 세 번 돌아 이동하고 다음 풍도대재를 위시한 중단이 순회로 세 번 돌아 나아간다. 마지막으로 상단은 역회로 세 번 돌아 소대로 향하도록 되어 있다.

18. 「성도재작법절차成道齋作法節次」

불교에서의 성도成道란 부처님이 되는 것, 깨달음을 여는 것, 석존께서 보리수 밑에서 여러 마귀를 복종시키고 깨달음을 완성했던 것을 의미한다. 그런 연유로 음력 12월 8일을 성도절成道節로 정하고 불교의 큰 명절로 받아들여 납팔臘八, 성도회成道會를 개최하고 있다.

그럼, 여기에서 말하는 "성도재成道齋"란 부처님이 깨달음을 이루신 것만을 기념하기 위한 재 의식일까? 엄밀히 말하면 여기에서의 "성도재"란 부처님이 정각을 이루신 것을 찬양하기 위한 것은 물론 부처님처럼 도를 닦아 깨달음의 길로 나아가려는 불자들의 출가出家를 위한 법식이기도 하다. 그러므로 「성도재작법절차」는 출가를 결심한 누군가가 부처님의 올바른 행법을 받아들여 수행의 길로 나아가도록 삭발염의削髮染衣하고 오계를 수지하며 불가의 법의, 가사를 받아 지니는 의식으로 구성되어 있다.

물론, 의식을 진행하는 과정에서 부처님을 이동시킬 때 불패를 가마에 모셔 시련한 정황이 들어난다.[73]

> 유나維那는 종두鐘頭를 시켜 **대중들 앞에서 목욕을 하고 옷을 단정하게 하라 고하게 하고** 7일 밤 삼경三更 이후에 종두가 향로전香爐殿 작은 종을 1종宗 치고 다음에는 널리 청하는 의식[普請]을 일상 하던 대로 한다. **만약 삭발削髮하는 의식이 있으면 여덟 분 금강金剛과 네 분 보살**

73_ 해동사문 지환, 김두재 옮김, 『천지명양수륙재의범음산보집』, 346쪽.

의 명호를 써서 사방 벽에 붙이고 가사袈裟를 미리 제석단帝釋壇에 올려놓는다. 임시로 설산소雪山所와 니련하측泥蓮河側을 만들고 서쪽 변두리에 목욕실 1간을 만든다. 이 안에 들일 물건은 한결같이 수륙재水陸齋의 목욕소에서 하던 것과 같다. **연輦에 들어갈 부처님 위패와 이운移運의식은 일상적으로 하던 대로 한다. 거령산을 하면서 인성引聲으로 요잡의식을 거행하여 설산소에 이르면 음악을 그친다.** 그리고 큰 종 36망치를 친 뒤에 선승당禪僧堂의 쇠종을 치는 것과 출입出入은 일상적으로 하던 것처럼 한다. 다음에 전종轉鐘 7망치를 치고 소라 3지旨를 울리고 바라 1종宗을 울린 뒤에 할향喝香을 한다.[74]

내용을 정리하면 먼저, 유나가 종두를 시켜 참여한 대중 모두 목욕을 하고 옷을 단정하게 해 의식의 동참을 독려하고 있다. 그리고 삭발의식을 진행할 경우를 대비해 팔금강과 사보살의 명호를 적어 사방에 붙이도록 했다. 다음 임의로 부처님을 맞이하는 설산소를 설치하고 서쪽에 관욕소를 마련하는데 이때의 관욕소 설치 방법은 수륙재의 「관욕당배치제」와 동일한 규식으로 행할 것을 권한다. 이어 부처님의 불패를 가마, 연에 모셔 설산소로 이동해 오는데 시련하는 과정에서 거령산을 "인성"으로 소리하고 이때 음악을 함께 연주한 점으로 미뤄 앞서 소개한 다양한 의식에서의 상단, 시련의 모습과 동일한 규식을 따랐을 것으로 예상한다.

한 가지, 주목할 것이 "연輦에 들어갈 부처님 위패와 이운移運의식은 일상적으로 하던 대로 한다."는 설명이다. 이는 곧 불패를 이운할 때 시련을 행한 것으로 받아들이기에 충분한 대목이어서 얼마든지 부처님과 관계된 무엇인가를 옮길 때도 충분히 연을 사용했을 가능성이 커 보인다.

설산소에 부처님의 불패를 모셔온 후엔 할향과 삼촉게三燭偈, 삼귀의三歸依를 하고 합장게合掌偈, 고향게告香偈, 개계開啓, 천수주, 사방찬四方讚, 엄정게嚴淨偈 등의 순으로 의식을 진행한 것으로 확인된다.

이쯤에서 삭발의식을 행하지 않을 경우와 행하는 경우로 나눠 살필 필요가 있다. 먼

74_ 「維那使鐘頭 告大衆前 沐浴整衣 而七日三更後 鐘頭 擊香爐殿金一宗 次普請如常 若有削髮 則八金剛四菩薩名號 書之四壁 付之袈裟 預呈帝釋壇 假作雪山所泥蓮河側 而西邊 作沐浴一間 所入之物 一如水陸齋浴所 同也 入輦佛牌移運 如常 擧靈山 引聲 繞匝 至雪山所 止樂 大鐘三十六槌後 禪僧堂金出入如常 次轉鐘七槌 鳴螺三旨 鳴鈸一宗後 喝香云」.

저, 삭발의식을 하지 않을 경우엔 부처님의 불패를 관욕실로 옮겨 관욕의식을 행한 것으로 들어난다.[75]

잠시 요잡의식을 할 때 유나維那가 부처님의 위패를 받쳐 들고 욕실浴室로 들어가면 음악을 중지한다. 법주는 길을 깨끗하게 하는 진언[淨路眞言]을 하고 다음에 구룡찬九龍讚을 한다.[76]

관욕의식을 마친 후엔 법당으로 자리를 옮겨 부처님께 공양을 올린 것[77]으로 확인된다.

삭발의식이 없으면 연輦을 모시고 마지를 올리고 권공하는 의식을 평상시와 같이 한다. 공양주와 회향주를 하고 능엄주를 풍송하고 다음에 바라를 울리고 "정각산 앞에서"로 시작하는 편[正覺山前篇]을 하고 다음에 축원을 한다.[78]

내용엔 분명, 삭발의식을 행하지 않을 경우 바로 부처님의 불패를 연에 모셔 이동한 흔적이 보인다. 물론, 삭발의식을 행할 경우에도 삭발 의식 후 부처님을 연에 모셔 이동했음을[79] 확인할 수 있다. 다만, 삭발의식은 부처님의 관욕 이후 심청단心請堂으로 장소를 옮겨 진행한 것으로 보인다.

잠시 요잡의식을 할 때 부처님의 위패를 받들고 심청당心請堂에 이르면 음악을 그친다. 그 다음에 자리를 드리는 의식을 하고 그 다음에는 죽을 받들어 올린다. 그 다음에 차를 올리는 게송茶偈와 운심게運心偈를 하고 그 다음에는 공양 올리는 주문을 한다. 그 다음에 팔상례八相禮를 하여 마치고 대중들이 차를 올린 뒤에 계사戒師가 이르기를 "큰 성존聖尊께 귀의합니다."에서부터 가사은애편假使恩愛篇에 이르기까지의 의식을 마치면 당좌堂佐는 물그릇을 받쳐 들고 끝에서부터 역회전으로 돌아 다시 계사의 앞에 이른다. 그런 뒤에 삭도를 잡는 게송[執刀偈]을

75_ 해동사문 지환, 김두재 옮김, 『천지명양수륙재의범음산보집』, 347쪽.
76_ 「暫繞匝時 維那 奉佛牌 入於浴室 止樂 法主 淨路眞言 次九龍讚云」.
77_ 해동사문 지환, 김두재 옮김, 『천지명양수륙재의범음산보집』, 350쪽.
78_ 「無削髮則侍輦及糜指勸供如常 供養呪回向呪 諷楞嚴呪 次鳴鈸正覺山前篇 次祝願」.
79_ 해동사문 지환, 김두재 옮김, 『천지명양수륙재의범음산보집』, 348쪽.

큰소리로 읊는다.[80]

삭발의식을 진행하기 위해 심청당으로 부처님을 모신 후엔 죽粥과 차를 올린다. 이어 죽 공양을 위한 공양주를 소리하고 계사戒師가 자리하여 삭발의식을 진행한다. 삭발의식을 마친 후엔 다시 본 도량, 법당으로 부처님을 모셔 이동하는데 이 과정에서도 시련을 행한다. 법당에 도착해서는 육법공양을 진행한다. 내용[81]을 보자.

> 오계五戒와 "위에서 계를 받았으니"로 시작하는 편[上來受戒篇]을 한 끝에 연輦을 모시게 되면 염화게拈花偈와 "꽃을 흩뿌립니다[散花落]."를 세 번 하고 바라를 울리고 그 다음에 거령산을 한다. 인성引聲으로 요잡의식을 하여 법당에 이르면 음악을 멈춘다. 그 다음에 좌불게坐佛偈를 한다. 공양을 올릴 때 법계를 깨끗이 하는 진언[淨法界眞言]과 가지를 하기 위하여 사다라니를 송誦한다. 그 다음에 육법공양을 펼치고 그 다음에 공양을 올리는 주[供養呪]와 회향하는 주[回向呪]를 하고 다음에는 능엄주楞嚴呪를 하여 마친다. "정각산 앞에서"로 시작하는 편[正覺山前篇]을 한 끝에 축원을 한다.[82]

삭발과 수계의식을 마친 후 부처님을 다시 연에 모시고 법당으로 향하는 모습은 앞서 소개한 다양한 작법에서 행하는 상단시련의 모습 그대로다. 이동과정에서 거령산을 "인성"으로 소리하는 점도 그렇고 바라를 울리거나 음악을 함께 연주하고 있는 모습 또한 전형적인 상단시련의 모습을 취하고 있다.

80_ 「暫繞匝時 奉佛牌 至心請堂 止樂 次獻座 次奉粥 次茶偈及運心偈 次供養呪 次八相禮필 大衆點茶後 戒師云 自歸依大聖尊 至假使恩愛篇末 堂佐 奉水器 從末逆回 還至戒師前 唱執刀偈云云」.

81_ 해동사문 지환, 김두재 옮김, 『천지명양수륙재의범음산보집』, 348~49쪽.

82_ 「五戒及上來受戒篇末 侍輦則拈花偈散花落三 動鈸 次擧靈山 引聲 繞匝 至法堂 止樂 次坐佛偈云 進供時 誦淨法界眞言及加持四多羅尼 次伸六法供養 次供養呪回向呪 次楞嚴呪畢 正覺山前篇末 祝願云」.

19. 「설선작법절차說禪作法節次」

부처님의 말씀을 전하는 화상和尙을 청해 모셔 수행을 통해 얻은 선문답禪問答을 주고받는 모습을 재현하는 「설선작법절차」는 앞서 소개한 「설주이운」과 많은 부분 흡사하지만 의식을 진행하는 과정은 보다 큰 규모와 규식으로 이뤄져 있다.

보통 설주說主는 법회에 참여한 모든 이가 알아들을 수 있는 보편적인 경전의 말씀을 전하는데 중점을 두고 있지만 「설선작법」에서의 화상은 잡인雜人들의 잡된 질문을 엄격히 금지시키고 깨끗한 납승衲僧들만 질문할 수 있도록 허락하고 있다. 더군다나 질문의 내용은 모든 사람들이 다 통하는 불역不易의 법문을 자유자재로 제시한 상근기의 화두話頭가 주를 이룬다.

화상을 모셔오는 과정은 「설주이운」의 모습과 크게 다르지 않다. 다만, 「설주이운」의 경우 출산게를 행한 다음, 염화게를 소리하고 이동했지만 여기에선 출산게 후 바로 이동하는 것으로 확인된다.[83]

> 다음에는 중번中番이 산을 나오는 게송(出山偈)을 읊는다.
>
> 嵬嵬落落淨裸裸외외낙락정나라　獨步乾坤誰伴我독보건곤수반아
> 若也山中逢子期약야산중봉자기　豈將黃葉下山下기장황엽하산하
>
> 다음에 "꽃을 흩뿌립니다(散花落)."를 세 번 하고 바라를 울리고 거령산을 한다. 인성引聲으로 요잡의식을 하면, 그때 일체 위의威儀는 줄지어 서서 사람들과 함께 음악을 같이한다. 그리하여 사자좌獅子座 앞에 이르면 음악을 그친다. 다음에는 중번中番이 법상에 오르게 하는 게송(登床偈)을 읊는다.

화상을 이동시키는 과정에선 연이 등장하지 않는다. 이는 설주를 이동시키는 과정에

83_ 해동사문 지환, 김두재 옮김, 『천지명양수륙재의범음산보집』, 365쪽.

서도 동일한 모습이었다. 다만, 일체 위의를 갖추고 "인성"으로 거령산을 행하고 있는 점으로 미뤄 대열의 모습만큼은 시련하는 과정과 동일했을 것으로 예상한다.

20. 「주시련작법晝侍輦作法」

「주시련작법」에 관한 내용은 이미 제5장에서 충분히 설명했기에 생략한다.

21. 「총림사명일영혼시식절차叢林四明日迎魂施食節次」

앞서 제4장, "대령"에서 「사명일대령」에 관해 설명한 적 있다. 「총림사명일영혼시식절차」는 총림에서 사명일을 맞이하여 영혼을 청하고 음식을 베푸는 의식 절차를 소개한 것이다. 마치 수륙재의 하단 의식을 연상케 하는 규식을 갖추고 있는데 의식을 시작하기에 앞서 영가를 맞이하는 영혼단迎魂壇을 설치하고 좌우에 인로왕번과 종실번 그리고 고혼번을 걸어 모시고 있어 시련을 행했을 가능성이 충분하다. 준비과정의 일부를 살펴보자.[84]

> 종두가 정문 밖에서 영혼단迎魂壇에 편안하게 앉을 자리를 시설한다. 인로왕번引路王幡을 걸고 그 왼쪽 가에 종실번宗室幡을 걸고 오른쪽 가에는 고혼번孤魂幡을 건다. 그런 연후에 종두가 큰 종 3망치를 치고 주지와 대중들은 각각 체전體錢을 가지고 영혼의 처소로 나아간다.[85]

준비과정은 앞서 소개한 제4장의 「사명일대령」과 차이가 없다. 한 가지, 인로왕번을 마련하고 있나함은 때론 이를 대신해 인로왕보살의 불패를 준비할 수도 있음을 말한

84_ 해동사문 지환, 김두재 옮김, 『천지명양수륙재의범음산보집』, 385쪽.

85_ 「鐘頭 正門之外 設迎魂壇安座 掛引路王幡 左邊掛宗室幡 右邊掛孤魂幡 然後 鐘頭 擊大鐘三槌 住持與大衆各持體錢 就於迎魂所」.

다. 즉, 인로왕보살을 증명으로 모셔 시련을 행했을 수도 있다는 설명이다. 이동의 과정을 보자.[86]

> **拈花偈염화게**
>
> 法身遍滿百億界법신변만백억계　　普放金色照人天보방금색조인천
>
> 應物現形潭底月응물현형담저월　　體圓正坐寶蓮臺체원정좌보련대
>
> 南無大聖引路王菩薩나무대성인로왕보살

> 소리를 길게 늘여서 읊는 인성引聲으로 요잡의식을 한다. 그때 판수判首는 맨 앞에서 인도하고 기사記事는 인로왕번을 받들어 모시면, 주지는 종실宗室의 위패를 받들고 당좌堂佐는 고혼의 번을 받쳐 들고 천천히 걸어서 뜰 가운데 이르면 음악을 그친다. 법주는 요령을 흔들어 내리기를 세 차례 하고, **정문正門이 없으면 먼저 정중게庭中偈를 하고 그 다음에 문을 여는 게송(開門偈)을 한다. 정문에 있으면 먼저 문을 여는 게송을 하고 뒤에 정중게를 한다.**[87]

『석문의범』에서 소개하고 있는 「사명일대령」과 차이나는 점이 있다. 바로 염화게의 가사가 다른 점인데 『석문의범』, 「사명일대령」의 염화게는 "고혼내입법왕성 원각서서차제행 종차불회삼계보 직등엄력증원명孤魂來入法王城 願各徐徐次第行 從此不回三界步 直登嚴域證圓明"인 반면, 여기서의 염화게는 "법신변만백억계 운"으로 시작된다. 하지만 "인성"으로 "나무대성인로왕보살"을 소리하고 이동하는 모습은 전형적인 시련의 모습 그대로를 보여준다. 특히, 내용에 인로왕보살을 증명으로 청해 모시는 의식문이 전해지고 있음에 비춰볼 때 이동에 과정에서 분명 시련을 행했을 것으로 확신한다. 또한 판수가 맨 앞에서 대열을 인도해 가고 기사가 인로왕번을 주지가 종실번, 당좌가 고혼번을 들고 이동하는 모습은 수륙재의 하단시련을 그대로 옮겨온 듯하다.

86_ 해동사문 지환, 김두재 옮김, 『천지명양수륙재의범음산보집』, 392~93쪽.
87_ 「引聲 繞匝時 判首先引 記事 奉引路王幡 住持 奉宗室幡 堂佐 奉孤魂幡 徐徐而行 至庭中 止樂 法主 振鈴三下 次無正門則先庭中偈 後開門偈 有正門則先開門偈 後正中偈」.

소개한 협주의 내용엔 없지만 「총림사명일영혼시식절차」에서는 의식에 참여한 모든 대중의 선망부모는 물론, 은사恩師와 법사法師를 청하고 있으며 승혼청僧魂請에서는 전시대를 살다간 모든 승려의 혼도 함께 청해 모시는 것으로 확인된다. 그리고 모든 대상을 총림의 대표자인 주지가 직접 모셔 이동하고 있어 의식의 상징성을 배가시키고 있다. 참고로 이동을 진행함에 있어 대문의 유무有無에 따라 정중게와 개문게의 차례를 어떻게 진행해야 할지 설명한 부분은 의식의 설행 환경에 따라 절차를 바꿀 수도 있음을 의미하기에 귀한 자료로 평가한다.

22. 「명일별대령시식규明日別對靈施食規」

「총림사명일영혼시식절차」와 같이 불가의 명절에 영혼을 청해 공양물을 베푸는 의식은 다양하게 전해진다. 「명일별대령시식규」 역시, 불가의 명절이나 기념할 만한 명일을 맞이해 인연 있는 모든 영혼을 청하고 그들에게 정성스럽게 마련한 공양물을 베푸는 내용을 담고 있다.

의식을 진행하기에 앞서 대령단對靈壇과 관욕소를 마련한 것으로 보이는데 준비과정을 살펴보자.[88]

> 어떤 책에는 이렇게 말했다. "**한쪽에서는 보통 의식대로 권공의식을 진행하고** 한쪽에서는 종두가 정문正門 밖에다 대령단對靈壇을 배치한다. 미리 차일遮日을 치고 단壇을 만든 뒤에 탁의卓衣(袈裟)를 덮는다. 단상에 인로왕번引路王幡을 세우고 왼쪽에는 종실번宗室幡과 후비번后妃幡 두 번을 세우고 오른쪽에는 장상번將相幡과 고혼번孤魂幡 두 번을 세운다. 꽃병과 등촉燈燭과 향로와 세수할 물그릇을 단 위에 올려놓는다. 단 오른쪽 가 5, 6걸음쯤 되는 곳에 따로 욕실浴室 3간을 만드는데 그 높이는 6자를 넘지 않는다. 너비는 4자로 길이는 자尺 수를 따지지 않으며, 북쪽 벽은 무조건 막아 버린다. 종실宗室 영가가 목욕할 곳은 중간에 1간을 만들어

88_ 해동사문 지환, 김두재 옮김, 『천지명양수륙재의범음산보집』, 413쪽.

두 구역으로 나누고, 장상將相의 영가가 목욕할 곳은 동쪽에 1간을 마련하여 한 구역을 만들며, 고혼孤魂이 목욕할 곳은 서쪽에 1간을 만들어 두 구역으로 나눈다. 욕실이 없으면 병풍을 가려 한 자리를 설치하되 종실이 목욕할 장소 한 곳에 두 구역으로 만든다. 또 두 자리는 따로 장상과 고혼 등 세 구역으로 나눈다. 또 작은 삼베 천으로 휘장을 치되 각각 전면에 드리워 가린다. 휘장이 없으면 종이로 만든 휘장도 가하다. 각 곳의 문 밖에 각각 이름을 적어 표시하되 제왕帝王, 후비后妃, 장상將相, 남자, 여자의 혼령 이름을 써서 각각 그 장소를 알아볼 수 있게 한다. 매 장소마다 수건 한 장과 양치질할 버드나무 가지 한 매, 목욕할 물 한 그릇, 입안을 헹굴 깨끗한 물 한 그릇을 단 위에 가져다 놓는다. 또 남자와 여자 혼령의 종이로 만든 옷을 봉함해서 각각 명목名目을 써서 상자에 담아서 각각 그 상 위에 놓아두는 것이 좋다. **상단上壇의 권공勸供을 이미 마쳤으면** 종두는 큰 종 3망치를 친다. 그러면 주지와 대중들은 각각 체전體錢을 가지고 문 밖의 대령소對靈所로 내려간다. 종두는 종 7망치를 치고 고동 3지旨를 울리고 바라 1종宗을 울린 뒤에 거불의식을 한다."[89]

소개한 내용 중 관욕소 설치 방법에 관한 것은 앞서 수륙재에서 행하는 관욕소의 규모와 성격이 흡사하다. 또한 내용엔 여건에 따라 관욕소를 축소해 설치하는 법도 설명하고 있어 대령을 설행할 때 관욕의식을 함께 할 경우의 규식을 확인하기에 중요한 정보를 제공한다. 더군다나 현재와 같이 영가에게 공양을 베풀 경우, 영가를 먼저 청해 모시고 이어 상단 권공을 이어가고 권공을 마친 후 다시 영가에게 공양을 베푸는 형식이 아닌, 아예 상단에 먼저 권공을 행하고 이어 대령단으로 이동해 영가를 청하고 공양을 올린다는 법식은 현행 의식의 절차와 구성을 재고하는데 중요한 열쇠가 될 수 있다.

대령단에서 영가를 청해 맞이한 후 관욕의식을 진행하고 나면 정문으로 나아가 시

89_ 「一本云 一邊勸供如常 一邊鐘頭 正門之外 對靈壇排置 則預張遮日作壇之後 以卓衣覆之 壇上 立引路王幡左邊 立宗室后妃兩幡 右邊 立將相幡及孤魂兩幡 花甁燈燭香爐灑水器 呈於壇 壇右邊五六步之許 別作浴室三間 其高不過六尺也 廣四尺長不論尺數 北壁則全蔽 而宗室浴所 則中一間作兩區 將相浴所 則東一間作一區孤魂浴所 則西一間作兩區 無浴室則以屛風一座 作宗室一所二區 又二座別作將相及孤魂等三區 且以小布帳各垂於前面 帳無則紙帳 亦可 各所門外 各表其名 使帝王后妃將相男女之魂 各知其所也 每一所淨巾一件 齒木一枚 浴水一器 嗽口淨水一器 呈於壇 且男女魂紙衣封外 各書名目 盛以箱子 各安其床可也 上壇勸供旣畢 鐘頭 擊大鐘三槌 則住持與大衆 各持體錢 下去門外對靈所 轉鐘七槌 鳴螺三旨 鳴鈸一宗後 擧佛云」.

식단施食壇으로 향하는데 지단진언 후의 과정을 살펴보자.[90]

> 다음에는 걸어갈 때 읊는 게송行步偈을 한다. 다음에 인도咽導♣도가 인로왕보살引路王菩薩을 크게 부르면서 요잡의식을 하면, **그때 각각의 번기를 차례차례 모시고 걷기를 위에서와 같이 한다**. 정중庭中에 이르러서 정중게庭中偈를 하고 다음에 개문게開門偈를 한다.[91]

협주의 내용은 상대적으로 앞전에 소개한 다양한 작법에서의 이동과정보다 간략하게 되어 있다. 하지만 빈약한 설명이라도 하단의 이동모습을 가늠하기에 부족함이 없다. 이동의 과정에서 "인성"으로 "나무대성인로왕보살"을 소리한 것도 그렇고 요잡을 행한 것도 그렇다. 당연히 요잡을 행하면서 얼마든지 음악이 함께 했을 것으로 예상한다. 더군다나 대령단에 인로왕번과 종실번 등을 모신 점으로 미뤄 얼마든지 시련 설행의 가능성이 높았을 것으로 본다. 특히, 각각의 번기를 모시고 이동하는 예는 "앞에 소개한 대로 행한다."고 설명한 점은 시련의 설행했을 확률을 그 만큼 높게 한다.

하지만 의식문에 증명보살을 청하는 내용이 없다면 시련할 명분이 없어짐에 유의할 필요가 있다. 현재 보편적으로 영가를 청하는 의식문으로 활용되는 『석문의범』의 「재대령」과 『천지명양수륙재의범음산보집』, 「대령의」 절차엔 증명단이 없다. 오히려 『작법귀감』의 「대령정의」와 『석문의범』의 「관음시식」 등엔 인로왕보살을 증명으로 청해 모시는 증명단이 존재한다. 시련에 관해서 만큼은 증명단의 유무가 중요하다.

23. 『다비문茶毘文』

다비茶毘란 큰 스님이 열반에 들었을 때, 유해를 화장시키는 것을 말한다. 그러므로 『다비문』은 유해를 화장시킬 때 필요한 절차를 적어놓은 의식문으로 볼 수 있다. 내용엔 열반에 든 스님의 승가의 지위에 따라 시호를 적는 방법을 설명한 「명정서규名旌

90_ 해동사문 지환, 김두재 옮김, 『천지명양수륙재의범음산보집』, 413쪽.

91_ 「行步偈 次咽導 唱引路王菩薩 繞匝時 各幡 次次侍行如上 至庭中 庭中偈 次開門偈」.

書規」와 오방불을 초정하는 번을 쓰는 규식인 「오방불청서규五方佛請書規」, 무상게를 쓰는 법규인 「무상게서규無常偈書規」, 시신을 사르는 장소에 물그릇을 놓아두는 법을 설명하고 있는 「소신처치수기법燒身處置水器法」 외, 「다비문절차茶毘文節次」, 「법사립방법法師立方法」, 「어산창십이불호魚山唱十二佛號」, 「다비법사행방법茶毘法師行方法」, 「하화법下火法」 등을 소개하고 있다.

다비를 진행함에 있어서도 시련을 행한 정황이 들어난다.[92]

> 재자齋者는 명정을 들고 각각 하직하는 절을 한 번 올린다. 하직하는 쇠종 3종宗을 치고 **다음에는 원불願佛과 오방불五方佛이 있기 때문에 "꽃을 흩뿌립니다[散花落]."를 하고 거령산을 하고 요잡의식을 한다.** 그리하여 발인 할 장소에 이르면 음악을 그친다. 발인제發引祭는 전물奠物을 배치해 놓고 제문祭文을 읽고 곡哭을 하고 두 번 절을 한 뒤에 감교목龕橋木에 한 사람이 올라타고서 큰 소리로 "서방 대교주 나무아미타불"을 큰소리로 읊으면 상여를 메고 가는 사람들이 이 염불소리를 듣고 일시에 "나무아미타불"하고 화답하여 합창하면서 서서히 앞으로 나아간다.[93]

열반에 든 스님을 모셔 발인 장소로 이동하는 과정에서 원불과 오방불을 모시고 있다는 이유를 들어 산화락과 "인성"으로 거령산을 소리하며 이동하고 있다. 다비를 행함에 있어 원불願佛과 오방불五方佛을 모셔 이동한다는 것은 열반에 든 스님을 부처님의 가피로 극락세계로 인도하려는 목적 때문이다. 이를 위해 다비문에는 「오방불청서규」가 전하고 동·서·남·북·중앙을 상징하는 다섯 부처님을 청해 오방의 부처님 명호를 번에 적어 모신다. 여기에서 주목할 것은 바로 원불을 어떻게 모시느냐다. 원불이란 중생제도의 본원으로 나타나는 부처님을 의미하지만 실상은 열반에 든 스님이 생전에 모시며 소원을 빈 부처님을 상징하기도 한다. 수행하는 누구나 본인의 근기와 인연에 따라 원불을 모시고 있다. 그런 연유로 수행하던 스님이 열반에 들면 원불이 함께 자리

92_ 해동사문 지환, 김두재 옮김, 『천지명양수륙재의범음산보집』, 444쪽.

93_ 「齋者執名旌 各一拜後 下直金三宗 次願佛及五方佛在 故散花落 擧靈山 繞匝 至發引處 止樂 發引祭則奠物排置 讀祭文哭再拜後 龕橋木上人 以大聲唱西方大敎主南無阿彌陀佛 擔橋衆人 聞此念佛聲 一時唱和 徐徐而行」.

하여 오방불과 더불어 영가를 극락으로 인도한다고 믿는다.

『다비문』엔 「신체발인시위의차제행립규身體發引時威儀次第行立規」가 실려 있다. 말 그대로 발인을 행할 때 행렬의 차례와 나열해 서는 규식을 전하고 있는데 내용엔 분명 원불을 "원불련願佛輦"에 모셔 이동하도록 표시했다. 여기에서 말하는 "원불련"이 무엇인가? 바로 원불을 모셔 이동하는 가마를 말한다. 그러므로 다비를 행함에 있어 원불을 이동시킬 경우엔 반드시 연에 모셔 이동하는 것이 바람직했고 설사, 원불을 직접 가마에 실어 모시지 못할 경우엔 불패에 원불의 명호를 적어 모셔 이동했을 것으로 예상한다.

『석문의범』, 다비편엔 반혼返魂 착어와 더불어 "영축염화시상기 운"으로 시작하는 영축게靈鷲偈를 소개하고 있으며 발인처發靷處를 떠나면서는 하직게下直偈[94]를 행하도록 했다. 이후 산화락과 거령산을 소리하며 이동해 간다.[95]

그럼, 이쯤에서 『천지명양수륙재의범음산보집』 중권에서 소개한 절차 중 대상을 이동시키거나 이동의 과정에서 시련을 행한 흔적이 발견된 의식들을 표로 정리해보자.

〈표 2〉 『천지명양수륙재의범음산보집』 중권, 의식절차에 따른 시련여부

의식명칭	구분	게송	인성	시련
지반문	상단	염화, "영축 운"	나무영산회상불보살	가
	중단	염화, "금향 운"	대비주	가
	하단	염화, "법신 운"	나무대성인로왕보살	가
	봉송	중례문 상고		가
예수재(영청)	상단	염화, "영축 운"	나무영산회상불보살	가
	중단	염화, "법신 운"	법성게	가
예수재(봉송)	고사단	"봉송고관사군중 운"	염불	불가
	중단	"봉송풍도대제왕 운"	법성게	가
	상단	"봉송시방삼신존 운"	나무영산회상불보살	가

94_ "성현행보진허공 이탈색신도정방 여금망자역여시 불수오음향락방(聖賢行步振虛空 已脫色身到淨邦 如今亡者亦如是 不受五陰向樂方)."

95_ 安震湖, 『釋門儀範』 上, 143~44쪽.

성도재작법	이운	염화, "영축 운"	나무영산회상불보살	가
설선작법		불산, "외외 운"	나무영산회상불보살	불가
주시련작법	상단	염화, "영축 운"	나무영산회상불보살	가
총림사명일	하단	염화, "법신 운"	나무대성인로왕보살	가
명일별대령	하단	행보, "이행 운"	나무대성인로왕보살	불가
다비문	이운	하직, "성현 운"	나무영산회상불보살	가

〈표 2〉는 지금까지 소개한 책, 중권의 의식 절차 중 대상을 이동시킨 흔적을 정리한 것이다. 특히, 『지반문』의 경우엔 협주의 내용에서 『중례문』의 것을 따르도록 권고勸告했기에 이를 참고 했고 일부의식의 경우, 이동에 앞서 게송의 내용이 정확히 전해지지 않아 원전의 내용을 살피거나 『석문의범』의 것을 옮겨 적었다. 하지만, 정황상 시련을 행할 수 있는 여건이 마련되었다 해도 절차의 속에 불·보살을 증명보살로 청하지 않는 경우엔 위패와 위목만을 이동시킨 것으로 간주해 시련 여부를 불가로 표시했다.

24. 「별삼보단작법別三寶壇作法」

『천지명양수륙재의범음산보집』, 하권은 원래 『삼권자기문오주야작법규권지하三卷仔夔文五晝夜作法規卷之下』란 명칭으로 전해지고 있다. 그리고 내용엔 수륙재의 한 부류인 『자기문仔夔文』으로 의식을 진행할 경우에 필요한 다양한 작법과 절차를 소개하고 있다. 『자기문』은 자기仔夔가 찬술한 것으로 모두 10권으로 알려져 있는데 구성은 앞서 소개한 『중례문』과 『지반문』에 비해 상대적으로 광범위하고 각 단의 절차가 세분화되어 있다.

절차엔 「풍백우사단작법風伯雨師壇作法」, 「가람단작법伽藍壇作法」, 「당산천왕단작법當山天王壇作法」, 「당산용왕단작법當山龍王壇作法」, 「예적단작법穢跡壇作法」, 「범왕단작법梵王壇作法」, 「제석단작법帝釋壇作法」, 「사천왕단작법四天王壇作法」, 「성황단작법城隍壇作法」 등을 비롯해, 불교가 이 땅에 유입된 이후, 민속民俗의 습합과정에서 자리한 다양한 의식절차와 규례를 포함해 전한다. 이는 조선 전 시대에 걸쳐 불교와 민속의 습합으로 이뤄진 한국 고유의 수륙재가 성행했을 가능성을 보이는 것이어서 다른 저본보다도 더욱 큰 문화적 가치를 지닌다.

5주야, 『자기문』으로 의식을 진행할 경우 첫째 날, 「풍백우사단작법」을 시작으로 「성황단작법」까지 행하며 밤에 이르면 「대령작법」을 행한다. 둘째 날엔 「화엄작법」을 행하고 한쪽에서는 「예참작법禮懺作法」을 행한다. 재를 마친 후엔 「예수작법」을 이어간다. 셋째 날엔 「대영산작법大靈山作法」을 시작으로 염향의식과 『연화경』 독송을 이어간 후 「자기초권작법」에서 「별삼보단작법」까지를 행하며 넷째 날엔 「비로단작법毘盧壇作法」을 시작으로 「수중단작법垂衆壇作法」, 「천선단작법天仙壇作法」, 「지기단작법地祇壇作法」까지 행한다. 마지막 다섯째 날은 먼저, 「제산단諸山壇」을 시설하고 초청한 다음, 「시왕단작법十王壇作法」을 시작으로 종실단宗室壇·삼대가친단三代家親壇·무주고혼단無主孤魂壇에 공양을 베풀고 봉송하는 의식을 진행한다. 물론, 각단 의식을 진행함에 있어 특정한 대상을 가마에 실어 이동한 흔적을 곳곳에서 확인할 수 있다.

「별삼보단작법」은 『자기초권작법仔夔初卷作法』의 하나로 사자단과 오방단 의식을 마친 후 진행하는 「가등작법加燈作法」 다음에 실려 있다. 물론, 3일차에 진행하는 의식이다. 내용은 별도로 삼보단을 설치하고 공양 올릴 경우, 진행할 수 있는 절차를 소개하고 있다. 그리고 내용엔 다음과 같은 설명문[96]을 싣고 있다.

> 소疏를 읽어 마치고 바라를 3도度 울린다. 삼보三寶의 위를 불러 청한다. 요령을 울리며 하는 게송과 진언眞言을 하고 법회를 여는 이유由致와 각청各請과 각영各詠을 한 끝에 성인을 인도하여 제 위치에 나아가게 하는 편[引聖歸位篇]을 한다. **다음에 시련侍輦의식과 염화게拈花偈와 "꽃을 흩뿌립니다[散花落]."를 세 차례 하고**, 바라를 울리고 거령산擧靈山을 하고 인성引聲으로 요잡 의식을 하여 법당에 이르면 음악을 그친다. 그리고는 좌불게坐佛偈를 한다.[97]

당연한 것이겠지만 상단, 특히 삼보를 청해 모셔 이동할 경우, 불패를 가마에 모셔

96_ 해동사문 지환, 김두재 옮김, 『천지명양수륙재의범음산보집』, 504쪽.

97_ 「宣疏畢 動鈸三度 召請三寶位 振鈴偈及眞言 由致 各請 各詠末 引聖歸位篇 次侍輦則拈花偈 散花落三 動鈸 擧靈山 引聲 繞匝 至法堂 止樂 坐佛偈云」.

이동하고 있다. 이는 앞서 다양한 작법의 절차에서 상단 부처님을 모셔 이동함에 있어 가마를 이용한 흔적이기에 상단 시련의 전형적인 모습으로 볼 수 있다. 물론, 부처님을 이동하는 과정에서의 "인성"은 거령산이다.

25. 「수중단작법垂衆壇作法」

부처님을 포함한 삼보 전에 시련을 행한 것은 「별삼보단작법」 뿐만이 아니다. 4일차에 설행하는 「수중단작법」에서도 동일한 모습으로 시련을 행한 정황이 들어난다. 「수중단작법」은 불사佛事를 행하기에 앞서 부처님을 위시한 상위 일체 불·보살을 청해 관욕시키고 자리에 모신 다음 공양 올리는 형태로 구성되어 있다. 그리고 의식 중간에 참석대중 모두 참회하고 예를 올리는 절차도 포함되어 있다. 관욕 이후의 모습을 살펴보자.[98]

> 성인을 인도하여 자리에 돌아가게 하는 편[引聖歸位篇]을 마치고 꽃을 뽑아 들며 하는 게송[拈花偈]과 "꽃을 흩뿌립니다[散花落]."를 세 번 하고 바라를 세 차례 울리고 거령산을 한다. 인성引聲으로 요잡의식을 하면서 법당에 이르면 음악을 멈춘다. 좌불게坐佛偈를 하고 정성껏 보배 자리를 들라는 편[獒獻寶座篇]을 하고 다음에 자리를 드리는 게송과 주문을 한다.[99]

물론, 협주의 내용엔 시련했다는 말은 없다. 하지만 관욕을 마친 후 "인성귀위편"을 하고 염화게와 산화락 그리고 거령산을 "인성"으로 소리하며 이동한 흔적은 비록, 가마로 이동했다는 직접적인 언급이 없었다 해도 충분히 시련했을 가능성이 크다.

98_ 해동사문 지환, 김두재 옮김, 『천지명양수륙재의범음산보집』, 512쪽.
99_ 「引聖歸位篇畢 拈花偈 散花落三 動鈸 擧靈山 引聲 繞匝 至法堂止樂 坐佛偈 獒獻寶座篇 次獻座偈呪」.

26. 「천선단작법天仙壇作法」

4일차에 설행하는 「수중단작법」이 상단의 불·보살을 청해 공양 올리는 의식이었다면 이어지는 「천선단작법」은 중단의 천선과 일체 성현을 청해 모시는 의식으로 볼 수 있다. 물론, 관욕을 행하면서 말이다. 관욕을 행한 후 이동의 과정을 보자.[100]

> 천선이 성현을 참례하는 편[叅禮聖賢篇]을 마치고 "꽃을 흩뿌립니다[散花落]."를 세 번 하고 바라를 울린 뒤에 천수주千手呪를 하고 인성引聲으로 요잡의식을 하여 정중庭中에 이르면 음악을 멈추고 다시 "꽃을 흩뿌립니다."를 세 차례 한다. 문해월편聞海月篇과 진언을 하고 보례게普禮偈를 한다. 다음에 삼정례三頂禮를 하고 위리爲利 게송과 주문을 한다. 엎드려 들으니 모든 하늘은 편[伏聞諸天篇]을 한다. 위판位板을 맞아 인도하여 본단本壇에 안치한다.[101]

천선에게 관욕을 행한 다음엔 「수중단작법」을 통해 자리한 상위 일체 불·보살 전에 예를 올리기 위해 이동을 시작한다. 앞서 『중례문』에서 확인한 천수주를 "인성"으로 소리하며 말이다. 물론, 협주의 내용엔 가마를 사용해 천선을 이동시켰다는 구체적인 언급은 없다. 하지만 1664년, 청淸의 서하西河가 편찬編纂했다고 전하는 『자기산보문仔夔刪補文』 8권, 「제천선중문諸天仙衆文」엔 천장보살天藏菩薩을 증명으로 모신 의식문을 전하고 있어 천장보살의 불패를 연에 모셔 이동했을 가능성이 크다. 마치 『중례문』 중단에서 천장연天藏輦이 등장했듯이 말이다.

27. 「지기단작법地祇壇作法」

「천선단작법」이 하늘과 우주에 관세된 일체 중단 성현을 청해 모시는 의식이었다면

100_ 해동사문 지환, 김두재 옮김, 『천지명양수륙재의범음산보집』, 521쪽.

101_ 「天仙叅禮聖賢篇末 散花落三 動鈸後千手呪 引聲 繞匝 至庭中 止樂 散花落三 次聞海月篇及眞言 普禮偈 次三頂禮 爲利偈呪 伏聞諸天篇 迎引位板 安於本壇」.

「지기단작법」은 대지와 관계된, 사바세계 모든 중생이 살아가는 땅과 토지를 관장하는 일체 성현을 청해 모시는 의식으로 볼 수 있다. 내용의 구성은 「천선단작법」과 많은 부분 흡사한 형태를 보인다. 성현을 청한 후엔 관욕을 행하는 점도 그렇고 도량에 모셔진 상위, 불·보살 전에 예를 올릴 수 있도록 이동하는 점도 그렇다. 내용[102]을 보자.

> 재차 여기 등의 대중들께 아뢰는 편[再白靈祇等篇]을 마치고 "꽃을 흩뿌립니다[散花落]."를 세 번 하고 바라를 울린다. 천수주千手呪를 하고 인성引聲으로 요잡의식을 거행하면서 정중庭中에 이르면 음악을 그친다. 다시 "꽃을 흩뿌립니다."를 세 번 하고 다음에 "외로운 달에 묻는다."로 시작되는 편[聞孤月篇]을 한다.[103]

「천선단작법」에서처럼 성현을 이동시킬 때 "인성"으로 천수주를 소리하고 있다. 당연히 여건이 마련되었다면 대상을 연에 모셔 이동했을 가능성이 크다. 한편, 「천선단작법」에선 증명보살로 천장보살을 청해 모셨었다. 그럼 이땐 어떤 성현을 증명보살로 청해 모셨을까? 만약 증명보살을 모시지 않는다면 시련을 행할 명분이 사실상 없어질 수 있다. 아쉽게도 협주 내용만으로는 증명보살을 청했는지의 여부를 확인하기 어렵다.

이와 관계해 『자기산보문』 9권, 「청허공지계신기편請虛空地界神祇篇」엔 이때 증명보살로 지지보살地持菩薩을 청하는 것으로 밝혀졌다. 그러므로 원문을 그대로 적용해 의식을 진행할 경우 얼마든지 시련을 행할 수 있다는 결론에 이를 수 있다. 『중례문』 중단, 지지연地持輦처럼 말이다.

「천선단작법」에선 이동을 마친 후 복문제천편伏聞諸天篇을 행했는데 여기에선 문고월편聞孤月篇을 이어 가고 있음이 이채롭다.

「지기단작법」의 절차 후반부엔 천선과 지기, 두 단에 일시에 공양 올리는 의식을 이어간다. 이는 「천선단작법」과 「지기단작법」이 독립된 의식의 절차라기 보단 중단의 성현을 세분화 해 모셔 공양 올리는, 『자기문』만이 지닌 또 다른 수륙재의 설행 형태로

102_ 해동사문 지환, 김두재 옮김, 『천지명양수륙재의범음산보집』, 525쪽.
103_ 「再白靈祇等篇畢 散花落三 動鈸 千手呪 引聲 繞匝 至庭中 止樂 散花落三 次聞孤月篇 次」.

보는 것이 마땅하다. 물론, 앞서 행한 상단의 「수중단작법」과 연계해서 말이다.

28. 「제산단작법諸山壇作法」

『자기문』으로 행하는 5일 차 수륙재 의식은 「제산단작법」으로 시작한다. 여기에서 말하는 산山은 일반적인 산을 말하는 것이 아니고 불가의 법맥, 승가의 전법을 의미한다. 그러므로 「제산단작법」은 종파를 초월해 과거로부터 승가에 명성 있고 어진, 일체 대덕 선사禪師와 산문의 종사 반열에 오른 종사宗師, 그리고 한 시대를 풍미한 어산魚山·범패梵唄·범음梵音 스님들의 위패를 받들어 모시는 의식으로 볼 수 있다. 의식의 구성은 성현을 청하는 의식을 이어가고 자리로 인도하여 모시는 인성귀위편引聖歸位篇을 행한다. 다음 염화게를 행하고 있는데 과정을 살펴보자.[104]

拈花偈염화게

千尺絲綸直下垂천척사륜직하수　　一波纔動萬波隨일파재동만파수

夜靜水寒魚不食야정수한어불식　　滿船空載月明歸만선공재월명귀

마하반야바라밀, 인성引聲으로 요잡의식을 하며 본단本壇까지 간다.[105]

「제선단작법」에선 관욕의식을 진행하지 않고 모든 선사 스님들의 강림을 청한 후 바로 염화게를 이어간다. 이때의 염화게는 『중례문』, 상단의 것과 동일하다. 그리고 이동하는 과정에선 "인성"으로 "마하반야바라밀"을 소리하고 있는데 이는 「고승사리이운」의 정황과 흡사하다. 물론, 이동하는 과정에 스님들의 위패를 연에 모신 흔적은 보이지 않는다. 그도 그럴 것이 『자기산보문』 10권, 「제산단청좌의문諸山壇請坐儀文」엔 증명보살을 청하는 의식문을 따로 전하지 않는다.

104_ 해동사문 지환, 김두재 옮김, 『천지명양수륙재의범음산보집』, 537~38쪽.
105_ 「摩訶般若婆羅密 引聲 繞匝 至本壇」.

29. 「시왕단작법十王壇作法」

「시왕단작법」은 말 그대로 명부의 열 대왕을 모셔 관욕시키고 본 단으로 이동해 공양 올리는 의식이다. 상권의 「대례왕공양문」과 성격이 비슷한 의식으로 보이지만 의식을 진행하는 과정은 조금 다르다. 「대례왕공양문」의 경우 증명단을 설치하고 지장보살과 도명존자, 무독귀왕을 청해 모신 다음 관욕의 절차 없이 바로 열 시왕과 시위 권속을 청해 공양 올리는 형태인 반면 「시왕단작법」은 시왕을 청한 뒤 바로 관욕의식을 행하고 이어 상단에 모셔진 불·보살 전에 예를 올리는 절차로 구성되어 있다. 물론, 협주의 내용만 놓고 보면 그렇다는 말이다. 이동의 과정[106]을 보자.

> 성위에 참례하는 편[叅聖位篇]을 하고 다음에 염화게拈花偈 의례를 한다.[107]

> 冥間一十大明王명간일십대명왕 能使(人天壽筭長 亡靈到淨方)능사(인천수산장 망령도정방)
> 願承佛力來降赴원승불력래강부 現垂靈驗坐道場현수영험좌도량

> 천수주를 하고 인성引聲으로 요잡의식을 하며 정중庭中에 이르면 음악을 그치고 보례게普禮偈를 한다.[108]

내용엔 관욕의식을 마친 후 염화게를 행하고 "인성"으로 천수주를 소리하며 이동한 정황이 들어나고 이동의 과정에서 음악을 연주한 점으로 미뤄 연을 이용해 시련을 행했을 가능성도 충분해 보인다. 하지만 정황상 시련을 행할 여건이 마련되었다 해도 의식문에 증명보살을 청하는 내용이 없다면 시련을 행했을 가능성은 희박해진다. 분명, 『천지명양수륙재의범음산보집』 협주 내용엔 "법회를 여는 연유를 밝히고 각청各請과 각영各詠을 하라"는 설명만 적혀 있을 뿐, 구체적으로 증명보살을 청한 흔적은 들어나지

106_ 해동사문 지환, 김두재 옮김, 『천지명양수륙재의범음산보집』, 545쪽.
107_ 「叅聖位篇 次拈花偈例」.
108_ 「千手呪 引聲 繞匝 至庭中 止樂 普禮偈云」.

않는다.

하지만, 『자기산보문』 10권, 「찬청시왕의문讚請十王儀文」엔 지장보살을 증명으로 모시는 의식문이 적혀 있다. 의식문을 그대로 적용한다면 「시왕단작법」에서도 얼마든지 시련을 행했을 가능성이 크다.

30. 「종실단작법의宗室壇作法儀」

「종실단작법」은 먼저, 증명으로 관세음보살을 청하고 조선 건국 이래로 이 땅을 수호한 선왕, 선후를 모두 청해 관욕시킨 다음 공양올리고 이어 반고왕盤古王을 비롯해 단군檀君과 기자箕子, 위만衛滿의 여러 큰 성왕聖王, 신라의 55위 왕, 고려 28위 왕, 백제 30위 왕, 가락국의 10위 왕, 중원 본국의 명신名臣, 명장名將 등을 모두 청해 관욕시킨 다음 권공하는 절차로 구성되어 있다. 이 의식은 억불정책이 심화된 조선시대에 수륙재가 왕실의 주도로 설판되어 온 점을 감안할 때 설판하는 자의 사회적 신분을 고려해 임의로 개작된 것으로 보인다. 먼저, 관욕 이후의 내용[109]부터 살펴보자.

> 법성게法性偈를 하는데 인성引聲으로 요잡의식을 하며 법당 앞에 이르면 음악을 그친다.[110]

내용은 간략하기 이를 때 없다. 하지만, 「종실단작법의」 본문, 정토결계진언淨土結界眞言 후 관세음보살을 증명으로 청한 점으로 미뤄 성왕 · 선후의 위패를 모시는 과정에서 관세음보살의 불패를 연에 모셔 이동했을 가능성이 크다. 법성게를 "인성"으로 소리하고 있는 점도 그렇고 요잡의식을 행하면서 음악을 연주한 점도 여느 시련의 모습과 다르지 않다. 다만, 이동해가는 주된 대상이 종실인 점을 감안할 때, 법성게를 소리하고 있는 점은 주목할 만하다. 왜냐하면 『중례문』의 경우 하단의식은 종실과 삼대가친 그리고 무주고혼을 동시에 청하고 이때의 "인성"을 "나무대성인로왕보살"로 소리했기 때문

109_ 해동사문 지환, 김두재 옮김, 『천지명양수륙재의범음산보집』, 558쪽.
110_ 「法性偈 引聲 繞匝 至法堂前 止樂」.

이다. 하지만 『자기문』의 경우엔 하단의식을 보다 세분화해 「종실단」, 「삼대가친단」, 「무주고혼단」으로 나눠 모시기 때문에 각 단마다 "인성" 차이날 수 있을 것으로 본다.

31. 「삼대가친단三代家親壇」

「삼대가친단」은 「종실단」과 더불어 수륙재에서 청하는 영가의 한 부류로 꼽힌다. 이미 『중례문』에서도 하단 의식을 진행할 경우 삼대가친의 위패를 모신바 있다. 「종실단」의 경우엔 관세음보살을 증명으로 청했지만 「삼대가친단」의 경우, 인로왕보살을 증명보살로 청하는 것으로 확인된다. 의식의 구성은 먼저, 증명단을 청하고 이어 삼대가친을 청해 관욕의식을 행한 다음 본 도량으로 이동해 자리에 안치시키고 공양을 베풀도록 했다. 관욕 이후 이동의 과정을 살펴보자.[111]

拈花偈염화게

法身遍滿百億界법신변만백억계	普放金色照人天보방금색조인천
應物現形潭底月응물현형담저월	體圓正坐寶蓮臺체원정좌보련대

南無大聖引路王菩薩나무대성인로왕보살

인성引聲으로 요잡의식을 거행하여 정문 밖에 이르면 음악을 그치고 "자세히 살피건대…"로 시작되는 편(詳夫篇)을 하고 다음에 보례게普禮偈를 한다.[112]

「삼대가친단」의 위패를 이동시킬 때의 "인성"은 "나무대성인로왕보살"이다. 물론 인로왕보살을 증명으로 모시고 있어 이동과정에서 얼마든지 시련을 행했을 가능성이 있다.

111_ 해동사문 지환, 김두재 옮김, 『천지명양수륙재의범음산보집』, 577쪽.
112_ 「引聲 繞匝 至正門外 止樂 詳夫篇 次普禮偈云」.

32. 「무주고혼단無主孤魂壇」

「무주고혼단」은 「종실단」·「삼대가친단」과 더불어 『자기문』으로 행하는 하단의식의 마지막 영가 부류를 말한다. 『중례문』, 하단 시련 특히, 삼련을 준비한 과정에서 진행하는 하삼련의 경우, 연에 면연대사를 모셔 이동했었고 연의 이름도 면연대사연面然大士輦이라 했다. 하지만 『천지명양수륙재의범음산보집』, 「무주고혼단」 협주의 내용엔 아쉽게도 면연귀왕을 증명으로 모신 직접적인 흔적은 발견되지 않는다. 앞서 「시왕단작법」처럼 전체적인 의식의 설행 과정을 설명하고 있을 뿐이다. 그러나 『자기산보문』 8권, 「고혼찬청의문孤魂讚請儀文」엔 "대성초면귀왕비증보살마하살大聖焦面鬼王悲增菩薩摩訶薩"을 증명으로 청하고 이에 따른 증명 가영歌詠을 "면연대사서홍심 화현인후세사침 법식공손여상미 금령동청오원음面然大士誓弘深 化現咽喉細似針 法食供湌如上味 金鈴同聽悟圓音"으로 전하고 있어 「무주고혼단」을 진행할 때 증명보살로 면연대사를 청했을 확률이 높다.

더군다나 「무주고혼단」의 협주에도 앞서 「시왕단작법」과 같이 "법회를 연 연유由致와 각청各請 각영各詠을 하고"[113]란 설명이 있는데 이는 일반적으로 각 청을 행할 때 맨 처음 증명청을 모셨던 선례에 비춰, 「무주고혼단」에서도 증명보살을 모셨음이 확실하다. 각청과 각영을 행한 뒤엔 무주고혼에게 관욕의식을 이어가고 관욕을 마친 다음엔 염화게를 소리한 뒤 고혼을 이동시킨 것으로 확인된다. 내용을 보자.[114]

拈花偈염화게

法身遍滿百億界법신변만백억계	普放金色照人天보방금색조인천
應物現形潭底月응물현형담저월	體圓正坐寶蓮臺체원정좌보련대

인성引聲으로 법성게法性偈를 하면서 요잡의식을 거행하여 성문 밖에 이르면 음악을 그치고 다음에 가지예성편加持禮聖篇을 한다.[115]

113_ 「宣疏畢 振鈴偈及眞言 由致 各請 各詠」.
114_ 해동사문 지환, 김두재 옮김, 『천지명양수륙재의범음산보집』, 583~84쪽.

「무주고혼단」에서 면연대사를 증명으로 모셨다면 당연히 시련을 행할 명분이 생긴다. 그리고 이때의 "인성"은 법성게로서 「종실단」의 경우와 동일한 구성을 보인다.

『자기문』으로 행하는 하단의식의 구성은 분명, 『중례문』과 『지반문』의 것보다 세밀하다. 단순히 협주의 내용만 살펴보자면 보잘 것 없어 보이겠지만 그 내용을 면밀히 들어다보면 하단 자체를 세분화 해 대상을 나눠 모시는 형태를 띠고 있다. 물론, 각 단에 일체의 추선 대상을 모신 다음엔 이어지는 「시식단규施食壇規」에서 종실·가친·고혼·별명別名·삼도단三途壇 등 여섯 단에 일시에 제물을 차리고 공양을 베풀도록 했다. 그리고 모든 중생을 제도하기 위한 방편을 『지반문』의 예와 같이 설행하도록 권하고 있다.

33. 「봉송의奉送儀」

『자기문』으로 행하는 수륙재의 봉송의식에서도 『중례문』, 『지반문』과 같이 일체 모든 성현과 중생을 모셔 이동시킨 흔적이 확인[116]된다.

> "복의 메아리를 널리 흩어"로 시작하는 편[普散響福篇]을 마치고 다음에 꽃을 흩뿌리는 게송[散花落]을 할 때 단상에 비치한 꽃을 거두고 위의를 갖추며, 여러 단에 있는 위패位牌와 위목位目과 향화번개香花幡盖를 상 위에 놓아둔다. 각 단의 기사記事, 종두鐘頭, 판수判首, 당좌堂佐 등은 각각 위의 물건을 받들어 가지고 차례대로 행차한다. 꽃을 흩뿌리는 게송을 큰 소리로 읊으면 법회 대중들은 성발聲鈸하여 화답한다. 정중庭中을 세 바퀴 돌고 법당을 향해 서서 **"꽃을 흩뿌립니다[散花落]."를 세 번 하고 바라를 울리며 거령산擧靈山을 하되 인성引聲으로 요잡의식을 거행하여 밖으로 나가 정토루淨土樓 앞에 이르면** 여러 단의 위패와 위목, 화개花盖 등을 정토루 위에서 불에 사른다. 그때 염불을 하되 하나하나 **의식문에 나온 대로 받들어 전송하는 것이 옳다.**[117]

115_ 「法性偈 引聲 繞匝 至正門外 止樂 次加持禮聖篇」.
116_ 해동사문 지환, 김두재 옮김, 『천지명양수륙재의범음산보집』, 590~91쪽.

상단과 중단 그리고 하단에 모셔져 있던 위패와 위목을 모두, 한 번에 이동시키는 모습을 보이고 있는 『자기문』의 봉송의식의 내용은 앞서 소개한 『중례문』이나 『지반문』의 것보다 상대적으로 간략하게 기술되어 있다. 이는 하권 마지막에서 『자기문』의 봉송의식을 다루고 있어 앞서 소개한 상권과 중권, 각 의식에서의 봉송 내용과 많은 부분이 겹칠 수 있다. 그런 연유로 불필요한 내용은 빼고 중요부분만 설명한 것으로 보인다.

하지만 수륙재를 설행하는 과정에 있어 특정부분을 설명할 때, 『중례문』의 예를 『지반문』이 따르고 또 『지반문』의 예를 『자기문』이 따른 형태에 비춰 보면 「봉송의」 역시, 『지반문』과 『중례문』의 선례를 따랐을 것으로 예상한다. 특히, 산화락 이후 거령산을 "인성"으로 소리하고 요잡의식을 거행하며 정토루로 향하고 있는 모습은 『중례문』에서 성현의 불패를 금련金輦에 모셔 이동하던 모습을 연상시키기에 충분하다.

34. 『자기문』을 통해 본 시련의 정황

『천지명양수륙재의범음산보집』엔 『자기문』을 저본으로 할 경우 기본적으로 5주야 동안 수륙재를 설행할 수 있는 절차가 소개되어 있다. 그리고 추가로 7주야, 혹은 3주야로 수륙재를 진행할 경우를 대비해 날짜별로 의식의 절차를 구분, 설명하고 있다. 이미 언급했듯이 『자기문』은 모두 10권이 전한다. 하지만 이 모두를 활용하며 수륙재를 진행하기엔 너무나 광범위할 수 있다. 그래서 이중 수륙재 설행에 있어 꼭 필요한 의식집을 목적에 맞게 선택해 활용할 수 있도록 배려하고 있다.

책에는 『자기문』, 3권과 10권 등으로 7일 동안 수륙재를 설행할 경우를 소개하는 「삼권자기문십권자기문겸칠주야작법규三卷仔夔文十卷仔夔文兼七晝夜作法規」와 『자기문』, 10권 등으로 3일 동안 설행하는 절차를 소개한 「십권자기문삼주야작법규十卷仔夔文三晝夜作

117_「普散響福篇畢 次散花偈時 收壇備花 具威儀諸壇位牌及位目香花幡盖 安于床上 各壇記事鐘頭判首堂佐等 各各奉持 次第而行 唱散花偈 法衆聲鈸而和 三匝庭中 向立法堂 唱散花落三 動鈸 擧靈山 引聲 繞匝 出至淨土樓前 諸壇位牌及位目花盖 幷燒于淨土樓上 時念佛及一一如文 奉送可也」.

法規」 그리고 『자기문』, 3권 등으로 3일 동안 수륙재를 설행할 수 있도록 한 「삼권자기문삼주야작법규三卷仔夔文三晝夜作法規」로 나눠 날짜별로 절차를 구분해 소개하고 있다. 이 중 시련과 관련해 주목할 내용이 전한다.

1) 「십권자기문삼주야작법규十卷仔夔文三晝夜作法規」

「삼권자기문십권자기문겸칠주야작법규」엔 7일 동안 설행하는 과정만을 설명하고 있어 구체적으로 언제 어느 단에서 시련을 행하는지 알 길이 없다. 막연히 이쯤에서 시련을 행했을 것으로 예상할 뿐이다. 그러나 『자기문』, 10권 등으로 3일 동안 행하는 의식의 절차를 소개하고 있는 「십권자기문삼주야작법규」엔 분명하게 시련을 행한 흔적을 언급하고 있다. 특히, 셋째 날 설행하는 의식의 절차엔 다음과 같은 설명[118]을 전한다.

> 비로단毘盧壇, 지향단地向壇, 행주단行住壇, 십육단十六壇, 오백단五百壇, 개종단開宗壇, 삼십삼단三十三壇, 향당단鄕唐壇, 제산단諸山壇의 각위를 청하여 맞이하고 목욕시키는 의식과 **시련**侍輦 **의식은 의식문에 나와 있는 대로 한 다음** 공양물을 올리고 권공한 다음 축원을 한다. 제천단諸天壇, 제신단諸神壇, 시왕단十王壇 각위를 청하여 맞이하고 목욕시키는 의식과 **시련**侍輦 **의식은 의식문과 같이 진행한다**.[119]

내용엔 비로단을 비롯해 설치한 모든 단에서 성현을 청한 다음 목욕시키고 시련 의식을 통해 모셔온다고 밝힌다. 물론 중단에 해당하는 제천과 제신단, 시왕단의 성현도 이와 동일한 모습으로 모셔온다고 했다. 그리고 목욕하고 시련을 행함은 선례를 따른다고 밝힌다. 곧 "목욕시련여상沐浴侍輦如上"이 그것인데 이는 소개한 협주의 내용이외에도 상단과 불·보살과 중단 그리고 하단의식에서 증명보살을 청할 경우 얼마든지 시련의식을 행할 수 있음을 의미한다. 물론 그 대상을 불·보살로 한정지을 수밖에 없지만

118_ 해동사문 지환, 김두재 옮김, 『천지명양수륙재의범음산보집』, 600쪽.

119_ 「毘盧壇 地向壇 行主壇 十六壇 五百壇 開宗壇 三十三壇 鄕唐壇 諸山壇 各位迎請 沐浴侍輦如上 進供勸供祝願 諸天壇 諸神壇 十王壇 各位迎請 沐浴侍輦如上」.

말이다.

2) 「삼권자기문삼주야작법규三卷仔夔文三晝夜作法規」

「삼권자기문삼주야작법규」를 통해 본 셋째 날 의식 절차에도 시련의 흔적이 있다. 더군다나 앞서 소개한 절차 중 막연하게 시련의 정황을 가늠해본 몇몇 의식에서도 분명, 시련을 행했던 것으로 밝혀져 주목된다. 내용[120]을 보자.

> 따로 **삼보단**三寶壇을 설치하고 청하여 맞이하는 의식과 **시련**侍輦과 공양을 올리고 권공하고 축원하는 의식을 의식문과 같이 진행한다. 다음에 비로단毘盧壇에서 바라를 울리고 거불擧佛과 소를 읽어 마치고 진언과 청하는 말씀(請詞)과 가영歌詠을 한 다음 입실入室할 때 입실게入室偈를 하고 차를 올린 다음 마친다. **수중단**垂衆壇에서 청하고 맞이하는 의식과 목욕을 시키고 **시련**侍輦과 공양을 올리고 권공하고 축원하는 의식을 의식문과 같이 진행한다. **제천단**諸天壇**과 제신단**諸神壇에서 청하고 맞이하는 의식과 목욕을 시키고 **시련**侍輦과 공양 올리고 권공하고 축원하는 의식을 의식문과 같이 진행한다. **시왕단**十王壇에서 청하여 맞이하는 의식과 목욕을 시키고 **시련**侍輦과 공양을 올리고 권공하고 화청하고 축원하는 의식을 의식문과 같이 진행한다.[121]

이미 앞서 소개했지만 별도의 삼보단을 설치할 경우, 청하는 대상이 곧 불·보살이었기에 시련을 통해 성현을 모셔왔음을 확인할 수 있었다. 하지만 소개한 내용 중 「수중단」과 「제천단」, 「제신단」, 「시왕단」 등엔 원문을 통해 시련의 정황이 들어날 뿐 시련을 행했다는 명확한 근거를 발견할 수 없었다. 그러나 「삼권자기문삼주야작법규」엔 분명, 이와 같은 단에서도 성현을 모셔오는 과정에서 시련을 행한다고 적고 있다. 그렇다면 지금까지 소개했던 다양한 작법의 절차 중 막연히 시련의 정황이 들어나는 의식

120_ 해동사문 지환, 김두재 옮김, 『천지명양수륙재의범음산보집』, 604쪽.

121_ 「別三寶壇 迎請侍輦 進供勸供祝願如儀文 次毘盧壇 鳴鈸擧佛宣疏畢 眞言及請詞歌詠 入室時入室偈 獻茶已耳 垂衆壇 迎請沐浴侍輦 進供勸供祝願如儀文 諸天壇 諸神壇 迎請沐浴侍輦進供勸供祝願如儀文 十王壇 迎請沐浴侍輦 進供勸供和請祝願如上」.

에서도 얼마든지 가마, 연을 사용해 시련의식을 행할 수도 있다는 결론에 이르게 된다. 결국, 상·중·하단, 어느 단에서라도 의식을 진행함에 있어 증명보살을 청할 경우엔 얼마든지 시련의식을 행할 수 있음을 또 그렇게 설행해 왔음이 확실하다.

그럼 소개한 다양한 의식 절차 중 책, 하권에 실린 내용을 표로 정리해 보자.

〈표 3〉『천지명양수륙재의범음산보집』 하권, 의식절차에 따른 시련여부

의식명칭	구분	계송	인성	시련
별삼보단작법	상단	염화, "영축 운"	나무영산회상불보살	가
수중단작법	상단	염화, "영축 운"	나무영산회상불보살	가
천선단작법	중단	염화, "금향 운"	천수주	가
지기단작법	중단	염화, "금향 운"	천수주	가
제산단작법	중단	염화, "천척 운"	마하반야바라밀	불가
시왕단작법	중단	염화, "명일 운"	천수주	가
종실단작법	하단	염화, "법신 운"	법성게	가
삼대가친단	하단	염화, "법신 운"	나무대성인로왕보살	가
무주고혼단	하단	염화, "법신 운"	법성게	가

〈표 3〉은 책, 하권에 실린 의식의 절차 중 시련을 행한 흔적을 표로 정리한 것이다. 물론, 소개한 협주의 내용과 『자기산보문』 원전의 내용을 고려해 적었다. 「천선단작법」과 「지기단작법」은 따로 염화게를 전하고 있지 않고 원문에서도 확인할 수 없었기에 임으로 『중례문』과 『지반문』의 것을 옮겼다. 참고로 협주의 내용에서 밝히고 있는 시련의 정황이 충분히 들어났다 해도 원전 내용에 증명보살을 청한 흔적이 없을 경우엔 불가로 판단했다.

08

시련의식 복원에 관한 제언

필자는 수년에 걸쳐 시련의식을 복원하기 위해 노력했었고 한 땐 방향을 잘못 잡아, 아니 정확히 말하면 현행 「시련절차」의 고정관념을 벗어나지 못해 갈팡질팡 했던 경험이 있다. 처음, 『천지명양수륙재의범음산보집』에 상・중・하단의 시련이 존재한다는 「위의지도」를 접하고는 시련의식을 설행할 수 있는 의식문, 현행의 「시련절차」나 조선시대의 「주시련작법」과 같은 독립된 의식문이 어딘가에 꼭 존재할 것이라 믿었다. 그래서 나름 적지 않은 시간을 투자하며 수많은 자료를 뒤적였다. 그러나 결국 찾지 못했다.

그리곤 생각했다. '아니, 왜 없을까? 『산보집』에도 없고 『범음집』에도 없고 『찬요』, 『촬요』에도 없다면 어떻게 시련을 했다는 건가?' 『천지명양수륙재의범음산보집』을 분석하면서는 시환스님을 원망하기도 했나. "아니, 「주시련론」・「상난시련론」・「중난시련론」만 적어 놓고 정작 중요한, 시련 설행을 위한 의식문은 실어 놓지 않다니!", "왜, 하필 「주시련작법」이야 차라리 「상단시련작법」이라 하지! 안 그래?" 별별 생각을 다 했었다.

돌이켜 보면 그저 웃을 일이지만 당시엔 나름 심각했었다. 이미 눈치 챘겠지만 시련의식에 관한 의식문은 애초에 존재할 이유도, 존재할 필요도 없다. 모든 해답은 이미 우리가 접해온 의식집에 그대로 있다. 심지어 『석문의범』, 곳곳에도 말이다. 그저, 고정관념에 사로잡혀 본질을 보지 못한 필자가 바보였다.

지금까지 『천지명양수륙재의범음산보집』, 상·중·하권에 소개된 다양한 절차를 점검해 시련한 정황을 포착하고 어떤 시점에서 설행했는지 확인해 보았다. 그리고 시련을 위한 충분조건이 무엇인지도 확인했다.

어떤 의식이라도 시련을 행할 수 있다. 하지만 시련을 행하기 위해서는 꼭 필요한 조건을 반드시 충족해야 한다. 그 중 대표적인 것이 바로 증명, 불·보살을 청함이다. 만약, 증명보살을 청하지 않는다면 시련을 행할 명분이 없어진다. 책에 전하는 다양한 절차 중, 증명보살을 청하지 않은 의식에서 시련을 행한 예는 찾아 볼 수 없다. 『중례문』·『지반문』·『예수재』·『자기문』 등엔 모두 이에 걸맞은 증명, 불·보살을 청해 모시고 있다. 또 관욕의식도 병행하고 있다. 규모가 큰 재 의식에선 상단과 중단은 물론 하단에 이르기까지 각 단에서 관욕의식을 진행했다. 시련을 올바르게 행하기 위해선 지환스님의 말씀대로 영청과 관욕 그리고 시련으로 이어지는 공통된 요소가 반드시 충족되어야 한다. 스님의 말씀이 꼭 맞다.

1. 대령, 하단에서의 시련 복원

현행 재 의식을 설행하는 주된 목적 중 하나가 바로 하단 영가를 추선하는 것이다. 망자를 천도하려는 목적으로 재를 설판하는 예는 너무 많아서 언제 어디서든 쉽게 접해 볼 수 있다. 현재, 보편적으로 영가를 천도하는 절차는 나열해 보면, 대령 ⇒ 관욕 ⇒ 상·중단 권공 ⇒ 영반·시식의 순으로 확인된다. 물론, 때에 따라서는 신중작법과 법문 등을 포함하기도 한다.

현재, 의식을 진행하거나 동참하는 대부분이 대령, 자체를 천도와 추선의 대상인 영가를 청하는 의식으로 받아들인다. 그러므로 천도재에서 대령과 관욕을 진행한다 함은 곧 영가를 청해 관욕시키고 자리에 안치시킴을 의미한다. 하지만, 필자는 현재와 같이 대령 이후 "관욕"을 행하는 절차가 과연 옳은 것인지 고민 중이다.

"관욕"은 틀림없이 망자를 위한 목욕 의식이다. 더군다나 망자가 목욕을 할 수 있도록 하는 것은 부처님의 가지력에 힘입어 삼업을 청정하게 닦을 수 있도록 하는 방편에 있다. 그리고 그 상징으로 해탈의 옷을 망자에게 전하고 망자는 그 옷을 받아, 갈아입고 윤회의 고통을 벗어날 수 있도록 준비한다. 당연히 대령 이후, 망자를 위해 "관욕"을 행하는 것은 전혀 문제될 게 없어 보인다. 다만, 전하는 다양한 저본의 "관욕"에서 망자를 지칭할 때 "제불자諸佛子"라 명시하고 있는 점은 주목할 필요가 있다. 이는 특정한 영가를 대상으로 하기보단 천도와 추선의 대상인 불특정 다수의 영가를 위해 "관욕"을 행하는 것으로 받아들이기에 충분하기 때문이다. 곧, "관욕"을 행하는 시점이 대령 이후가 아닌 하단에 모셔 천도하려는 불특정 다수를 위한 의식일 가능성이 높다는 말이다.[1_]

"관욕" 자체가 하단 영가의 천도와 추선의 방편이기에 현재와 같이 대령과 연계해 단순히 대령에서 모신 영가를 위해 목욕을 진행하는 정도로 접근하는 것은 재고할 필요가 있어 보인다. 더군다나, 대령에서의 대상과 하단에서의 대상이 구분될 경우엔 특히 그렇다.

사실, 전해지는 문헌자료에 대령 이후 바로 관욕을 행한 예는 찾아보기 어렵다. 『석문의범』에서 조차, 대령 이후 부가적으로 "관욕"을 선택할 수 있도록 했지 무조건 "관욕"을 행하도록 한 것은 아니다. 이전엔 분명, 대령과 하단의식을 구분하고 있었고 "관욕"은 하단의식에서만 진행한 것으로 들어난다. 현재에 이르러 대령 이후 "관욕"을 행하는 절차는 근대에 들어 재 의식이 축소, 재편되는 과정에서 자리한 것으로 판단한다. 또한 재 의식, 맨 처음 대령과 관욕을 행했다는 이유로 따로 하단의식을 진행하지 않는다. 오히려 영반이나 시식의 과정에서 다시 동일한 영가를 반복해 청할 뿐이다. 하지만 상식적으로 대령에서 영가를 청해 자리에 안치시켰다면 이후 영반과 시식에서 동일한

1_ 현재의 대령에선 특정한 영가를 청하는 것에 주안점을 둔다. 특히 49일재일 경우는 더욱 그렇다. 다만 대령에서의 고혼청에서 특정한 망자를 비롯해 상세선망부모와 일가친척 등 수많은 영가를 더불어 청하기도 한다. 그래서 대령과 연계해 관욕을 행하는 것으로 받아들인다. 하지만, 수륙재와 관련된 다양한 재 의식에선 대령과 하단 의식이 구분되어 있다. 그리고 천도와 추선의 대상이 되는 망자를 위한 관욕은 꼭, 하단의식에서만 진행한다. 이는 앞서 대령에서 청한 영가와 하단에서 청하는 영가가 구분되고 있음을 말한다. 만약 동일한 영가를 대령에서도 청하고 또 하단에서도 청하는 것이라면 불필요한 의식을 두 번 반복하는 것 아닐까하고 의심해 본다.

영가를 또 청할 이유가 있을까? 결론적으로 대령에서의 망자와 영반・시식에서의 망자가 구분되어야 한다. 이에 관한 논의는 추후로 미루도록 하고 현행 의식에서 대령을 행할 때 대상을 이동시키는 시점을 확인해보자. 그리고 그 시점에서 시련을 행하는 것이 옳은지도 따져보자.

1) 증명단, 유무有無에 따른 대령

대령에서의 시련을 위한 조건, 누차 강조하지만 영가를 청하고 맞이할 수 있는 단이 필요하다. 그럼 이 곳에서 무엇을 어떻게 진행해야 온전히 시련을 할 수 있다는 것일까? 필자는 주문한다. 무조건 증명보살을 먼저 청해야 한다고 말이다. 만약 대령에서 망자를 인도해 올 증명보살을 청하지 않는다면 궁극적으로 필자가 주장하는 온전한 시련은 설행할 수 없다.

「사명일대령」과 「관음시식」 등에 포함되어 있는, 인로왕보살을 증명으로 청하는 의식문을 행하지 않는다면 시련을 행할 수 없다는 말이다. 결론적으론 『석문의범』에서 전하는 「재대령」만으론 시련을 행하기 어렵고 행해서도 안 된다는 설명이다. 만약, 증명보살을 청하지도 않았는데 억지로 시련을 행하려든다면, 그건 재 의식을 과시하고자 하는 욕심에서 비롯된 것이다. 스스로 불・보살의 권위를 떨어뜨리며 이치에 맞지 않은 행위에 동참하지 않으려면 증명보살을 청하는 의식문을 꼭 행해야 한다. 마치, 『작법귀감』의 「대령정의」에서처럼 말이다.

만약 현행 대령의식에서 시련의 조건에 부합하는 「사명일대령」과 「관음시식」에 포함되어 있는 증명청을 행했다고 가정해 보자. 그럼 언제 시련을 행하는 것이 옳을까?

범패승이라면 『석문의범』의 「재대령」과 관욕 이후 등장하는 지단진언指壇眞言에 대해 알고 있을 것이다. 지단진언이란 말 그대로, 영가에게 부처님이 계신 법 도량으로 향해 상단으로 나아갈 것을 일러주는 진언이다. 그리고 그 목적은 바로 법 도량에 모셔져 있는 부처님께 예를 올리기 위한 것이다. 현재의 우리는 지단진언이 끝나면 "법신변만백억계 운운"하는 염화게와 "나무대성인로왕보살"을 쓸어 소리한다. 그리고 『석문의범』에 기술되어 있는 개문게開門偈(삼보를 친견하려 문을 여는 게송)와 정중게庭中偈(법당 앞뜰 중앙에 자리하는 게송)를 생략하고 바로 가지예성편加持禮聖篇을 이어간다. 그럼 물어보자.

왜 개문게와 정중게를 생략하는가? 대답은 이렇게 돌아온다. "실내에서 대령과 관욕을 하니까 개문게와 정중게는 생략하는 것이 맞다"고 말이다.[2] 그렇다. 현재 일반적인 재의식은 대개 법당 안에서 대령과 관욕을 행한다. 이동 거리가 짧기 때문에 대상을 인도하는 소리, "인성"도 소리하지 않고, "나무대성인로왕보살"을 세 번 반복하는 정도에 그친다.

하지만 야외, 예를 들어 지금의 시련터처럼 거리가 있는 곳에 영청단과 관욕당을 설치하고 대령과 관욕을 행한다고 가정하면 여러분은 영가를 청해 목욕시킨 다음 지단진언과 염화게, "법신변만백억계 운운"하고 "나무대성인로왕보살"을 그냥 쓸어갈 것인가? 실내에서 하는 것처럼 소리를 쓸어가는 것이 맞을까? 아니다. 경험 있는 범패승이라면 당연히 이동거리와 시간을 고려해 소리를 지어 노래할 것이다. 흔히 알고 있는 "나무대성인로왕보살"을 "인성"으로 소리하며 이동할 것이다. 당연히 개문게와 정중게를 생략할 이유가 없으니 원래대로 할 것이고 법당 앞에 이르면 자연스럽게 가지예성편으로 넘어갈 것이다. 이와 같은 일련의 과정이 곧 영가를 청해 맞이하여 도량으로 향하는 시점이다.

만약 영가를 청하기에 앞서 증명보살을 청하는 의식문을 행했다면 이 시점에서 증명보살의 불패를 연에 실어 모실 수 있다. 하지만 증명보살을 청하지 않았다면 영가의 위패만을 모시는 것이 바람직하다.

2) 수륙재의 하단

하단시련의 예는 현행 수륙재에서도 얼마든지 재현 가능하다. 가령, 『중례문』 하단의 경우, 영가를 인도하고 증명할 미타관음세지 · 인로왕보살 · 면연대사를 먼저 청하

2_ 필자는 실내에서 대령과 관욕을 행한다고 해서 "개문게"와 "정중게"를 생략하는 것이 과연 옳은 것인지 의문이다. 필자는 "개문게"의 문(門)을 이곳과 저곳의 경계, 즉 망자가 머물던 곳과 부처님의 법이 설판되는 도량의 경계로 받아들인다. 시공간을 초월하는 경계로 말이다. 단순히, 3차원적인 입장으로 바라볼 문제는 아니라고 본다. 영가의 입장에서 생각해보면 "개문게"에서 말하는 문은 특정한 공간을 초월해 부처님의 세계로 나아가는 것일 수 있다. 그러므로 현재와 같이 실내에서 대령과 관욕을 행한다고 해서 "개문게"와 "정중게"를 생략하는 것은 신중히 고려할 필요가 있어 보인다.

고 이어 영가를 인도·고혼·삼도, 24부류로 나눠 청한 뒤 바로 관욕의식을 행하고 있음을 확인한 바 있다. 관욕을 마친 후엔 도량에 먼저 자리한 상단과 중단의 성현에게 예를 갖출 목적으로 고혼예성편孤魂禮聖篇을 이어가는 것이 일반적이다. 그럼 영청단과 관욕당을 야외, 해탈문 밖 어딘가에 설치하고 앞서 열거한 의식을 행한다고 가정해보면 관욕의식을 마친 후엔 본 도량으로 이동해 가는 과정이 필요하다. 관욕을 행한 다음 염화게를 하고 이후 증명으로 모신 미타관음세지, 인로왕보살, 면연대사의 패를 연에 모신 다음, 각 부류의 영가가 뒤를 따르며 법당 앞까지 오는 과정이 곧, 하단의 시련이 될 수 있다.

2. 상단과 중단에서의 시련 복원

각종 재 의식을 증명하기 위해 강림하는 상단의 불·보살과 중생의 서원을 들어주기 위해 강림하시는 중단의 일체 성현을 어떻게 법 도량으로 모셔올 수 있을까? 당연히, 성현을 청해 맞이하는 영청단과 성현이 강림함을 믿고 의지할 수 있는 방편의 관욕당이 꼭 설치되어야 한다. 그럼, 언제 상단과 중단 시련을 행해야 할까? 수륙재를 한번 예로 들어보자.

수륙재가 기존 다른 재 의식과 차별되는 이유는, 의식의 절차는 물론 공양 올리는 대상과 공양을 베푸는 대상 그리고 천도의 방편 등, 여러 가지 다른 면이 존재할 수 있다. 그 중 오로단五路壇의 설치와 설행 목적만큼은 분명, 수륙재만이 지닌, 다른 재 의식과의 차별성이 돋보이는 부분이다.

오로단은 수륙재에 상단과 중단의 모든 성현을 초청하기위한 초청장을 사자使者편에 보낸 다음 진행하는 의식으로 흔히 개벽오방편開闢五方篇으로 알려져 있다. 그리고 이를 위해 설치한 단을 흔히 "오로단"이라 칭한다.[3] 개벽오방편은 성현을 청한다는 편지를 사자편에 띄었지만 수륙재에 모시는 대상 중엔 인천人天과 지옥地獄, 귀축鬼畜과 아수라

3_ 영산재에서 괘불을 중심으로 길게 오방의 천을 드리우는 이유도 수륙재의 오로단 설치와 무관치 않은 것으로 본다.

에 머물고 있는 모든 성현과 중생들이 대거 포함되어 있다. 그리고 이들은 아직 깨달음을 얻지 못한 지위에 있기 때문에 수륙재를 설판하는 도량까지 도착하기엔 지나는 곳곳 마다 장애와 어긋남이 있을 수 있다. 그런 연유로 동・서・남・북・중앙을 관장하는 오방오제오위신기등중五方五帝五位神祇等衆과 일체권속을 청해 방편의 문을 활짝 열어 초대받은 모든 중생이 걸림 없이 도착할 수 있도록 한다.

그럼, 사자편에 편지를 띄우고(봉송사자편) 그들이 원만하게 도착할 수 있는 길을 닦아야 비로소 모든 불・보살과 일체의 성현이 도량에 도착할 수 있지 않을까? 그리고 그렇게 믿는다면 이후에 성현을 모시러 나가거나, 모셔 오는 것이 맞지 않을까?

봉송사자편과 개벽오방편이 끝나고 나서 상단과 중단 성현을 모시는 것이 이치에 맞다. 당연히 시련을 통해 말이다. 개벽오방편 이후 상단과 중단 시련을 행한다고 가정하면 구체적으로 그 시점을 언제로 정해야 할까? 필자는 상단의 경우 성현을 청하는 영청과 관욕을 행한 후 염화게를 염송하고 법당으로 향해 갈 때 불・보살의 불패를 가마에 모셔 이동시키는 것이 옳다고 본다. 물론 중단의 시련도 이와 같은 차서를 따라야 할 것으로 본다.

가늠하겠지만, 현행하는 모든 재 의식의 다양한 저본에는 상단과 중단의 성현을 청하는 청사請詞와 성현을 맞이하는 가영歌詠 등이 수록되어 있고 또 관욕을 위한 의식문도 자세히 소개되어 있다. 그러므로 필자는 시련 의식을 다음과 같이 이해하도록 요구한다.

> 각 단에서 행하는 시련은 기존 「시련절차」와 같은 특별한 내용의 것이 필요 없다. 다만, 의식을 증명하기 위해 강림하는 불・보살을 맞이하기 위한 유치와 청사 그리고 가영이 포함된 의식집이 필요할 뿐이다. 그리고 야외 어딘가에 성현을 맞이할 단을 마련하고 그 곳에서 영청의식을 시작하며 여건이 되면 가영 다음에 관욕의식을 함께 행하도록 한다. 이후 영청단에서 본 도량으로 대상을 이동시킨다. 당연히 연을 이용해서 말이다. 이동에 앞서 염화게를 먼저 설하고 이동의 과정에선 대상의 지위에 따라 〈나무영산회상불보살〉・〈나무대성인로왕보살〉・〈나무마하반야바라밀〉・〈천수주〉・〈모란찬〉・〈법성게〉 등을 여법하게 〈인성〉으로 소리한다면, 더불어 행차를 알리는 음악을 함께 연주해 간다면 그 모습 자체가 완벽한 "시련"일 수 있다. 결국, 이곳에서 저곳, 영청단에서 본 도량으로 대상을 이동시키는

일련의 과정이 "시련"이고 봉송을 위해 본 도량에서 소대까지 이동해 가는 그 모습 또한, 올바른 "시련"이다. 재차 강조하지만 영청과 봉송의 과정에서 행하는 시련의 모습은 동일하게 이뤄져야 한다. 만약 실내 법당에서 영청을 할 수 밖에 없다면 염화게 이후 "인성"을 그저 쓸지 말고 여법하게 소리하며 이동하는 것이 바람직하다. 비록 성현을 가마에 실어 모실 수 없다 해도 성현의 명호가 적힌 불패, 번 그리고 위목을 마련해 설행한다면 시대 흐름에 부합하는, 증명을 위해 강림하는 불・보살을 모시는 올바른 형태가 될 것이다.

온전한 시련을 행하기 위해서는 시련을 위한 별도의 의식문인 것처럼 포장되어 전하는 「시련절차」가 더 이상 필요하지 않다. 오히려 올바른 격식을 갖춘 각단 유치와 청사가 포함된 의식문 그리고 이에 걸맞은 위의威儀가 필요할 뿐이다. 이미 완벽에 가까운 다양한 저본이 마련되어 있다. 이제 온전한 시련을 행하려는 의지를 실천하면 된다.

3부

결론

결론

시간이 흐르면 모든 것이 변한다. 그리고 변화의 이면엔 늘 긍정적인 면과 부정적인 면이 함께한다. 불교의 재 의식도 마찬가지다. 1970년대 〈범패〉가 중요무형문화재에 지정된 이후, 사회 전반에 걸쳐 불교 의식의 문화적 가치가 새롭게 조명되는 긍정적인 효과를 불러왔지만 〈영산재〉로 재편되던 1980년대 후반부턴 전국의 모든 재 의식이 지역성을 상실한 체 영산재를 기준삼아 정착, 전승하는 부정적인 결과도 낳았다. 특히, 현행 영산재에 포함된 시련의식은 "수십 년을 그렇게 해왔다."는 범패승의 주장을 앞세워 누구도 의심하지 않고 수용되고 있었기에 복원작업을 거쳐 재현한 일부 재 의식이 영산재의 아류작이란 평가를 면치 못하고 있다.[1]

수십 년의 전통을 전승한다는 명분을 앞세우기 위해서는 그 수십 년의 전통이 올바른 것인지 점검하여 분별해서 수용할 필요가 있다. 단순히 "수십 년을 그렇게 해왔다." 라는 주장을 있는 그대로 받아들이다보면 만인을 대상으로 행하는 종교 의식 자체가 본질에서 벗어날 수도 있음을 잊어선 안 된다.

특정한 목적을 갖고 설행하는 재 의식에서 성현과 영가를 모시려면 반드시 강림해야 할 이유를 고告하고 정중히 청하는 것이 옳다. 가령, 집안 대소사에 잔치를 벌이려면

1_ 비단, 수륙재만 영산재의 아류작이란 평가를 받는 것이 아니다. 현행 생전예수재도 마찬가지다. 전체 설행의 절반 이상을 「시련절차」와 「대령」, 「관욕」, 「괘불이운」, 「영산작법」, 각종 「시식」에 할애한다. 생자를 위한 의식이 어느덧 망자를 위한 천도재로 변모했다. 물론, 얼마든지 그럴 수 있다. 그러나 정작 중요한 예수재 의식문은 시간이 없다는 이유로 제대로 소리한 번 못해보고 끝낸다면 과연, 올바른 생전예수재를 설행했다 할 수 있을까?

사전에 미리 날을 잡아 조율하고 약속하는 것이 예의 아닌가? 아무리 좋은 잔치라도 아무런 연락 없이 행하려든다면 잔치를 벌이는 사람도 잔치에 참여하는 사람도 불쾌할 수 있다. 그리고 정중히 청하였다면 그 때 맞이하여 모시는 것이 맞다. 현재의 「시련절차」와 같이 청하는 연유도 밝히지 않고 무작정 대상을 모셔 오겠다면 또, 마중 나가겠다면 이치에 맞을까? 초대받지 않은 엉뚱한 대상을 멋모르고 데려올 수도 있다.[2_]

사실, 현행 시련의식도 설행 과정만 놓고 보면 전혀 문제될 것이 없다. 의식을 진행하는 자와 동참하는 자 모두 충분히 만족할 만하다. 하지만 재 의식의 처음을 웅장하게 시련으로 시작했다는 이유로 정작 중요한, 재 의식 설행과정에서의 진정한 시련은 행할 생각도, 시도도 하지 않는다. 「시련절차」를 명분삼아 「신중작법」을 행하고 또 「신중작법」을 명분삼아 「시련절차」를 정당화 시키는 일이 비일비재非一非再한 상황에서 생자를 모셔오던 「시주이운」은 어느 덧 영가를 모셔오는 「시련절차」로 자리 잡았다. 스승에게 그렇게 배웠다는 명분을 앞세워 전통이라는 미명美名 아래, 지난 수 십 년을 그렇게 지속해왔지만 정작 중요한, 지난 수백 년간, 그 앞전 스승들이 그토록 성대하게 정성들여 진행해온 분명하고 온전한 전통의 시련은 까맣게 잊게 되었다.

본서는 목적성이 불분명한 현재의 「시련절차」를 지금처럼 설행하는 것이 과연 옳은 것인지 점검해 어떻게 수정하고 보완할지, 그 대안을 마련하는데 중점을 뒀다. 물론 전해지는 다양한 문헌자료를 통해서 말이다.

제1장에선 현행 시련의식, 「시련절차」를 『석문의범』의 것에 기초해 한역과 우리말 번역본을 함께 실어 살폈다. 전체적인 구성은 옹호게를 시작으로 가영과 헌좌게를 이어가고 행보게와 인성을 소리하며 도량으로 이동하고 있는데 도량에 도착해서는 시방에 항상 계신 일체 삼보 전에 예를 올리며 끝을 맺는 것으로 확인되었다.

제2장에선 현행 시련의식에 관한 정의를 심상현과 보광스님 그리고 『불교의식』과 『통일법요집』 등의 내용을 통해 정리했다. 현재에 이르러는 세 가지 정도의 목적으로

2_ 재 의식을 설행하는 도량 입구엔 지금도 "금잡인(禁雜人)"을 써서 붙여놓는다. 말 그대로 잡인을 금지한다는 것인데 사람 인(人) 자(字)를 썼다고 해서 사람만이 해당되는 건 아니다. 초대받지 못한 모든 부류나 삿된 마음을 갖고 있는 중생은 함부로 출입할 수 없다는 경고다. 그 만큼 법 도량은 청정한 곳이다. 그런데도 현재의 「시련절차」와 같이 불특정다수를 모시러 나간다는 건 이치에 맞지 않다. 그 불특정다수를 위한 의식을 따로 마련하고 있는 상황에선 더욱 말이다.

시련을 행하는 것으로 확인되는데 첫째, 도량을 옹호하기 위해 중단 성현을 청해 모신다는 것과 둘째, 천도와 추선의 대상이 되는 영가를 청해 모시는 것 그리고 셋째, 인로왕보살을 청해 모시기 위한 것으로 시련을 받아들이고 있었다.

제3장에선 현행 시련의식을 바로보기 위한 첫 단계로 시련과 연관성이 깊은 다양한 이운의식의 정의와 종류, 목적을 소개했는데 특히, 이운의식에서 "옹호게"를 설행하는 이유를 구체적으로 밝혀 의식의 전체적인 전개 양상을 포괄적으로 접근할 수 있도록 했다. 더불어 「시주이운」을 보다 자세히 다뤄 현행 시련의식이 언제부터 현재와 같이 진행되어 왔는지 가늠했다.

제4장에선 현행 시련의식을 바로보기 위한 다음 단계로 현행 시련의식의 구조가 특정한 대상을 청하고 모시기에 온전한 것인지 진단했다. 특히, 대상을 청하고 모시기 위해 필요한 불교의 보편적인 의식의 구조가 어떤 형태로 구성되어 있는지 소개하고 대상을 청하기 위해서는 반드시 청하는 이유를 밝히는 구체적인 의식문이 마련되어야 함을 강조했다. 또한, 「시련절차」와 「신중작법」을 동일한 공간과 시간대에 설행하는 것이 과연 합당한지도 점검했다. 더불어 「재대령」과 「사명일대령」을 예로, 특정한 대상, 특히 망자를 청하고 모시기 위해 필요한 의식의 구조가 무엇이며 어떤 형태를 갖춰야 할지도 예문을 통해 제시했다.

제5장에선 현재 우리가 알고 있는 시련의 정의와 목적 그리고 설행 방법이 과연 옳은 것인지, 과거에도 현재와 같이 행하고 있었는지를 점검하기위해 관련 자료를 참조했다. 특히, 『천지명양수륙재의범음산보집』를 찬술한 지환스님의 견해를 옮겨 스님이 전하고자 했던 시련에 관한 내용을 소개함으로써 우리가 익히 알고 있던 고정관념을 조금이나마 수정해 갈 수 있도록 했다.

제6장에선 『천지명양수륙재의범음산보집』에서 전하는 관련 내용을 정리해 조선, 전 시대를 통해 전승해온 온전한 시련의 모습을 소개했다. 특히, 의식에 참여하는 소임의 명칭을 구분하고 어산과 범음, 범패에 관한 새로운 이론을 제시, 불교 의식·음악을 보다 구체적이고 면밀하게 접근할 수 있도록 했다. 또한 시련의 전 과정을 각 단계별로 나눠 이해를 도왔으며 지금은 행하지 않는 봉송의식에서의 시련도 어렵지 않게 재현할 수 있도록 대열의 순서를 표로 정리해 소개했다.

제7장에선 『천지명양수륙재의범음산보집』, 상·중·하권에 실려 있는 모든 절차 중

특정한 대상을 이동시킨 흔적과 시련의 정황을 찾아 소개했으며 시련을 행하기 위한 필수조건이 무엇인지도 밝혔다. 영청과 관욕 그리고 시련으로 이어가는 올바른 시련을 설행하기 위해서는 반드시 재 의식의 공덕을 증명하기 위한 불・보살을 먼저 청해야 함을 재차 강조했다.

제8장에선 현행 재 의식, 특히 수륙재를 기반으로 행하는 의식에서 복원 가능한 시련의 시점을 설명해 온전한 시련의 부활을 기대토록 했다. 대령과 하단의식의 시련을 구분했으며 상단과 중단에도 명확한 시련의 시점을 설명했다. 더불어 봉송의식에서의 시련도 원만하게 실현할 수 있도록 대안을 마련했다.

옛 스님들이 전해온 불교의 모든 의식은 내용과 절차 하나하나가 다른 무엇과 비교할 수 없을 만큼 견고하게 이뤄져 있다. 의식으로 완성되어 유통되기까지, 성현의 가르침을 실천하기 위해 수많은 시행착오를 거친 흔적이 역력하고 수세기, 긴 시간을 거듭하며 민족의 삶, 그대로를 온전히 담으려 노력한 공력이 곳곳에 묻어난다. 시련에 관한 자료를 살피다 보면 얼마나 간절히 그리고 정성껏 성현을 모셨는지, 감동하지 않을 수 없다. 중생의 마음속에 자리한 한없는 믿음에 감탄하지 않을 수 없다.

불교의 모든 의식은 상식을 벗어나지 않는다. 본서에서 논했던 시련의식도 결국, 이치를 따지다 보면 올바른 해답을 얻을 수 있을 것이라 본다.

상상해보자. 임금이 행차하던 모습을, 우리 부처님과 성현 그리고 영가도 예전엔 국왕에 버금가는 모습으로 환희롭게 모셔왔었고 보내드렸다. 시련을 복원하자는 건 없던 것을 새로 만들자는 것이 아니다. 다만, 잊고 있던 것을 다시 재현해 보자는 것이다. 천지가 진동하듯 풍악을 울리고 꽃비 휘날리며 행차하는 부처님과 일체성현, 그리고 선망조상의 강림을 상상해보라 환희롭지 않은가? 그 모습을 꼭 재현해 보고 싶다.

1. 원전자료

『朝鮮王朝實錄』 ⇨ 國史編纂委員會.

『勸供諸般文』, 影印本, 東國大學校 中央圖書館 所藏.

白坡亘璇, 『作法龜鑑』, 木版本, 全羅道 長城 白羊山 雲門庵, 1827(純祖 27).

西 河 編, 『仔夔刪補文』, 木版本, 서울大學校 奎章閣 所藏本.

聖 能 編, 『仔夔文節次條列』, 木版本, 서울大學校 奎章閣 所藏本.

竹 庵 編, 『天地冥陽水陸齋儀纂要』, 神興寺, 1661.

_________, 『天地冥陽水陸雜文』, 影印本, 東國大學校 中央圖書館 所藏.

志 磐 編, 『法界聖凡水陸勝會修齋儀軌』, 影印本, 서울大學校 奎章閣 所藏.

智 禪 編, 『五種梵音集』, 木版本, 東國大學校 中央圖書館 所藏.

智 還 編, 『天地冥陽水陸齋儀梵音刪補集』, 重興寺, 1721.

_________, 『天地冥陽水陸齋儀梵音刪補集』, 道林寺, 1739.

_________, 『天地冥陽水陸齋儀梵音刪補集』, 간행자미상, 1782.

_________, 『五種梵音集』, 影印本, 東國大學校 中央圖書館 所藏.

『供養文』, 木版本, 국립중앙도서관 所藏本.

『刪補梵音集』, 木版本, 東國大學校 中央圖書館 所藏.

『水陸無遮平等齋儀撮要』, 影印本, 東國大學校 中央圖書館 所藏.

2. 단행본

『佛教大辭典』 上・下, 서울 : 홍법원, 1998.

『민중엣센스국어사전』, 파주 : 민중서림, 2010.

『한국민족문화대백과사전』, 서울 : 웅진출판주식회사, 1997.

구미래, 『나 그리고 우리를 위한 복 짓기』, 서울 : 아름다운 인연, 2014.

姜在黙・李錫後, 『水陸儀文』, 서울 : 創造企劃, 1993.

_____________, 『靈山儀文』, 서울 : 創造企劃, 1993.

智 還, 金純美 譯, 『국역 천지명양수륙재의 범음산보집』, 서울 : 도서출판 양사재, 2011.

노명열(慧日明照), 『불교, 화청의식(和請儀式) 복원에 관한 연구』, 서울 : 북랩, 2013.

대한불교조계종 봉은사, 『수륙재의 향연 학술세미나』, 서울 : 대한불교조계종 포교원, 2013.

대한불교조계종 총무원, 『한국의 수륙재』, 서울 : 대한불교조계종 총무원 문화부, 2010.
대한불교조계종 포교원, 『통일법요집』, 서울 : 조계종출판사, 1998.
동봉정휴, 『일원곡』 4, 광주 : 대한불교조계종 우리절, 2003.
문명대 편, 『진관사 수륙재』, 서울 : 한국미술사연구소, 2009.
문화재연구소, 『불교의식』, 서울 : 계문사, 1989.
彌 燈(연제영), 『국행수륙대재』, 서울 : 조계종출판사, 2010.
朴世敏, 『韓國佛教儀禮資料叢書』, 서울 : 保景文化社, 1993.
백 파 긍선, 김두재 옮김, 『작법귀감』, 서울 : 동국대학교출판부, 2010.
법 현 저, 『영산재연구』, 서울 : 운주사, 1997.
石 峰 編, 『水陸齋梵音集』, 마산 : 白雲寺, 2008.
________, 『水陸無遮儀禮集』 上・下, 마산 : 白雲寺, 2013.
심상현, 『불교의식각론』 Ⅱ, 서울 : 한국불교출판부, 2000.
______, 『불교의식각론』 Ⅲ, 서울 : 한국불교출판부, 2001.
安震湖, 『佛子必覽』, 京城 : 蓮邦舍, 1931(昭和 6).
______, 『釋門儀範』, 京城 : 卍商會, 1935(昭和10).
______, 『釋門儀範』, 서울 : 法輪社, 2000.
윤열수, 『괘불』, 서울 : 대원사, 1990.
진관사수륙재보존회, 『진관 국행수륙대재의 조명』, 서울 : 진관사, 2010.
________________, 『진관사 국행수륙대재』, 서울 : 진관사, 2011.
________________, 『진관사 수륙재의 민속적의미』, 서울 : 민속원, 2012.
채혜련, 『영산재와 범패』, 서울 : 국학자료원, 2011.
韓萬榮, 『佛教音樂研究』, 서울 : 서울大學校出版部, 1982.
해동사문 지환, 김두재 옮김, 『천지명양수륙재의범음산보집』, 서울 : 동국대학교출판부, 2012.
慧日明照, 『예수재 - 見機而作形 齋 儀式 節次를 중심으로 - 』, 서울 : 에세이퍼블리싱, 2011.

3. 논문

具美來, 「"사십구재"의 의례체계와 의례주체들의 죽음 인식」, 박사학위논문, 안동대학교 대학원, 2005.
김순미, 「朝鮮朝 佛教儀禮의 詩歌 研究 : 梵音刪補集을 중심으로」, 박사학위논문, 경성대학교 대학원, 2005.
金應起, 「靈山齋의 構成과 그 信仰的 意義에 관한 研究」, 석사학위논문, 동국대학교 불교대학원, 1994.
金熙俊, 「朝鮮前期 水陸齋의 設行」, 『湖西史學』 제30집, 서울 : 湖西史學會, 2001, 27~75쪽.
南希叔, 「16~18세기 佛教儀式集의 간행과 佛教大衆化」, 『韓國文化』 제34집, 서울 : 서울大學校韓國文化研究所, 2004, 97~165쪽.
노명열, 「현행 생전예수재와 조선시대 생전예수재 비교 고찰」, 博士學位論文, 中央大學校 大學院, 2010.
______(혜일명조), 「생전예수재 발전방향에 대한 제언」, 『무형문화유산으로서의 생전예수재』, 서울 : 대한불교조계종 조계사, 2015, 66~105쪽.

박종민, 「한국불교의례집의 간행과 분류 : 『韓國佛敎儀禮資料叢書』와 『釋門儀範』을 중심으로」, 『역사민속학』 제12호, 서울 : 한국역사민속학회, 2001, 109~24쪽.
서정매, 「영제범패 〈영산작법〉 연구」, 박사학위논문, 부산대학교 대학원, 2015.
沈祥鉉, 「靈山齋 成立과 作法儀禮에 關한 硏究」, 박사학위논문, 위덕대학교 대학원, 2011.
沈曉燮, 「佛敎前期 水陸齋 設行과 儀禮」, 『東國史學』 제40집, 서울 : 東國史學會, 2004, 219~46쪽.
______, 「조선전기 靈山齋의 성립과 그 양상」, 『菩照思想』 제24집, 서울 : 佛日出版社, 2005, 247~82쪽.
梁智淪, 「朝鮮後期 水陸齋 硏究」, 석사학위논문, 동국대학교 대학원, 2002.
吳成美, 「水陸齋硏究」, 석사학위논문, 淸州大學校 大學院, 1992.
이용운, 「朝鮮後期 三藏菩薩圖와 水陸齋儀式集」, 『美術資料』, 서울 : 國立中央博物館, 2005, 91~122쪽.
한태식(보광), 「생전예수재 신앙 연구」, 『淨土學硏究』, 서울 : 한국정토학회, 2014, 제22집, 10~47쪽.
慧日明照, 「수륙재의 복원에 관한 소고 – 『결수문』, 『수륙무차평등재의촬요』를 중심으로 –」, 『한국음악문화연구』 제3집, 부산 : 한국음악문화학회, 101~123쪽.
________, 「삼화사 국행수륙대재의 발전 방향」, 『삼화사 국행수륙대재의 전승양상과 발전방향』, 동해 : (사)삼화사국행수륙대재보존회, 2014, 59~96쪽.
________, 「생전예수재 발전방향에 대한 제언」, 『정토학연구』, 서울 : 한국정토학회, 2015, 75~127쪽.

4. 시청각 자료

『봉원사 영산재』 Ⅰ, 서울 : 佛讚梵音硏究所, 2009.
『봉원사 영산재』 Ⅱ, 서울 : 佛讚梵音硏究所, 2011.
『부산 영산재』. 서울 : 佛讚梵音硏究所, 2010.
『韓國佛敎傳統儀禮傳承院 水陸齋』, 서울 : 佛讚梵音硏究所, 2012.
『天地冥陽水陸大齋』, 서울 : 佛讚梵音硏究所, 2012.
『佛敎儀式 · 儀禮資料』, 서울 : 佛讚梵音硏究所, 2012.
『생전예수재』, 서울 : 佛讚梵音硏究所, 2009.
「식당작법 · 상단」, 『봉원사 영산재』, 서울 : 홍원사, 2003.
『진관사 생전예수재』, 서울 : 佛讚梵音硏究所, 2009.
『천지명양수륙무차평등대재』, 창원 : 보은사, 1993.
『2011년 아랫녘 천지명양수륙대재』, 마산 : 아랫녘수륙재보존회, 2011.
『수륙무차평등대재』, 마산 : 아랫녘수륙재보존회, 2012.

혜일명조慧日明照

철학박사(중앙대학교 대학원), 불찬범음연구소장, 불찬범음의례교육원 학장

속명, 노명열. 불가(佛家)에서 태어났다. 부친은 흑석동 화장사와 보덕사에서 활동한 도봉문선스님(1915~1994)이며 외삼촌은 대안스님(청룡사)이다. 은·법사는 중요무형문화재 영산재 보유자 구해스님(봉원사)이며 계사는 청산스님(약사사)이다. 2010년, 『현행 생전예수재와 조선시대 생전예수재 비교 고찰』로 예수재(預修齋)를 연구, 박사학위를 취득했다.

저서 : 『예수재』, 서울 : ESSAY, 2011.
『보정생전예수재』, 서울 : ESSAY, 2011.
『법고』, 서울 : ESSAY, 2011.
『불교, 화청의식(和請儀式) 복원에 관한 연구』, 서울 : 북랩, 2013.
『수륙재』, 창원 : 도서출판 일성, 2013.
『불교의식관련 자료집』 1·2, 서울 : 도서출판 이삭, 2013.

논문 : 「불교 의식 구조의 의미해석에 대한 재론」, 『공연문화연구』 제24집, 서울 : 한국공연문화학회, 2012, 429~63쪽.
「생전예수재 발전방향에 대한 제언」, 『정토학연구』 제23집, 서울 : 한국정토학회, 2015, 75~127쪽.
「수륙재의 발전적 계승을 위한 제언」, 『한국수륙재와 공연문화』, 서울 : 글누림, 2015, 573~618쪽.
외 다수.

시련侍輦
거룩한 불보살의 강림

초판1쇄 발행 2016년 5월 10일

지은이 혜일명조
펴낸이 홍기원

총괄 홍종화
편집주간 박호원
편집 · 디자인 오경희 · 조정화 · 오성현 · 신나래
이효진 · 남도영 · 이상재 · 남지원
관리 박정대 · 최기엽

펴낸곳 민속원
출판등록 제18-1호
주소 서울 마포구 토정로25길 41(대흥동 337-25)
전화 02) 804-3320, 805-3320, 806-3320(代)
팩스 02) 802-3346
이메일 minsok1@chollian.net, minsokwon@naver.com
홈페이지 www.minsokwon.com

ISBN 978-89-285-0893-8 93380

이 도서의 국립중앙도서관 출판시도서목록(CIP)은 서지정보유통지원시스템 홈페이지(http://seoji.nl.go.kr)와
국가자료공동목록시스템(http://www.nl.go.kr/kolisnet)에서 이용하실 수 있습니다. (CIP제어번호 : CIP2016009600)

책 값은 뒤표지에 있습니다.
잘못된 책은 바꾸어 드립니다.